陇上学人文存

LONGSHANG XUEREN WENCUN

陇上学人文存

李焰平　卷

李焰平 著　杨光祖 编选

甘肃人民出版社

图书在版编目（ＣＩＰ）数据

陇上学人文存. 李焰平卷 ／ 范鹏，陈富荣总主编 ；李焰平著 ；杨光祖编选. -- 兰州 ：甘肃人民出版社，2019.8

ISBN 978-7-226-05467-3

Ⅰ. ①陇… Ⅱ. ①范… ②陈… ③李… ④杨… Ⅲ. ①社会科学－文集 Ⅳ. ①C53

中国版本图书馆CIP数据核字(2019)第163385号

责任编辑：马海亮

封面设计：王林强

陇上学人文存·李焰平卷

范鹏　王福生　陈富荣　总主编

李焰平　著　杨光祖　编选

甘肃人民出版社出版发行

（730030　兰州市读者大道 568 号）

兰州新华印刷厂印刷

开本 890 毫米×1240 毫米　1/32　印张 11.5　插页 7　字数 290 千

2019 年 8 月第 1 版　　2019 年 8 月第 1 次印刷

印数：1~1000 册

ISBN 978-7-226-05467-3　定价：60.00 元

（图书若有破损、缺页可随时与印厂联系）

《陇上学人文存》第五辑

编辑委员会

《陇上学人文存》 第七辑

编辑委员会

总　序

　　陇者甘肃，历史悠久，文化醇厚。陇上学人，或生于斯长于斯的本地学者，或外来而其学术成就多产于甘肃者。学人是学术活动的主体，就《陇上学人文存》（以下简称《文存》）的选编范围而言，我们这里所说的学术主要指人文社会科学研究。《文存》精选中华人民共和国成立以来，甘肃人文社会科学领域成就卓著的专家学者的代表性著作，每人辑为一卷，或标时代之识，或为学问之精，或开风气之先，或补学科之白，均编者以为足以存当代而传后世之作。《文存》力求以此丛集荟萃的方式，全面立体地展示新中国为甘肃学术文化发展提供的良好环境和陇上学人不负新时代期望而为我国人文社会科学事业做出的新贡献，也力求呈现陇上学人所接续的先秦以来颇具地域特色的学根文脉。

　　陇原乃中华文明发祥地之一，人文学脉悠远隆盛，纯朴百姓崇文达理，文化氛围日渐浓厚，学术土壤积久而沃，在科学文化特别是人文学术领域的探索可远溯至伏羲时代，大地湾文化遗存、举世无双的甘肃彩陶、陇东早期周文化对农耕文明的贡献、秦先祖扫六合以统一中国，奠定了甘肃在中国文化史上始源性和奠基性的重要地位；汉唐盛世，甘肃作为中西交通的要道，内承中华主体文化熏陶，外接经中亚而来的异域文明，风云际会，相摩相荡，得天独厚而人才辈出，学术思想繁荣发达，为中华文明做出了重要贡献。

　　近代以来，甘肃相对于逐渐开放的东南沿海而言成为偏远之地，反而少受战乱影响，学术得以继续繁荣。抗日战争期间作为大后方，接纳了不少内地著名学府和学者，使陇上学术空前活跃。新中国成立之后，人文社会科学领域的专家学者更是为国家民族的新生而欢欣鼓舞，全力投入到祖国新的学术事业之中，取得了一大批重要的研究成果，涌现出众多知名专家，在历史、文献、文学、民族、考古、美学、宗教等领域的研究均居全国前列，影响广泛而深远。新中国成立之后，人文社会科学几次对当代学术具有重大影响的争鸣，不仅都有甘肃学者的声音，而且在美学三大学派（客观派、主观派、关系派）、史学"五朵金花"（史学在新中国成立之后重点研究的历史分期、土地制度史、农民战争史等五个方面的重点问题）等领域，陇上学人成为十分引人注目的代表性人物。改革开放以来，甘肃学者更是如鱼得水，继承并发扬了关陇学人既注重学理求索又崇尚经世致用的优良传统，形成了甘肃学者新的风范。宋代西北学者张载有言："为天地立心，为生民立命，为往圣继绝学，为万世开太平"，此乃中华学人贯通古今、一脉相承的文化使命，其本质正是发源于陇原的《易》之生生不已的刚健精神，《文存》乃此一精神在现代陇上得到了大力弘扬与传承的最佳证明。

《文存》启动于中华人民共和国成立六十周年之际，在选择入编对象时，我们首先注重了两个代表性：一是代表性的学者，二是代表性的成果，欲以此构成一部个案式的甘肃当代学术史，亦以此传先贤学术命脉，为后进立治学标杆。此议为我甘肃省社会科学院首倡，随之得到政界主要领导、学界精英与社会各界广泛认同与政府大力支持，此宏愿因此而得以付诸实施。

为保证选编的权威性，编委会专门成立了由十几位省内人文社会科学领域著名学者组成的专家指导委员会，并通过召开专题会议研讨、发放推荐表格和学术机构、个人举荐等多种方式确定入选者。为使读者对作者的学术成就、治学特色和重要贡献有比较准确和全面的了解，在出版社选配业务精良的责任编辑的同时，编委会为每一卷配备了一位学术编辑，负责选编并撰写前言。由于我院已经完成《甘肃省志·社会科学志》（古代至1990年卷，1990至

2000 年卷）的编辑出版工作，为《文存》的选编提供了坚实的基础和基本依据，加之同行专家对这一时期甘肃人文社会科学发展的研究，使《文存》能够比较充分地反映同期内甘肃人文社会科学的基本状况。

我们的愿望是坚持十年，《文存》年出十卷，到 2019 年中华人民共和国成立七十周年之际达至百卷规模。若经努力此百卷终能完整问世，则从 1949 至 2009 年六十年间陇上学人以"人一之、我十之，人十之、我百之"的甘肃精神献身学术、追求真理的轨迹和脉络或可大体清晰。如此长卷宏图实为新中国六十年间甘肃人文社会科学全部成果的一个缩影，亦为此期间甘肃人文社会科学学术业绩的一次全面检阅，堪作后辈学者学习先贤的范本，是陇上学人献给祖国母亲的一份厚礼。此一理想若能实现，百卷巨著蔚为大观，《文存》和它所承载的学术精神必可存于当代，传之后世，陇上学人和学术亦可因此而无愧于我们所处的伟大时代，并有所报于生养我们的淳厚故土。

因我们眼界和学术水平的局限，选编过程中必定会出现未曾意料的问题，我们衷心期望读者能够及时教正，以使《文存》的后续选编工作日臻完善。

是为序。

2009 年 12 月 26 日

目　录

编选前言 ………………………………………… 杨光祖

专著：写作规律论

绪　　论 …………………………………………… 003
本质论 ……………………………………………… 021
　第一章　生活观察与写作情感 ………………… 021
　　一、生活是写作的源泉和对象 ……………… 021
　　二、观察是联想事物的纽带 ………………… 029
　　三、观察是情感抒发的摇篮 ………………… 035
　第二章　个性气质与写作风格 ………………… 038
　　一、个性是孕育写作风格的基石 …………… 038
　　二、气质是形成写作风格的前提 …………… 048
　第三章　思维活动与写作规律（一） ………… 055
　　一、思维活动与写作过程的相关性 ………… 056
　　二、文章写作的成品是思维活动的成果 …… 067
　第四章　思维活动与写作规律（二） ………… 075
　　一、抽象思维与形象思维的相关性 ………… 076
　　二、形象性在抽象思维中的表达作用 ……… 082
　　三、形象性在抽象思维中的表达效果 ……… 085
　　四、形象思维与抽象思维之间情理美的统一 … 089

第五章　精读博览与写作视野 ················· 091

一、读写是文化精神的延续 ················· 091

二、精读博览能拓展写作视野 ··············· 096

本体论 ······················· 107

第六章　文章构成与写作内容 ·············· 107

一、材料是文章的血肉 ··················· 107

二、主题是文章的灵魂 ··················· 115

第七章　文章构成与写作形式 ·············· 119

一、结构是文章的骨骼 ··················· 120

二、语言是文章的细胞 ··················· 126

三、文风是文章的风貌 ··················· 135

四、表现手法是文章的形态 ··············· 137

第八章　写作内容与形式的关系 ············ 146

一、内容决定形式及其形式的反作用 ········· 146

二、内容与形式的相互渗透和转化 ·········· 151

三、内容与形式的高度统一 ··············· 156

论　文

马克思主义文艺思想历史考察 ················· 161

马克思主义文艺批评的理论原则 ··············· 180

文艺同人民的血肉联系 ····················· 197

邓小平《祝辞》是当代马克思主义文艺思想的伟大文献

　　——纪念邓小平《祝辞》发表 20 周年 ······· 215

领导干部要有文史素养 ····················· 220

论和谐文化的本质特征 ····················· 226

走向世界的汉语言文字 ····················· 236

模糊语言论纲 ················· 243

中外文学发展述略 ················· 257

论抒情 ················· 268

韩愈与柳宗元之比较 ················· 281

评论跋序

写景状物　刻意求新
　　——《老残游记·明湖居听书》赏析 ················· 297

月牙泉的建筑艺术 ················· 304

《命运的奥秘》序言 ················· 308

学好文史知识　当称职干部
　　——《干部文史百科辞典》前言 ················· 311

报告文学

丝绸之路上的"都江堰"
　　——甘肃引大入秦工程纪实 ················· 319

附录　李焰平先生学术成果题录 ················· 328

编选前言

　　命运对人们有时像太阳,它照耀着你;有时像乌云,它又笼罩着你;有时并不公正,欺世盗名者安享荣华富贵;有时还不道义,德才兼备者却多灾多难。因此,千百年来,命运之神困扰着每一个人,一直伴随着每一个人的一生。

　　当你打开《陇上学人文存·李焰平卷》的时候,可以看见他半个世纪以来探求真理,几经磨难的苦难历程及坎坷传奇的不幸命运,以及生命不息,奋发不止的治学精神,字字句句都刻上了他与共和国同命运的历史印记,读者也许会从中发现命运之神是怎样困扰着他的人生,是多么令人震惊。

一

　　李焰平,1934 年 2 月出生于湖南洞口县,高中肄业,1949 年 8 月参军,时年 15 岁。16 岁参加中国新民主主义青年团,入湖南省军区军政干校学习。18 岁任中国人民解放军第三速中教员,在《群众日报》发表通讯《军民都是一家人》。19 岁保送西北师范学院进修,21 岁转业到甘肃省委党校任教。党的"八大"闭幕那天加入中国共产党,当年晋级提职,为副科行政 19 级,是年 22 岁。

　　1957 年 5 月,李焰平先生在《陇花》月刊发表一首《刹那间我钉在路旁》的小诗,7 月在《延河》月刊发了一篇《社会主义社会也有阴暗面》的文章,诗文都遭到批判,定性为"反党反社会主义的大毒草"。

12月定为右派。1958年4月，遣送河西敦煌棉花农场劳动改造。直到西北局兰州会议发出"抢救"令之后，1961年11月回到党校。一米八米的个头，体重下降到45公斤。1962年"摘帽"，1963年分配到兰州市第二十中学任语文教师。

1966年"文化大革命"爆发，他被关进了"牛棚"，历时960天，饱尝了人间牢狱之苦。

1978年9月17日，中共中央向全国转发了55号文件，李焰平先生"文革"中的冤案彻底平反。1979年9月3日9点30分，他走出监狱的大门，终于涉过生命炼狱中最冰冷最阴森的三千四百二十二个日日夜夜。平反后，先后任兰州市第二十中学教导主任、副校长，1983年6月，调回省委党校组建文史教研室，为第一任主任，历时十二年，直至1995年11月离休。在党校任教期间，从事汉语言文学教学和研究，主攻写作原理和马克思主义文艺思想，教学和科研成果显著。1986—1987年被评为优秀共产党员，离休后，2013—2014年度评为优秀共产党员；1986—1987、1989—1991年两次被评为优秀教师。1992年，因"在教学、科研工作中做出显著成绩"，被评为建校四十周年优秀教师。其科研成果有：《现代汉语简明教程》《写作规律与论文写作》（合著）、《写作规律论》《定格的记忆》《李焰平集》（"中共甘肃省委党校学者文库"）；参编中央党校主持的《全国党校系统〈干部写作〉教学大纲》；主编大型工具书《干部文史百科辞典》《马克思主义文艺思想研究》《中华文化与民族精神》《甘肃窟塔寺庙》等。在全国报刊发表学术论文、文学评论40余篇。

二

经历生命沧桑与劫难的李焰平先生，在他研究探索的专业领域，孜孜不倦，求真求新，发表了不少论著，不但有所发现，且有一些创意，在国内外学术界产生一定的反响。其主要论著简要介绍如下。

《写作规律论》从多个视角阐述写作原理及其规律的一部理论专著。全书从写作的外部规律到内部规律，围绕写作是信息传递的基础学科，写作是发展思维的最佳途径，写作是综合能力的集中展现的新思路、新观点，展开纵横交错的论述。从本质论、本体论两个层面，对生活观察与写作情感，个性气质与写作风格，思维活动与写作规律，精读博览与写作视野，文章构成与写作内容、写作形式，作了全面深入的论述。出版后，为西北师大知行学院中文系2001—2003年度写作课选用教材。

李焰平先生在这部论著中着重提出：写作是一门古老的学科，也是一门新兴的学科，是文科的一门重要的基础课；写作是人们用语言来传递信息，交流思想感情的重要手段。通过写作，信息的传播和储存就超越了时间的限制，思想感情的交流更为广泛和方便，进而激发和加强人类认识世界和改造世界的能力。写作是一种严谨有序的思维活动。它从社会实践中产生，又始终同人脑的活动联系在一起，思维活动贯彻于写作过程的始终。思维的过程同时是文章储材立意、构思谋篇的过程，是使语言表达思想的过程。写作前的发想运思阶段，是从观察、捕捉开始，经过联想思索，到运思布局，修改定稿，整个过程是一个有序的思维活动行程。叙述、描写、抒情、说明、议论等，都是思维的一种表达形式。叙述要求以"清"为目的；描写要求以"活"为目的；抒情要求以"明"为目的；议论要求以"理"为目的。所以说，文章写作的成品即是思维活动的成果。从文章写作过程与思维、信息的相互联结性，先生在论著中精当地表述为一个严谨的信息系统："写作过程可划分为写作准备、写作构思、写作实施、写作完成四个环节，每个环节中的具体内容，从社会实践、立意谋篇到表达、修改定稿，几乎每个环节中几种思维（抽象思维、形象思维、灵感思维、创造性思维）都程度不等地同时进行着，通过社会实践，作者观察生活，认识体验生活,收集材料,就是接受信息;作者立意谋篇,提炼素材,就是加工信息;作者动笔写作到文章完成,就是处理信息;修改定稿,就是反馈信息。所以,文章的写作过程,既是思维活动行程的过程,又是一个信息系统完整地输入、加工和反馈的运动过程。

此外,论著中对形象思维与抽象思维在文学作品与论说论类文章中的运用也作了精细的比较:

文学作品:

1. 写作目的:为了表现人,达到"以情动人",有时辅之"以理"——作者思想感情渗透在作品里,寓教育于文学欣赏之中。

2. 写作准备:社会实践,要研究"一切人",一切生动的生活形式和斗争形式——作品来自于客观现实,又真实地反映客观现实。

3. 主题思想的表现:通过环境、人物、事件的综合描述,使主题思想从全部作品中自然流露出来。

4. 表达方式:主要使用叙述、描写和抒情、辅之以说明和议论。

5. 语言表达:形象性、生动性、色彩性、音响性、台词性。

6. 写作过程的思维活动以形象思维为主,以抽象思维为辅,二者交错并用,有时美感思维起着不可忽视的作用。

论说类文章:

1. 写作目的:为了说明观点达到"以理服人",有时辅之"以情",——作者思想感情直接表现在论点之中,直接教育人们。

2. 写作准备:社会实践,要研究这一事物或那一道理的本身——文章来自客观现实,又具体反映客观现实。

3. 主题思想的表现:通过论点、论据的论证,作者十分明确地表明自己的观点,即文章的中心思想。

4. 表达方式:主要使用议论、说明和叙述,辅之以其他方式。

5. 语言特点:准确性,鲜明性、逻辑性、生动性。

6.写作全过程的思维活动以抽象思维为主,以形象思维为辅,有时也运用美感思维。

从以上比较说明,作家、理论家在组合艺术形象或推导理论判断时,其组合形式和推导形式,以"神"制"形",以"形"凝"神",自"形"、"神"升华概念,以"形"、"神"和概念的杂糅递增中构成形象原则和理论系统。如果从信息角度来考察,"形"是信息的外延现象,即形象的外貌、表象,"神"是信息的内涵本质,即形象的情理、特质。人们借助文章追踪思维的过程,揭示思维的方式,古今中文的文章都是如此。足见,写作是一种众多相关能力的综合能力。写作能力就是运用文字交流信息,表达思想感情,反映客观规律的一种立体能力。它是兼具观察生活,捕捉信息,以不同的思维形式(包括形象思维,逻辑思维、灵感思维)对材料分析综合、提炼加工,并以相应方式予以文字表达多方面能力的综合能力。因此,写作能力不是孤立的,而是众多相关能力的表现,其基础是认识能力和思维能力。

1990年,由甘肃省委党校和上海市委党校发起,全国28所省、市、自治区党校文史教研室负责同志组成编委会并撰稿,由李焰平先生和上海市委党校文史教研室主任宋国栋教授共同主编的《干部文史百科辞典》,得到学术界享有崇高声望的老前辈专家和28所党校领导的大力支持。全国人大常委会原副委员长,著名文史专家周谷城先生为辞书题写书名:全国政协原副主席,著名数学家苏步青先生,原中共中央党校副校长陈维仁先生为辞书题词。苏步青先生的题词:"学好文史知识,才能当称职干部",陈维仁先生的题词:"努力求知,尊重历史,提高文化素养,处于任何时代都是必要的,当干部的尤应如此。"辞书精装,共113万字,1992年4月,浙江教育出版社出版,发行11000余册。得到全国党校学员的好评:北京、上海、兰州等地报刊发表评介文章。甘肃省社会科学院研究员岱宗先生著文:《有益的工具,无声的助手》,文中评述:"该辞书为干部学习文史知识提高文化修养,提供了一种十分有益的工具。""带有开创性,填补了文史合一的大型工具书的空白。"被列入全国第四届北京图书博览会参展书目,获华东地区 1993 年优秀图书三等奖。该辞书对各级各类干部,在知识性、实用性、借鉴性等方面有一定的针对性。辞书分为"语言文学"和"中外历史"两编。"语言文学编"又分为相互联系的四个板块。以"思维能力与语言表达"为板块,组合成语言学、现代汉语、修辞、逻辑、古代汉语、基础写作、应用写作、文章体裁等八个专目;以"文学知识与文学鉴赏"为板块,组合成中国古代作家与作品、中国现当代作家与作品、新时期文学十年,外国作家与作品、文学人物剪辑等五个专目;以"文以明道与政治素质"为板块,组合成明鉴得失、掌故、轶事、名人名言录等三个专目;以"文艺规律与文艺政策"为板块,组合成文艺理论及其论著简介、文艺美学、文学社团、文艺流派、文艺运动、文艺政策等六个专目。"中外历史编"也按历史顺序分为中外贯通的七个板块。以"历史总览"为板块,组合成历史与历史科学、历史简索与要况,社会形态与政权形式等三个专目;以"文明古国与古代中华"为板块,组合成人类始初、古国沧桑、重大事件、战争战略等十一个专目;以"人类文明与华夏文化"为板块,组合成古迹名城、宗教源流、民族民俗、中外交往等七个专目;以"列强并起与近代中国"为板块,组合成西方巨变、殖民争夺、列强侵华、不平等条约等九个专目;以"国际共运与中国革命"为板块,组合成马克思主义的产生与发展、中国共产党的创立等八个专目;以"当代世界与中华振兴"为板块,组合成国际政治与经济、现代科学与技术等六个专目;以"中国历史人物"为板块,组合成外国上古中古人物、中国古代名君、名臣、名将等二十个专目。此外,附录"古籍和工具书",设有文化古籍要介、工具书举要、工具书检法等三个专目。

辞书的总体构架和辞条的整体组合,从形式到内容,不落窠臼,有一定新意。其特点,一是将文史合编,融为一体;古今中外,纵横捭阖,左右勾连,文史照应。从纵向比较中看横向,从横向比较中更深层地阐述纵向,纵横交错,相辅相成。或是以纵的线索为主,阐述其源流、发展、消长与承启等逻辑联系,或是以横的线索为主,阐述其制约、因果、关联与影响等逻辑联系,并在交错中,注意到上述两方面内容的双重关系。通过纵横比较,古今比较,中外比较、条块组合、廓清语言文学和中外历史的脉络和画面,构成一个多元的整体。二是突出辞书的针对性,实用性和借鉴性,但又注意知识的相对完整。三是便于读者从总体上把握文与史、板块与专目、专目与条目之间的内在联系,全辞书综合性辞条较多,而且,一般冠于专目条之首。

1991年,与吕发成先生合作撰写的《写作规律与论文写作》,1992年6月,中央党校出版社出版,发行11000册,出版后,1992年11期《新华文摘》"新书架"栏介绍推荐,用于全国省、市党校学员撰写毕业论文指导、参考。

1993年6月,由成都科技大学出版社出版,李焰平先生主编的《马克思主义文艺思想研究》,是北京市委党校、四川省委党校、湖南省委党校、江西省委党校、上海交通大学、兰州大学等九所省市党校和高校的文艺理论工作者参编的合作成果。得到文化部、《文艺报》等部门领导和专家的支持、关心。原中宣部副部长、文化部长贺敬之先生为该书题写书名,中国当代文学研究会原副会长、中国社会科学院研究员张炯先生为该书作序。序中评述:"李焰平同志主编的《马克思主义文艺思想研究》正属将马克思主义文艺思想史与文艺学结合起来的一部著作。它既以相当篇幅系统地介绍从马克思、恩格斯、列宁、毛泽东直到邓小平的文艺思想,又以相当篇幅深入地论述了文艺的本质与特征,文艺的发展规律,文艺与社会生活、与人民、与时代、与政治的关系,还对文艺与党的领导、文艺与批评以及如何坚持和发展马克思主义文艺思想等也作了必要的论述。这种史论结合的框架，可以说成为这本书独具的特色"。

1996 年为甘肃引大入秦工程撰写的报告文学《丝绸之路上的"都江堰"》获新华社《经济参考报社》1997 年 6 月全国新闻·文学征文一等奖，入选报告文学集《敲响新世纪的鼓点》的首篇。1991 年 1 月，中国作家协会主办"九十年代文艺状况与世纪发展研讨会"；1999 年 4 月，文化部中国艺术研究院主办"共和国社会主义文学艺术五十周年研讨会"，李焰平先生应邀代表，其交流论文《什么是中国特色社会主义文化》荣获作家协会《文艺报》社一等奖；《邓小平〈祝辞〉是当代马克思主义文艺思想伟大文献》荣获中国艺术研究院一等奖。1999 年 3 月 8 日，《领导干部要有文史素养》，在《光明日报》理论版发表。两报转载，入选《中华新论·全国优秀科技理论研究成果信息库》。

李焰平先生本是一位诗人，他当年发表的那首小诗《刹那间我钉在路旁》，如今读来，意味无穷：

> 在那林荫道旁的坡坡上，
> 在那淙淙流水的小溪旁，
> 一曲清脆的歌在林中回荡，
> 歌声呀，那么嘹亮，那么悠扬！

> 猛然停住，窥视着前方，
> 啊！——前方，
> 飞翔着一位姑娘，
> 比牡丹仙子还要漂亮！

> 身材不高不矮，不瘦不胖，
> 眼睛像秋水一样，笑容胜过春天的太阳，

一对蝴蝶儿落在乌黑的花瓣梢上。

开头一句诗难写，
开头一句歌难唱，
陌生的姑娘呀！
要我和你搭腔就像开头一句诗一样！

我悄悄地看，默默地想：
是不是本地姑娘？
啊！——姑娘，你是不是我理想的姑娘？
我的思绪越抽越长……

转眼间，姑娘摇身走向小巷，
发辫儿往身后一甩，
蝴蝶儿在飘荡，
歌声在巷中回荡……

刹那间，我钉在路旁，
盯着他那摇摆的腰杆，
只好叹一口气，
无力地开步走自己的路。

　　他为这首诗付出了代价，从此诗人的梦也被敲破了。世事真是难料！他晚年创作的自传体小说《定格的记忆》，我很是喜欢。因为它忠实地记录了一个做着梦的青年如何被打成右派、反革命，遭受牢狱之灾。作者描写牢狱的摧残，都是如实的记叙，每个细节都是真实的，但读起来，却让人心魂频惊。

李焰平先生爱好创作,对当代文学也颇为关注,撰写了一系列评论文章。李焰平先生治学之余,还积极投身学术活动,是一位颇富经验的学术活动举办者。系中国国际文艺家协会博学会员,全国文学语言研究会常务理事,甘肃省语言文字学会副会长,第四届甘肃省社会科学最高奖评奖语言文字类成果评委,甘肃省党校系统教师专业技术职务高职评审委员会评委、文史学科组组长,全国党校系统首届、二届(共两届)语文年会领导小组成员。多次参加全国性的学术会议。其业绩已入录英文版《中国社会科学家辞典》、国家人事部专家服务中心组织编写的《中国专家大辞典》等多部辞典。

1985 年,全国党校首届语文年会在甘肃省委党校召开,1992 年,《干部文史百科辞典》在全国党校发行,这些都得益于他的努力。

三

信仰超越死亡,岁月沉淀从容。李焰平先生的人生境界是豁达成熟的。15 岁参军,18 岁任中学教员。19 岁上大学,21 岁入党,22 岁晋升科级干部,23 岁打成右派,33 岁蒙冤入狱,43 岁才彻底平反,先后晋升副教授、教授,62 岁离休后受聘于西北师大知行学院任教,直至70 岁高龄离开讲台。真所谓"离而不休春常在,粉墨台前情归来"。在他的人生中,不要求自己的人生完美无缺。他说,不完美也是一种完美。要看得惯残破,看得惯经受得住苦难,享受"难"中之"苦",是心灵深处的溪流,弯弯地流向人生的旅途,渐渐洗刷灵魂里的污垢,去接近生命的真谛。正如他在《定格的记忆·自序》中写到的:

> 我从一次又一次残酷和苦难里获得了坚卓的顽强,迎得了动力和挑战,阿·托尔斯泰在《苦难的历程》扉页上写道:"在清水里洗三次,在碱水里煮三次,在雪水里浴三次,我们就纯洁得不能再纯洁了。"从这个意义上说,我也把所

有的苦难当作"朋友"和"老师"。巴尔扎克说:"苦难是人生的老师"。是的,我的老师就是"苦难"。雨果说得好:"苦难经常是后娘,有时是慈母,苦难能孕育灵魂和精神力量;灾难是傲骨的奶娘,祸患是豪杰的好乳汁"。人生历程上苦难、灾难、祸患、冤案,既是后娘折磨你,又是慈母哺育你,也是老师锻炼你。残酷和苦难都能折射出人生的真善美。在我经受千辛万苦的磨难之后,如果忘却了磨难,不保持纯洁和自律,即使在清水里洗了三次,在碱水里煮了三次,在雪水里浴了三次,也不会永葆纯净。因为地球是圆的,每天都是一个新起点;因为人是终生成长的,永远在成长中。记得古希腊的帕尔索斯山上有块巨大的碑石,碑石上的七个文字历几千年风雨,字迹虽已模糊,但内含的深意仍振聋发聩:你要认识你自己!可是,尼采说,每一个人距自己是最远的。人类最不了解的是自己。这个哲理永远铭刻在我的心头。

李焰平先生从"反右派斗争"延续到"文化大革命"结束的 22 年里,从未有过无忧无虑,从未有过快乐和欢笑,从未体验过青春的潇洒和浪漫,年复一年地与厄运抗衡搏斗,每遭一次摧折,依然傲视苦难,浩劫和摧折不可能将万事万物毁灭殆尽。摧毁之后,它也会把生命雕塑得更加壮丽,那些斑驳的树桩,并不是森林的墓碑,从青枝绿叶的记忆开始,葱郁挺拔的在灰烬中还能复活成长。正是这种坚韧顽强的生命意志和自强不息的文化精神作为生存支柱,尽管春日酿成秋冬雨,依然无怨无憾。因为他是从"反右"的引蛇出洞里出来的,是从"文革"炼狱中走过来的,从"阴谋"和炼狱中获得令人羡慕的人生。

西北师范大学传媒学院教授　杨光祖

2017 年 12 月 1 日

专著:写作规律论

绪　论

一

世间一切事物是有规律的。无论它的产生、形成和发展都是按照一定的规律发展。那么,什么是规律呢? 所谓规律就是事物之间的内在的必然联系。这种"必然联系"包含三个层次的含义:这种联系不断重复出现;这种联系在一定条件下经常起着作用;这种联系决定着事物必然向着某种趋向发展。因此,规律是客观存在的,是不以人们的意志为转移的。但是,规律又是能够被人们认识的。通过实践,人们可以掌握规律,利用规律。毛泽东说:"不论做什么事,不懂得那件事情的情形,它的性质,它和它以外事情的关联,就不知道那件事情的规律,就不知道如何去做,就不能做好那件事。"①写作有没有规律,怎样掌握规律,利用规律? 古今中外的文论家有过不少论述,就我国古代文论家来说,他们有过许多精辟的论述:文有定则,术有恒数,写作必须遵循一定的规律;妙运从心,随手多变,不为固定的成法所束缚。认为文章"定体则无,大体须有"②。文须论法,法即"当乎理,确乎声,酌乎情"③。"规矩而能出于规矩之外,变化不测而亦不背于规矩也"④。

①《毛泽东选集》第一卷,人民出版社,1991年版,第155页。
②(金)王若虚,《滹南遗老集·文辨(四)》。
③(清)叶燮,《原诗·内篇上》。
④(宋)吕本中,《后村先生大全集二夏均父集序》。

"才之能通,必资晓术。自非圆鉴区域,大判条例,岂能控引情源,制胜文苑哉。"①这些论述可作殷鉴。学习写作就要了解并把握写作规律。无论写文章,作报告,拟文件,都是以寻找和揭示客观事物的规律为自身目的。在写作思维过程中,客观事物经过主观思维作用,或创作作品,或写成文章,都有一个认识过程和表达过程。在这个过程中,作者加工整理题材或材料,提炼主题思想,安排结构,都要找出事物之间本质的必然的联系,并加以概括、抽象,进而找到规律。事物间本质的必然的联系涉及面越广,这一规律就越普遍。一般说来,人们理解规律,掌握规律,必须依赖语言的表达,将规律具体化。这里所说的具体是抽象思维中的具体,有别于感性、形象的具体,它是对抽象的事物进行有条理的分析和展示。掌握规律是重要的,但规律只能为我们提供认识方法和行动指南,而不是解决具体问题的现成公式。规律也是个过程,把握规律必须着眼于对事物全过程的认识。规律是单纯的,但运用规律是复杂的。因此,要充分注意规律实现过程中所表现出来的特殊性和多样性,决不能用教条主义的态度来对待,写作规律也不例外。

写作是人们用语言来传递信息、交流思想感情的重要手段。通过写作,信息的传播和储存就超越了时间和空间的限制,思想感情的交流更为广泛和方便, 进而激发和加强人类认识世界和改造世界的能力。

写作是一门古老的学科,也是一门新兴的学科,是文科的一门重要的基础课。

三千多年来,中华民族积累了丰富的写作理论。从魏晋以来,曹丕的《典论·论文》、陆机的《文赋》到刘勰的《文心雕龙》,都放射出古

---

①(南朝·梁)刘勰,《文心雕龙·总术》。

代经典作家对写作理论探求的光芒，开创了文章理论的新纪元。此后，在中国写作论坛上相继出现了钟嵘的《诗品》、萧统的《文选·序》、刘知几的《史通》、皎然的《诗式》、王昌龄的《诗格》、皮日休的《文薮》、李清照的《论词》、宋濂的《文原》、屠隆的《文论》、陈子龙的《诗论》、谢枋得的《文章转苑》、倪士毅的《作文要诀》、唐彪的《读书作文谱》，一直到林琴南的《春觉斋论文》、章太炎的《国故论衡》、梁启超的《中学以上作文教学法》、王国维的《人间词话》。历史进入了现代，因为政治、管理、生产上的分工日趋精细，表现在写作上的应用特点也越来越突出，实用文体的划分也越来越细致，诸如科技写作，新闻写作，司法文书写作，经济管理写作，文秘档案写作，学术论文写作，调查报告写作等等，各种实用文体应运而生。而这些文体的写作理论研究需要深化，需要探求规律性的东西。"读书破万卷，下笔如有神"的经验之说到了现代已不是写好文章的绝对定型的准则了。古人练习写作，主要是阅读记诵古文，学的是定型的书面语言，与实际使用的语言距离很大。现在学习写作，主要学的是实际应用的活的语言，不能把全部精力放在"读"字上。文章写不好，固然同作者的读书多少有关，但关键是思维训练。如果缺乏连贯思维与写作实践，读书再多也于提高写作水平无补。

进入 20 世纪 80 年代以来写作学科的发展更为迅速，取得了共识的成绩，但这门学科尚处在潜科学的状态。思维科学迅速发展的成果为探索写作机制提供了新的认识途径，当代许多学者沿着这一途径进行着有益的探索。

在国外，写作被确认为"信息传递"的基础学科。"在美国、西欧、日本所有大学里，写作课都被列为必修课。美国现今的高等文科，十分重视智能教育。学习'通过写作'，已经成为他们的口号。费城波林摩学院院长玛丽·麦克逊认为，写作是文科学生的基本功，是全面训

练思维能力的最佳途径。"①即使是理工大学,有些名牌大学也设置了科技写作方面的专业,并授予学位。如科学与技术写作、环境问题写作、农业科技写作、工程技术写作、医药卫生写作以及科普和技术交流写作六个方面的专业,都可以授予硕士学位和博士学位。这些理论和实践,不仅有利于文科的发展,而且也有利于理科的发展,开拓了促进文、理互相渗透,相互依存,相互发展的方向,值得我国教育科学及写作学科认真研究。

总之,我们对写作规律的探索,既要深入到写作的内部规律,即文章构成的要素,也要深入到写作的研究走向由"完整的表象蒸发为抽象的规定"②,再由"抽象的规定在思维行程中导致具体再现"③的必由之路,走科学发展由经验知识上升到理论体系,再由理论体系转化为能力的必由之路。

二

写作是一种众多相关能力的综合能力。写作能力就是运用文字交流信息,表达思想感情,反映客观规律的一种立体能力。它是兼具观察生活、捕捉信息,以不同的思维形式(包括形象思维、逻辑思维、灵感思维)对材料分析综合,提炼加工,并以相应的方式予以文字表达等多方面能力的综合能力。因此,写作能力不是孤立的,而是众多相关能力的表现,其基础是认识能力和思维能力。

文章是认识系统里面的一个要素,是认识活动中的一种手段。文章产生的契机是人类认识的发展和社会交际需要的扩大,所以说,文

①《光明日报》,1984 年 10 月 12 日,《美国高等文科的智能教育》。
②《马克思恩格斯选集》第二卷,人民出版社,1972 年版,第 103 页。
③《马克思恩格斯选集》第二卷,人民出版社,1972 年版,第 103 页。

章既是认识记录和积累的工具,又是认识交流和传播的工具。记录和积累是为了交流,这种交流,既是共时的交流,又是历时的交流。同时交流和传播又是为了促进认识的发展, 促进人类改造世界能力的提高。马克思主义者认为,人类对客观世界的态度,首先是认识,然后是改造。而人类的实践活动是人们认识的出发点和归宿。人们在实践活动中,有了许多直接或间接的直觉,产生了感性的认识,然后形成具有积累和交流价值的思想。有了思想便有了语言,便有了文章。这就是以不同的形式向人们回答关于客观世界"是什么"、"为什么"以及"怎样做"的问题。在实践活动中,人们总是借助文章这种思维结构巩固、交流自己的认识,积累成果。诚然,文章的思想来自对客观事物的认识,思想是否正确、深刻,取决于作者的认识能力的高低,取决于作者能否通过主观意念对客观事物进行科学的认识, 从而得到正确的思想。恩格斯所著的《英国工人阶级状况》一书,就是他细心观察,多看多想,反复认识,精心研究的成果。1842 年,恩格斯迁住英国工业中心曼彻斯特,在他父亲与人合办的一家商号服务,从此认识了无产阶级。他常常到工人栖身的肮脏住宅区去了解工人的贫困生活,同工人促膝交谈。在此同时,查阅了在他以前论述英国工人阶级状况的许多著作,研究了他能看到的一切官方文件,从感性到理性,经过理论思维的升华,生动地回答了 19 世纪 40 年代英国工人阶级状况"是什么"、"为什么"以及无产阶级应当"怎样做"的问题。这本书既是一部揭露、鞭笞剥削阶级罪恶,启迪无产者进行革命的调查报告,又是一部真切、生动、文采横溢的报告文学。

文章是思维活动的成果,并且给人们提供思维结构的方式。人们借助文章追踪思维的过程,揭示思维结构的方式,古今的文章家都是如此。这种思维结构方式,就是人们写文章常用的三段论式。即提出问题,分析问题,解决问题。所谓提出问题,就是对某一事物或某一道理的描述或回答"怎么样";分析问题就是对某一事物或某一道理的解释和判断"为什么";解决问题就是对某一事物或某一道理提出办法和措施"怎样做"。各式各样的文章其思维结构莫不如此。

以上讲的认识能力和思维能力并不等于写作能力。只有用文字以恰当的思维方式把思想表达出来，将信息传递出去才能算是写作能力，也就是常说的表达能力。表达能力的高低，不仅是衡量一个人的文化知识素养的重要标准，而且是评价一个人的才能的基本尺度。

从整体来说，人的智能结构可分为四个层次：基础能力是第一层次，即指应备的文化知识素养、基本技能和体力。领导能力是第二层次，包括理解能力、判断能力、表达能力、社交能力、决策能力、应变能力、协调能力以及创造能力等。专业能力是第三层次，即指某一岗位上应具备的有关专门的知识及技能方面的能力。还有一种特殊能力是第四层次，即指本人特有的兴趣爱好和专长。文化知识和基本技能包括听、说、读、写四种能力。虽然，表达能力是领导能力考察中的一项指标，但它是各种领导能力的综合表现，是沟通其他能力的枢纽。撰写一篇文章，或起草一个文件，作者必先感于外物，对客观事物有了一定程度的认识才有表达的愿望和可能。由客观事物到主观认识，直至初步形成文章的主题或是文件的意旨，这是思维活动的加工阶段，经过分析、判断、综合、抽象、概括，运用大脑储存的部分甚至全部的信息进行筛选，经过严密的逻辑思维，发挥联想和想像，"笼天地于形内，挫万物于笔端"。在此基础上，然后寻求恰切的表达方式，经过遣词造句，谋篇布局，借助于语言文字加以表述。作为一个领导人把一项重大决策付诸文字，诉诸笔端，只有调动种种潜在的能力，才能把理论思维的成果表现出来。这种表现不是运用一般语言的能力所能概括的，而是各种领导能力的综合运用。以欧美流行的公文测验（又称篮中练习）为例，主试者给被试者（大中型企业的领导候选人）

一篮公文,其中有命令、请示、备忘录、电话记录等各种文件。这些都是根据各种典型问题而设计的,要求候选人在一定时间内处理完毕,处理后还要通过书面语言或口头语言说明如此处理的理由与原则。显然,在这一测验中,候选人的决策处理既受到表达能力的制约,而表达效果又受到时间的限制。假如不是具备高水平表达能力的人,在这种场合中就不可能应付自如。

国外把写作能力分解为七种能力。即审题能力,表达主题思想的能力,搜集材料的能力,系统加工材料的能力,修改文章的能力,语言表达能力,文体选择的能力。所有这些能力概括起来,就是认识能力、思维能力和表达能力三个方面能力的综合。

三

"文章写作是一个现代人必须具备的技能,不会写作就不能利用文章较广泛地同别人交流思想感情,也不能记录生活和总结工作经验。这样,知识就不能延续、积累和传播,文化也就不能提高和发展,人类就会停滞不前。"[①]技术越发达,使用文字的频率也就越高,不论研究文章的写,还是研究文章的读,现在需要,将来还是需要。"下笔千言,倚马可待"成为社会的需要。邓小平提出的"三个面向",对于纵向和横向(历时的和共时的)的写作研究都有一定的指导意义。文章写作有较强的时代性、社会性。尽管若干年之后社会需要无法预测,但当代的需要应该研究,而且围绕着"实用"二字加以研究。因此,国家公务员为什么要会文章写作也就成了一个研究的课题。

我国新时期的干部,既要懂得相当程度的社会科学理论,包括马克思列宁主义和毛泽东思想的理论,又要具备一定程度的自然科学

---

①转引自《写作》,1986 年第 8 期,《第五次文章学学术讨论会述要》。

知识,还要具备深厚的业务知识。处在不同岗位的干部,知识重心有所偏重。但是,知识只是一个人对事物规律掌握的程度,而能力才是一个人运用知识改造客观世界的本领。从这个意义上说,人的知识不如人的能力。为了适应科学技术的飞速发展,各级党政领导干部,应是"现代型"、"综合型"、"事业型"的人才,培养这种人才需要通才教育。当今通才教育已经与智能教育、管理教育、终身教育一起被称为现代四大教育。美国、俄罗斯、日本、德国都提倡一专多能,他们从大学毕业工作十年以后的专才中选通才。随着现代科学技术的综合化、整体化趋势,新时代需要更宽视野的人才。因此,各级党校和行政干部学院应培养出一大批"战略型"通才,不仅精通一门或几门专业知识,而且具有现代化的思维能力,信息接受处理能力,清晰明快的写作能力和表达能力。

对干部写作素质的要求是一个多层次、多类型、多侧面的复合体。从整体看,领导干部队伍本身因工作需要和文化水准的不同,呈现出不同的层次。对于不同层次的干部,写作素质的要求是不同的。根据领导干部所处的岗位,可分为三个层次。基层领导干部数量大,他们或领导一个具体的工作部门,或统帅一个基层单位,直接接触广大群众,具体贯彻执行党的方针政策。在写作上,能够亲自起草有关本职工作的计划、总结,撰写调查报告,熟练掌握情报类和记录类公文撰写,做到内容准确,条理清楚,文字通顺。第二层次指有相当数量的中层干部,他们负责的工作范围较大,是"上情下达,下情上达"的中间环节,需要他们对一个系统、部门的总体作出决策。在写作上,不但要求他们熟悉撰写各类机关应用文体,而且应具备一定的新闻写作、理论文章写作的能力。第三层次指高级领导干部,他们统领全局,更应具有较高的专题论文写作的能力。例如,对某种重要的决策作系统的文字分析,对必要的重大理论问题作出论证。既要能对别人撰写的文章提出切实的修改意见,又要能亲自起草、定稿文件。此外,不论哪一层次的干部,都应具有写作与本职工作有关的演讲稿的能力。

新时期的党政干部,按横向来分类,可分为党务工作、行政管理、经济管理和理论宣传四种类型。这四种类型的干部,在使用不同的文体写作上各有侧重。从事党政工作的领导干部,起草有关重要文件、撰写讲话稿和调查报告等应达到得心应手的程度;从事经济管理的领导干部,必须熟悉掌握经济活动分析这种文体的写作,对错综复杂的经济情况作出条分缕析的评价;从事理论宣传工作的领导干部,不但应具有写作文艺评论文章的能力,而且也要能亲自进行文艺创作,写学术论文。各类领导还应懂得司法文书、财经文书等专门性文体写作的基本知识。

各类领导干部不仅要掌握几种门类的文体写作,更为重要的是要能熟练地运用语言准确地表达思想。随着科学技术的进步,现代生活节奏的加快,语言文字表达的效率性,即兴写作或讲演的明晰性要求摆在领导干部的面前。写作素质的要求越来越高,范围也越来越广,远远超过了传统文章学的范围,并且同现代社会高速接受、利用、传递、输出新信息结合起来。在我们的干部队伍中,虽然有一批德才兼备又具有写作造诣的领导干部,但毕竟还是少数。

目前,我国干部队伍中,虽然有大专以上文化程度的占很大的比重,但这些干部也不是每个人都具有较高写作水平。有的学理工的不学文,有的学文不撰文。在实际工作中,高中层领导亲自动手草拟文件、写讲话稿还不普遍。这些情况表明,干部队伍写作水平参差不齐,这种现状同改革开放、四化建设所赋予的重任以及领导干部所担任的工作不相适应。因此,要改变干部写作能力的现状,提高他们的写作素质,这是一项艰巨的、迫切的任务,也是提高干部整体素质的一个重要方面。

新中国成立后不久,毛泽东指出:"一个革命干部必须能看能写,又有丰富的社会常识与自然常识,作为从事工作的基础,工作才有做好的希望,理论才有学好的希望。"[①]解放后,刘少奇任中央马列学院第一任院长时,对马列学院第一期学员说:"要学会写文章。"全党工作重点转移后,中央发出《各级领导干部要亲自动手起草重要文件,不要一切由秘书代劳的指示》。1984 年 8 月,邓颖超同志给《写作》杂志题词:"振兴写作学科,为四化建设服务。"把写作学科提到了为四化建设服务的高度上来。"对外开放,对内搞活",不仅包括了不同社会制度的国家间的相互交往,而且包含了成千上万的部门和地区,以往的小生产管理方式已不适应新形势的需要。在管理社会和治理国家的活动中,作出决策、协调行动,需要制定各种各类公文,以文章、文件的形式发布。同时,实行决策要动员下属和人民群众,就要造舆论,作宣传,说服教育,做政治思想工作。决策实行后,要搜集情况,根据信息反馈,总结、调整、修订、补充,以便进行管理活动时再决策,这同样需要文章。农、工、商、学,千行百业;党、政、财、文,千头万绪。广阔的知识面,对于领导干部来说是必不可少的。古人云:"凡为将者,不通天文,不识地理,不识军情,不晓阴阳,不着阵图,不明兵势,乃庸才也。"治国就需要更多的知识和相应的才能了。就拿一个县来说,范围虽不大,但也是工、农、商、兵、党、政、财、文、工、青、妇,样样都有。作为一个县的主要党政领导干部,如果对这些无所知或知之甚少,那是很难做好工作的。

根据时代的需要和改革事业的要求,新时期党政领导干部要治理国家、管理政务应具备信息接收处理能力,决策能力和指挥能力。

---

① 《文化课本·序》,《论语文学习》,人民出版社,1961 年。

第一,信息接收处理能力。信息可分为纵向信息和横向信息。党中央、国务院制定的方针、政策、法令和下达的指示,是主导信息,必须敏锐地、及时地、准确地接收;对于本地区、本部门、本单位的历史与现状,当前工作的进展情况、优缺点和干部群众的思想、情绪、要求,也应随时调查了解,广泛接收这些方面的信息,然后予以筛选、整理,得出结论。这就是纵向信息的接收与处理。这还不够,我们的眼光要"扫描"更广阔、更深远的领域,对外地区、外省乃至国外有关信息,诸如社会信息、经济信息、文化信息、商品信息等,这些横向信息,也应及时予以接收、选择、处理。对这些信息的接收、选择和处理都需要较高的专业文字能力。

还有一种陈旧信息,也大有利用的价值。我国古代的典籍中,蕴藏着政治、军事、经济、文化各方面的治国经验教训和宝贵信息。为了更好地从这无限丰富的古代文献宝库中接收信息,作为领导干部,也应具备古汉语知识。

第二,决策能力。决策能力是综合有关信息,进行分析、选择、处理,通过决策人或决策集体运筹帷幄,发挥想像力、预见性、推理判断的一种综合能力。是否能够做到"运筹帷幄之中,决胜千里之外",全仗决策人或决策集体丰富的知识和阅历。

第三,指挥能力。指挥能力也就是组织能力,是党政领导干部履行职责必具的才能。通过决策所定下的计划、方案、决定,有赖于正确、周密的指挥和组织实施,才能达到预定的目的,完成工作任务。指挥的开始是下达命令、指示、计划、方案,这当然是离不开语言文字的。构思周密简洁,命令、指示明了,使人易于正确理解和执行,而含糊不清,模棱两可,有歧义的语言,必定会使下级无所适从,甚至贻误工作。当今通信工具现代化,信息传输十分迅速方便,这要求领导干部具有口述命令、指示,口授文稿的能力。动员、组织、控制、协调,要靠思想上、政策上、措施上的吸引力,这就有待于领导者用生动的行之有效的思想工作去打开心灵的窗户,进行心灵的交流。报告、讲话、交谈,仍将是动员群众、组织群众的重要形式。过去,有些领导在台上作着干巴枯燥的报告,台下不少听众昏昏欲睡。假如领导人有相当的写作与讲演素养,报告就会内容丰富、生动形象、亲切感人。

显然,这三种能力的任何一个方面都要以文史知识与写作技能作为工具和基础。

四

学无止境。写作,人人都要学,不会写作的人要学,即使写得一手好文章的人也要不断学习和提高。提高写作能力,首先必须提高理论素质,加强马克思主义基本理论的学习。马克思、恩格斯、列宁的著作,都是用规范、准确、优美、流畅的语言写的,译成汉语时,译者也是反复推敲,几经修改。阅读这种"信"而"达"的中译本,读者不仅可以学到马列主义的世界观和方法论,而且能提高写作艺术。马克思、恩格斯、列宁的著作中提到了不少文学作品和神话中的人物,引用了许多文学作品中的精彩语言。仅在《资本论》第一、第二、第三卷中就有156处涉及到希腊神话,英、德、法各国文学巨匠的作品以及《圣经》、民歌、民间故事等。像《资本论》这样博大精深的巨著,不仅是马克思主义经典著作,也是干部学习论文写作的范本。

其次,要提高认识能力,发展思维能力。写作过程的活动核心是思维问题。思维是人类特有的一种精神活动,是理性的认识阶段。复杂的思维活动经常通过写作得以体现和深化。在思维过程中,人们运用概念进行判断,运用判断进行推理,然后形成新的概念和判断。如此循环往复,逐渐深化对客观世界的认识。这就是思想,也是思维的成果。

写作要求思维具有确定性,是因为明确的表达依赖于确定的思维。人们常说某某说话不合乎逻辑,某个句子或语段内容相矛盾,说的就是思维问题。在同一思维过程中,对于同一对象,不能既断定是什么,又断定它不是什么。逻辑上的违反矛盾律,表现为同一思想中的自相矛盾。人们也常说,好文章必须顺理成章。顺理成章的过程就是思维活动过程的结果。"顺理"即是合乎事理,是指文章的内容而言。既要用真实、生动、典型、新颖的材料说明观点,又要用正确、集中、深刻、精辟的观点来统帅材料,准确地反映客观现实。"成章",是对文章的形式而言,即根据主题的需要,取舍材料,选择体裁,安排结构,进行表达,使主题贯通首尾,弥纶群言,统帅全篇,自成篇章。"顺理"是"成章"的先决条件,"成章"是"顺理"的必然结果;"成章"必须"顺理","顺理"才能"成章"。顺理成章是文章内部的基本规律,是写作过程中思维的具体体现。

发展思维能力主要靠训练。后天的环境影响和教育训练对人们的思维能力的发展起着决定性的作用。思维的训练,可从思维的广度、深度、联想以及逻辑性等方面着手。

思维的广度,是指训练全面地看待问题的思维能力。文章是客观事物的反映。面对某一客观事物,既要看到这一事物的本质,又要看到这一事物与其他事物的相关联系。拓宽思维领域,才能将获得的材料同观点相统一,成为有机的整体。

思维的深度,是指训练深入地看问题的思维能力。文章主题的深化是思维活动深化的结果。只有把握事物运动过程中发展变化的规律,深刻认识它的本质特征,才能使文章的主题正确、深刻、明确、集中、新鲜。

思维的联想,是指训练善于联想的能力。联想就是在掌握某一事物本质特征的基础上,通过若干对象之间的关系的巧妙设想,发现其中的必然联系的思维方法。多读诗词是培养和训练联想能力的途径之一。诗词的特点不像记叙文那样,按照时空顺序把事物发展的轨迹描绘出来,也不要求具备时间、地点、人物、事件、原因和结果等要素。加强联想思维的训练,可以自觉地超出习惯性的思维定势的局限。随时随地记下瞬间的想法是培养和训练联想能力的又一途径。思维活动在人脑中是不间断的,如果养成一种良好习惯,只要心血来潮,奇特构思,创造性的观念,或是现实,或是幻觉,同写作有关或是无关,都可随时随地记录下来,一旦联想行将结束,随时进行筛选。持之以恒,定会训练出善于联想的思维能力。

第三,认真进行写作实践,努力把握写作规律。提高写作能力,把握写作规律,是一个较长时间的循序渐进的过程,是一种艰苦的劳动。写作理论如果不与实践形成转换和互动,就会沦为"灰色"的理论。因此,写作规律体现在文章写作的全过程,制约着文章写作构成的各种要素和环节。它是内在的并在长期的写作实践中形成。

获得写作知识和把握写作规律,一方面要借鉴前人和今人的写作经验,学习写作的基本理论,另一方面要阅读、讲析具体文章。古人说:"文忌直,转则曲。"《共产党宣言》、《路易·波拿巴的雾月十八日》、《法兰西内战》、《英国工人阶级状况》、《社会民主主义宝贝儿》、《湖南农民运动考察报告》等等,这些马克思主义经典著作就令人百读不厌,越读"体味"越深。

精读博览,扩大知识面。精读博览,在于增长智慧,开阔视野。精读,指读书要认真研究,细细体味;博览,指读书要多,博采众长。读写结合,文道结合,文史结合,这是一种传统的学习方法。这种方法真正运用好,确能起到触类旁通、互相印证、拓展思维领域的作用。一般说来,读书多了,对写作是有用的。司马光认为,读重要之书,"不可不成诵",咏其文,思其义。多读、熟读,背诵名篇、佳段、警句,都是必要的基本功。所谓"出口成章",就是因为书读多了,书读熟了,词汇丰富了,思路开阔了,视野宽广了的缘故。古今中外不少文章家都有这方面的经验。博览,不仅是广读古今中外名篇,也包括社会科学和自然科学领域的书。新时期要求我们的领导干部以及各行业的干部,要从各方面获得信息和知识。例如,日本经济界人士就很重视我国的《孙子兵法》、《三国演义》和《西游记》。他们认为,读《三国演义》可以研究用人的学问;读《孙子兵法》可以增强胆识和智慧,提高应变能力;读《西游记》可以启发想像,解放思想,增强创造力。诚然,精读和博览不等于读"死书"、"死背书"。一要消化吸收,二要扩大知识面,把知识转化成能力,知识才有用,才能达到精读博览的目的。

勤于观察,不断积累。观察,是一种积极的智力活动,是认识生活的起点。勤于观察才能获得写作所需要的材料。"静观默察,烂熟于心,然后凝神结想,一挥而就"①的写作过程是具有普遍意义的。通过观察,作者一方面吸取生活中的养料,吸取知识,另一方面,将获得的知识和储存的知识全部调动起来,造成意象,引起联想。积累,指写作理论和实践的逐渐聚集开拓。古代作家经过不断的总结,得出"博观而约取,厚积而薄发"的写作经验。写作同炊事一样,谁能为"无米之炊"? 写作要"调动作者大量的积蓄",它包括生活阅历、文化知识、理论水平、具体材料。比如,马克思写《资本论》,钻研了1500多种著作,仅材料数据就积累了几十万字;列宁写《帝国主义是资本主义的最高阶段》,收集整理了60万字左右的材料。这些事例说明,如果缺乏生活,不会观察,思想贫乏,没有对生活的真情实感,没有广泛地占有材料,就不可能写出观点正确、内容充实、富有文采的文章。知识和经验的积累来自两个方面。一个是生活实践,另一个是书本知识,即毛泽东曾经强调过的直接知识和间接知识。我们只要不断地把自己研究

①(宋)苏东坡,《稼说》。

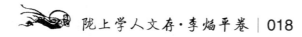

课题有关的新资料、新观点储存起来,日积月累,再经过思维的加工,写作时就可以达到"厚积而薄发"。

积极思考,勇于发现。思考就是对生活观察结果的分析。"感觉到了的东西,我们不能立刻理解它,只有理解了的东西才更深刻地感觉它"[1]。人们对生活认识的全过程是从现象到本质,由表及里,由此及彼。这种认识的深化是经长期积累而得的。在写作中,只有长于思考,善于思考,才能鉴别材料,去伪存真,形成思想。任何思想和见解都是对生活思考的成果。"观察、分析的能力逐步提高了,在纷繁复杂的社会现象中,他不会感到茫然。从前看不出来的问题,现在看出来了,从前未能理解的人与人之间的复杂关系,现在能够深刻理解了"[2]。这句话是说写作既需要生活,需要占有和积蓄材料,又需要正确认识生活和理解生活。不积极思考,不具备分析问题的能力,要想正确地认识和理解生活是办不到的。发现是积极思考所产生的新思想、新成果。带着问题观察社会,多思善疑,不断提出问题,寻根究底,探求解决问题的答案,这是发现问题、思考问题、解决问题的一般规律。能提出问题就是有所发现,再通过比较、分析,形成独立的认识和见解,"思愈精则理愈出",善于思考、质疑、提问,就是从更深的层次上掌握知识、理解生活。有所发现,有所创造,往往要求从异向思维的角度探求问题。比如"滥竽充数"这个成语,按照同向思维去思考,人们总是把板子打在南郭先生身上,南郭先生就是"不学无术,不懂装懂"的人的代名词。但如果换一个角度思考问题,提出"滥竽为什么能充数"?那么,板子就会打在齐宣王身上。因为齐宣王好听"合奏",给南郭先生滥竽充数提供了环境条件。从这一角度进行思考,对"滥竽充数"的认识就有了新意。

---

①《毛泽东选集》第二卷,人民出版社,1991年版,第263页。
②《作家如何理解实践是检验真理的惟一标准》,《文艺报》,1978年第5期。

多写多改,持之以恒。读是手段,写是目的。"多读乃藉人之功夫,多做乃切实求己功夫,其益相去远矣"①。所谓读是手段,是指多读对写作有益,可以从中借鉴;所谓写是目的,是指学了写作知识不等于掌握了写作技巧和方法,不等于会写文章,不等于提高了写作水平。谢觉哉在《写文章的关》里说:"只讲不写,将终不会写,而我们的工作又需要写。……初写,一定写不好,不要怕丢丑,再来罢! 功夫总是一步步进的,不可能一下跑得很远。做负责工作的同志,怕写不好,部下笑他,因而就不写。这样自弃是偷懒,必然要贻误他的工作。要知道正因为负责,更须学习。"

好文章是改出来的。文章初稿写成之后必须修改、多改。修改润色是整个写作过程中不可分割的一个有机组成部分,是行文阶段的继续和延伸。我国自古以来,就有重视文章修改的传统。"世人著述,不能无病。仆好人讥弹其文。有不善应时改定"②。"旧句时时改,无妨悦性情"③。"有得意轻出,微瑕须细详"④。毛泽东在《反对党八股》一文中,针对文章的修改作过精辟的论述:"鲁迅说'至少看两遍',至多呢? 他没有说,我看重要的文章不妨看它十多遍,认真地加以删改,然后发表"⑤。修改,必须着眼于全局,着眼于文章内容,包括主题是否正确、深刻,取材是否真实、恰当,结构是否完整、严谨。从立意谋篇来说,修改过程正是认识的不断深化,不断完善的过程;从语言表达来说,修改的过程也是使文章的语言不断准确、不断精练的过程。

---

① (清)唐彪,《文章惟多始能精熟》。
② (三国·魏)曹植,《与杨德祖书》。
③ (唐)白居易,《诗解》。
④ (宋)陆游,《戏题稿后》。
⑤ 《毛泽东选集》第二卷,人民出版社,1991 年版,第 801 页。

文章不厌百回改,历来被大文章家所重视。马克思的《资本论》写了40年,修改了三次。毛泽东也对自己的著作中的许多地方进行过原则性的修改。从某种意义上说,学会了修改文章,也就学会了写作。

文章的修改,是从初稿到定稿不断对文章的内容与形式进行调整、润色、增补、删削的过程,它是整个写作过程的最后一道工序。文章的修改首先是内容的修改:修改主题,使之正确、集中、深刻;增删材料,使观点与材料统一。表现形式的修改:调整结构,使之层次分明,组织严密;推敲语言,使之准确、鲜明、生动。通过修改达到内容与形式完美统一。

修改的常用方法有读改法、冷却法、求助法三种。读改法:诵读或默读,靠思索,凭语感,发现不妥,予以修改。冷却法:文章写成后,先放一放,经过一番考虑再改。求助法:征求意见,相互切磋,然后再改。常用的修改符号有:

1. 增补号 ⌃(小增)(中增)└┬┘或⌃──(大增)▭

2. 删除号 ☞(小删)▨(中删)⊠(大删)

3. 颠倒号 Ν ～

4. 移位号 ▼ ▭

5. 分段号 ←┐┘

6. 连接号 ➚

7. 复原号 △ △△△

8. 空格号 ⌃── (#

9. 空行号 >

10. 改正号 ──○

11. 更改字体号 ──(改排四仿)

本质论

第一章　生活观察与写作情感

一、生活是写作的源泉和对象

生活是什么？生活是人或生物为了生存和发展而进行的各种活动。生活包括社会生活和自然生活。在社会生活中,有物质生活和精神生活,政治生活和文化生活,现实生活和理想生活,日常生活和特殊生活等等。所有这些生活都是人类生存和发展所进行的活动。

那么,文章写作与生活有什么关系呢?

生活是文章写作的源泉,但生活本身不是文章。生活要经过作者的创造,即对生活的观察、体验、分析、研究,然后加工、改造,才能成为文章。因此,文章写作是一种有意识、有目的的活动。在写作活动进行之前,活动的目的和结果就以观念的形式存在于作者的头脑中,只不过没有成熟,没有表现出来罢了。人的意识包括想像、情感、意志、思维等精神心理能力的总和。在文章写作中,认识、情感、意志、想像和思维是合一的,都属于意识的范畴。当社会生活中的人和事、情与景激发了写作者的内心世界,触发了他们各种复杂的思想感情,强烈的写作欲望喷涌而出。主体的认识活动、情感活动、意志活动、想像活动和思维活动就充分活跃起来,组成一个有机的"意识网",这个协调一致的意识网络活动贯穿在整个写作过程之中, 而且各个环节的活动相互交错又互相联系。因此,写作活动是意识活动的产物。但是,在写作活动中也有无意识的参与。这种无意识的参与不同于西方现代主义文论家鼓吹的"自动写作"。现代主义所谓"自动写作"的观点，其核心是把文学创作归结为非理性的产物，这种观点是荒谬的。诚然，无意识活动中是潜藏于意识之中的心理现象，人们对现实的某些反映有时是未被意识到的，是无意识的反映，但这种意识就其本性来说就是社会的，它是作为社会人的实践活动的组成部分而产生，并发挥其作用。

作品和文章，在严格意义上是有区别的。作品是指创作而言，文章是指写作而言。但无论是创作还是写作都有共同的规律，在这里不作严格的区别。文章是什么？文章是客观事物的反映，是作者对社会生活的反映，是人的本质力量对象化的产物。文章既来源于社会生活，又再现社会生活。文章写作本身就是一种社会实践，它同社会的每个细胞有着广泛的联系。同时，文章写作又是一种艰苦的复杂劳动，这种劳动对象包括了人类的全部社会生活。在这全部社会生活中，一方面包括了人类的物质生活，一方面包括了人类的精神生活。因此，社会生活既是文章写作取之不尽用之不竭的生活源泉，又是文章写作的对象。

为什么社会生活既是文章写作的源泉，又是文章写作的对象呢？

首先，文章的素材、题材和观点都是来自社会生活。社会生活是人类生活最广阔的天地，最丰富的源泉。生活充满着火热的斗争，生活充满着无限的爱。在这里，一切阶层，一切群众，一切生动的生活形式和斗争形式，一切复杂的生活内容和斗争内容，都是文章写作的原始材料，都是文学艺术创作的原始材料。

《瞭望》周刊于1994年2月7日出版的第6期上的"瞭望论坛"发表了本刊评论员文章，题目是《人类灵魂工程师的崇高使命》。这篇评论文章的题材和内容来自江泽民总书记在1994年1月24日召开的全国宣传思想工作会议上的指示。而总书记的指示和党中央对宣传思想工作的要求来自社会生活的实际。这生活实际正如文章中所概括的:"从总体上看,宣传思想工作成绩很大,绝大多数同志满腔热情而又脚踏实地做好自己的工作,为国为民作出了自己的贡献,立下了功劳。但也存在着一些不好的现象,值得重视。如有些人对改革开放,对社会主义现代化建设轰轰烈烈的现实熟视无睹,在建设社会主义市场经济体制的条件下,见利忘义,淡忘了宣传文化工作的庄严任务,把经济效益摆在社会效益之上,热衷于报道、描绘一些丑恶的、落后的、堕落的社会现象,以迎合某些群众的低级趣味。这种'作品'也可能流行于一时,但却从根本上背离了人类灵魂工程师的崇高职责,毒化社会风气,毒害了人们尤其是青少年的心灵。"针对社会存在的上述情况,党中央对新时期的新形势下的宣传战线提出了更高的要求,评论员根据中央的要求,撰写了《人类灵魂工程师的崇高使命》,明确提出,"当前和今后一个时期,要着重抓好四个方面的工作",即"以科学的理论武装人,以正确的舆论引导人,以高尚的精神塑造人,以优秀的作品鼓舞人"。因此,评论员文章理直气壮地说:"在市场经济条件下,宣传文化工作要牢记自己的职责,旗帜鲜明地反对拜金主义、享乐主义、极端个人主义,摆正社会效益与经济效益的关系。社会效益第一,经济效益要服从、服务于社会效益"。

上述情况表明,由于当前宣传思想工作存在种种不良现象,党中央及时发现并要求纠正这种现象,因而就要提出要求和指导方针,指出"从事宣传、思想工作的人员都以自己的文章、报道、作品影响着人们的思想和社会舆论,是人类灵魂的工程师。"人类灵魂工程师的"崇高使命",就是要从"武装人"、"引导人"、"塑造人"和"鼓舞人"等四个方面去实现。由此可以看出,这篇评论员文章的素材、题材和观点都是来自改革开放的社会生活,来自社会生活中人们的生活斗争。

我国古代文论的"感物言志"之说，也从现实世界的客观方面与人的主观方面的相互影响作为出发点，认识艺术起源的一种形式。《礼记·乐记》载：

> 凡音之起，由人心生也。人心之动，物使之然也。感于物而动，故形于声。声相应，故生变。变生方，谓之音。比音而乐之，及于戚羽旄，谓之乐。

由于历史的局限，"感物言志"之说，未能认识到心感于物的本质内涵就是人们的社会实践的过程。

文章写作是社会实践活动，本质上也是社会存在的反映，从根本上依赖于社会生活。没有社会生活，就不可能有文章写作。文章写作之所以依赖于社会生活，然后在物质生活的基础上形成政治和文化生活。马克思指出："人们在自己生活的社会生产中发生一定的、必然的、不以人们的意志为转移的关系，即同他们的物质生产力的一定发展阶段相适应的生产关系。这些生产关系的总和构成社会的经济结构，即有法律的和政治的上层建筑竖立其上，并有一定的社会意识形态与之相适应的现实基础。物质生活的生产方式制约整个社会生活、政治生活和精神生活的过程。不是人们的意识决定人们的存在，相反，是人们的社会存在决定人们的意识。"①

正因为"人们的社会存在决定人们的意识"，世界上的一切事物只要同社会的人发生关系，成为人的社会生活的一个组成部分，都可以成为文章写作的表现对象。例如，生活中的真、善、美，它为文章写作提供了崇高思想和美好情感；生活中的假、恶、丑，它也从反面唤起了人们的道德感和审美感。启迪和教育人们赞美的是什么，揭露的是什么；主张的是什么，反对的是什么。这些情感、观念都是从实际生活

①《马克思恩格斯选集》第二卷，人民出版社，1972年版，第65页。

中提供的。我国古代《乐札》记载:乐(指诗、歌、舞、器乐四者的结合)是"本于人心之感于物也"。指出乐是由于人心对社会生活有所感而产生的。巴尔扎克说:"世界上没有光凭脑子就可以想出这样多小说来的人,单是去搜集这些故事,也得下很大的功夫。"

其次,文章写作要发挥审美教育作用,一篇好文章不仅给读者以知识和信息,而且在理解文章思想内容的同时,从中得到启迪和教益。读了《重要的是理解》①这篇演讲稿,对参加十一届亚运会的健儿充满激情和富有哲理的语言十分感人:"我想,运动员的生涯也并不是一条铺满鲜花的道路,那是一条欢乐与痛苦,汗水与眼泪,胜利与失败交织的充满酸甜苦辣的道路。所以,运动员朋友们,请让我理解你们一切,包括你不愿意有的失误。"这肺腑之言,字里行间洋溢着对亚运健儿的深厚感情,对他们取得胜利充满信心,对他们可能出现的失误也能理解。读后,谁能不受到鼓舞,受到教育,至于文学作品创造的英雄形象,读者更会从思想感情上亲近他们,从心灵深处崇敬他们,在现实生活中学习他们,在日常行动中仿效他们,提高自己的精神境界。足见,无论文章或文学作品总是影响人的心灵和行为,净化灵魂,增强生活信心和力量,这是文章的审美教育作用。

为什么文章写作具有审美教育作用? 这是因为社会生活中的事物本身就有审美价值,而文章写作对生活进行选择、加工和改造,揭示生活的意义,提高审美的价值。同时,作者在反映社会生活时,既渗透着作者的思想感情,又体现着作者对生活的评价和看法,表明作者的生活观点和社会理想。

发挥文章的审美作用,把文章写作与道德教育相联系,这是我国

---

① 《演讲与口才》1991 年第三期。

古代文论的重要特征。孔子从他的道德观出发,考察文章的审美教育作用,他提出"不学诗,无以言"①。王充也认为"文人之笔,劝善惩恶也"②。历史上优秀的作家既是思想家,又是教育家。在他们的作品中,通过对现实生活的反映和描述,揭示真理,批判丑恶,告诉人们什么是真善美,什么是假恶丑。

文章的审美教育作用是多方面的。有的文章或作品反映了旧社会劳动人民受剥削和受压迫是一种阶级教育;有的文章或作品表现了人们美好的心灵,是一种伦理道德教育;有的文章或作品反映和表现社会的善恶,是一种思想政治教育;有的文章或作品描绘了大自然的景色,是一种审美情趣的教育。因此,文章的审美教育作用既包含认识作用和教育作用,也包含了美悦作用,它们分别对人心灵结构中的知、意、情发生影响,满足了人的精神需要。但是,文章的审美教育作用不是耳提面命式的说教,而是要求审美和伦理道德相统一。如果是单纯的道德或政治说教就失去了文章的审美特性。

综上所述,我们理解的文章写作是一种特殊的精神活动。这种精神活动由四个要素构成了一个流动过程,其过程如下:

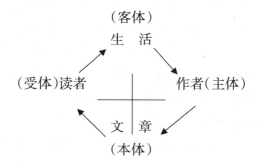

---

① 《论语·季氏》
② 《论衡·佚文篇》。

我们从这个写作活动的流动过程中可以看出:

第一,生活是文章写作的源泉,但生活本身不是文章,生活要经过作者的改造和创造才能成为文章。

第二,作者写作的文章是由内容和形式构成的,文章的内容和形式是一个复杂的结构。

第三,文章经过读者的阅读、鉴赏、评论才能变成审美对象。鉴赏是读者阅读作品或文章时产生的一种审美活动。鉴赏者和评论者各自的不同立场、生活经验、艺术观点与审美趣味的差异,使鉴赏者和评论者有可能对文学作品或文章所反映的现实生活进行再创造和再评价,产生不同的认识。

既然写作是一种有意识、有目的的活动,那么,意识也就具有对象性意识指向存在,认识或把握对象,揭示它的本质。正如马克思主义创始人所说:"意识一开始就是社会的产物,而且只要人们还存在着,它就仍然是这种产物。"① 所以文章写作是一种社会性实践,这种社会实践可以从下述几个方面足以印证:

首先,文章写作是以语言作为媒介的。人们在社会实践活动中,总是通过语言才能得以结成社会。在约定俗成的语言规则中交流思想,表达感情,传递信息。在写作活动中,作者运用语言材料塑造语言形象,开拓广阔天地,许多生动的语言形象,都是依靠语言的这种特殊功能而塑造出来的。因此,语言的社会性对文章的影响以及对文学的影响是巨大的。

其次,文章写作的对象是人和人的社会生活。人是社会的人,人的社会生活内容是十分广泛的。既包括了人的自然行为、社会活动,

①《马克思恩格斯选集》第一卷,人民出版社,1972年版,第35页。

又包括了人际关系和内心活动。因此,文章写作的内容无论是再现外部世界,还是表现内在世界,都是一定社会现实的反映,从中可以找到赖以产生的文化背景和社会根源。

第三,写作者处在一定的社会生活关系之中,在文章中所表现的思想观念以及对生活的评价总是代表着一定的阶级和阶层。在阶级社会里,反映不同阶级的不同生活情景以及不同的思想愿望,特别是阶级生活的悬殊与阶级斗争的进程, 是文章写作或作品创作的重要主题。我国最早的诗歌总集《诗经》里的"风"、"雅"、"颂",从多方面反映并表现了奴隶生活的境况。"硕鼠硕鼠,无食我黍,三岁贯女,莫我肯顾。逝将去女,适彼乐土",表现了农奴对剥削者的憎恨和对理想生活的向往。到了封建社会,作家、诗人的委婉吟唱,或是对自然山水的纵情讴歌,或是忧国忧民的耿耿情怀,或是揭露社会黑暗、谴责统治者的压迫。杜甫的"朱门酒肉臭,路有冻死骨";白居易的"是岁江南旱,衢州人食人"。这些诗句都真实地揭露了社会的黑暗,倾注了对人民的同情和对统治者的谴责。社会生产力的发展促进了资本主义生产关系的形成,以人本主义为主题的作品;反对封建宗教信条,反对禁欲主义、蒙昧主义和神秘主义,肯定现世生活,歌颂爱情,要求个性解放,提倡冒险精神。同时,对资产阶级贪得无厌的阶级本性作出了深刻的揭露。拉伯雷的《巨人传》体现了资产阶级个性解放的要求;塞万提斯的《堂吉诃德》嘲讽封建骑士制度和骑士游侠理想;莎士比亚的剧作控诉封建势力扼杀爱情的罪恶, 揭示人文主义理想与当时现实不可调和的矛盾,抨击了资产阶级的极端利己主义;歌德的《浮士德》表现了资产阶级上升时期自强不息的精神;席勒的《阴谋与爱情》被恩格斯称为"是德国第一部有政治倾向的戏剧"。

第四,文章的社会影响代代相传,成为社会文化在不同时代在不同读者层中塑造灵魂的精神食粮。古今中外的好文章,它不仅向人们传播多方面的社会和人生知识，帮助人们正确认识生活，而且指引人们应该怎样生活，怎样创造美好的生活。从这个意义上说，好文章既是启迪人们认识了解世界，认识社会和人生的窗口，又是认识自己，丰富自己生活的途径。

二、观察是联想事物的纽带

观察是人们认识世界的门户，是一种有目的的知觉活动。人们在认识世界的过程中，总是通过视觉、听觉、嗅觉、味觉、触觉等感官的活动来完成。一般说来，一个人的感觉发展得越好，获得的信息就越多，对事物的观察就越全面、越准确。发展人的感觉关键在于实践。观察就是实践。多看、多听、多接触，使视觉、听觉、触觉等器官协调活动，全面、深入地提高观察能力。

一个人如果在人生道路上有所发现、有所创造，必须具备一定的观察能力。科学家需要观察能力，政治家需要观察能力，军事家需要观察能力，文学家需要观察能力，凡是在其他方面有独到之处的人都需要观察能力。所以，巴甫洛夫说的"观察、观察、再观察"是切身体验之谈。观察能力敏捷的人，既能在较短的时间内对观察的对象又快又准地了解，又能迅速、全面地获得新的信息。地质学家李四光说得好："观察是得到一切知识的一个首要的步骤。"这位举世闻名的地质学家首先是一位地质观察家。1936年，他出国讲学取道美国回国时；在横跨美洲大陆的征途上，停留七次，登山考察地质状况；1950年，他从英国回国途中经过瑞士、意大利时多次进行野外调查。由于长期的野外考察实践，练就了深邃、敏锐的观察力。在四川北泉公园附近，他发现了一个小型旋卷地质构造；在北京中山公园大理石台阶上发现了一个棋盘式构造的典型标本；在庐山住所旁发现了一块在天然条件下因自重而发生变形的砾石；在北大荒草原发现了大庆油田，为我国的石油工业做出了巨大贡献。

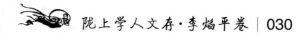

　　国画大师齐白石,世人皆知他以画虾擅长,但谁知他画出虾神韵的奥秘?为了画出虾的神气,在案头摆个大海碗,碗里养着活蹦乱跳的小虾,只要有空,他沿着案头上的海碗仔细观察小虾的各种活动。经过长期细微的观察,他发现小虾在破水冲跃时,是双钳闭合,躯干伸展,长须急甩于后;小虾在轻浮漫游时,双臂弯曲,长须缓缓摆动,后来他画虾时将小虾的生态造型融入创作之中,故齐白石画的虾独具一格,给人以"神虾"之感。

　　科学家需要观察力,画家需要观察力,同样,文学家需要观察力。

　　观察、体验,早在我国古代许多作家从生活是写作的本源这一视角,认识到观察、体验事物的重要性。清代王夫之说:"身之所历,目之所见,是铁门限。"①李渔也说:"王道本乎人情,凡作传奇,只当求于耳目之前,不当索诸闻见之外。"②陆机《文赋》云:"遵四时以叹逝,瞻万物而思纷;悲落叶于劲秋,喜柔条于芳春。"足见,古人写作总是"情以物迁,辞以情发"③。作者须有察而所思,体而所感,"凡对遇异于常者,则欲赋诗"④。观察事物,抓住特点,注意神貌,识得神气。只有把作者的感触融入其间,才能有独特的感受和发现。丹纳在《巴尔扎克论》中描述了巴尔扎克的精心观察和独特的感受能力时说,巴尔扎克"能在一个姿态里窥见一种性格,一个人的整整一生,把它们和时代结合起来,从而预见到它的未来,用画家、医生、哲学家的眼光,渗透他们的底蕴,展开一张无需意志推动的测试的罗网,包举了全部思想和事实"。

　　①(清)王夫之,《薑斋诗话》。

　　②(清)李渔,《闲情偶寄》。

　　③(南朝·梁)刘勰,《文心雕龙·物色》。

　　④(唐)元稹,《叙诗寄乐天书》。

大千世界,千奇百怪,万事万物,纷繁复杂,正如自然界里没有完全相同的走兽、花鸟一样。写作是通过创造性的劳动来完成思维的物化,反映社会生活的真谛。作者对社会生活的观察,一方面,要把握未来事物的共性和个性;另一方面,要揭示此事物与彼事物之间的内在联系。在生活实践中,把握事物的个性比认识事物的共性难度要大,因为人们在接受外界事物时所产生的感性认识往往在头脑里经过一番思索之后,对感性认识个别事物的特性易于消失,所把握到的只是事物的一般共性,这样就更难从对象中深入发现别人所未曾发现的东西。所以,作为观察和体验生活的写作家,只有把自己一生的生活阅历、思想情感、写作经验,甚至整个生命投入到火热的生活之中,才能有所发现,有所创造,觉察到常人所不能发现的社会生活中的神秘。从这个意义上说,培养锻炼写作者观察、体验生活的能力是文章写作的首要准备,作家更应如此。福楼拜对他的学生莫泊桑文学创作的要求,首先是要他到生活中去观察:

> 对你所要表现的东西,要长时间很注意地去观察它,以便能发现别人没有发现过和没有写过的特点。任何事物里,都有未曾被发现的东西,因为人们用眼光观察事物的时候,只习惯于回忆起前人对这些事物的想法。最细微的事物里也会有一点点未被认识过的东西,让我们去发掘它。为了要描写一堆篝火和平原上的一株树木,我们要面对这堆火和这株树,一直到我们发现了它们和其他树和其他火的不同特点的时候。

生活积累、观察体验,同作者的亲身经历和见闻紧紧地联系在一起的。写作,一般从自己所熟悉的生活开始写起。自己不熟悉的生活不是亲身经历过的人或事,就无从写起。亲身经历的、或是亲眼所见、亲耳所闻,写起来比较顺手。中外许多作家的处女作的人物、情节,不同程度地打上作者亲身经历的烙印。著名诗人雪莱深有体会地说：

> 我从童年就熟悉山岭、湖泊、海洋和寂静的森林。……
> 我曾在遥远的原野里漂泊，我曾泛舟在波澜壮阔的江上，日
> 以继夜地驶过山间的急流，看日出、日落，看满天繁星呈现。
> 我见过不少人烟稠密的城市，处处看到群众的情操如何昂
> 扬、磅礴、低沉、递变。我见过暴政和战争的明目张胆、暴戾
> 恣睢的场景；多少城市和乡村变成了零零落落的断壁废墟，
> 赤身裸体的居民们在荒凉的门前坐以待毙。
> ……我就是从这些源泉中吸取了我诗歌形象的材料。
>
> ——《〈伊斯兰起义〉序》

明初小说家施耐庵在构思《水浒传》时，为了突出农民英雄的神威，他计划要在作品中多处写到打虎的场面。但他从来没有见过山中的老虎，对老虎的习性，生活动态和捕食情形，都只凭传说和想像了解一个大概，更没见过猎人打虎的场面，这样写出的作品，怎么能实际表现老虎的凶猛和英雄打虎的威风呢？为了弥补这个不足，他就进入深山，爬上大树，坐在树叉上，机警地观察着四周，等待饿虎扑食和惊鹿逃生的惊心动魄，当这种场面出现在他的面前时，看得如痴如呆，直到老虎猎食之后，他才从树上溜下来，又转到别处观察老虎行迹，并且找了许多有经验的猎户，了解他们猎虎生活以及与虎搏斗的情况。后来施耐庵在写到解氏兄弟猎虎，李逵沂岭杀虎，武松景阳岗打虎的场面时，都绘声绘色，栩栩如生。如果作家没有这些平凡细致的观察和积累，怎能写出高水平的《水浒传》？

著名作家杨沫说她在林道静身上"有我的一些生活遭遇，这是写作的基础"。林道静的童年是杨沫童年的化身。杨沫当过小学教师，为反抗家人逼婚而逃婚。她结识了许多革命青年，支持这些青年的革命斗争。我们从高尔基的《我的童年》、《我的大学》、《在人间》三部曲中，

也能看到高尔基生活阅历的行迹。这些作品中的某些故事情节同高尔基少年和青年时代的生活阅历有着千丝万缕的联系。

人们在日常生活中，每个人几乎都在社会生产中进行观察和体验。但是,作为写作者的观察和体验有着不同于一般人的诸多特点。这些特点表现在它的独特的观察和精细的体验之中。

独特的观察是指在观察过程中有所发现,有所创造。首先,要观察细致。观察细致才能写得具体。一般说来,记叙文的写作注重细节的描写,论说文章的写作也讲究深入细致。要做到这些,就要求作者通过观察认清事物的本质。要认清事物的本质,就要在观察中有独特的发现。只有经过深入细致的观察,了解和掌握所要反映的事物,才能写得具体、真切。

如何进行独特观察?

一是选择带有代表性的事物仔细观察;

二是要把观察到的事物联系起来，找出此事物与彼事物之间的关系;

三是要带着感情去观察,带着感情来叙述。

这样,通过观察,将所见和所思的事物分出类别,加以去粗取精,找出它们之间的内在联系,写出来的文章即使只是景物的观察,也会使读者得到启迪。

怎样选择带有代表性的事物仔细观察呢?

选择带有代表性的事物,是指选择同一类的共同特征的事物。选择这类事物关键在于如何"选择"。选择的目的不同,选择的角度也有所不同;选择的目的不同,选择的方法也有所不同。从选择的角度来说,可以从不同的角度确定不同的点进行观察。如定点观察、动点观察、散点观察。

定点观察是观察者固定在某一个位置上的观察,可分成平视、仰视、俯视和环视四种。例如巴尔扎克在《欧也妮·葛朗台》作品中定点观察对老葛朗台肖像的描绘：

> 他身高五尺，臃肿，横阔，腿肚子的周围有一尺，多节的膝盖骨，宽大的肩膀；脸是圆的，乌油油的，有痘瘢；下巴笔直，嘴唇没有一点儿曲线，牙齿雪白；冷静的眼睛好像要吃人，是一般所谓蛇眼；脑门上布满皱褶，一块块隆起的肉颇有些奥妙；青年人不知轻重，背后开葛朗台先生的玩笑，把他黄黄而灰白的头发叫做金子里搀着白银。鼻尖肥大，顶着一颗满是血筋的肉瘤，一般人不无理由的说，这颗瘤里全是刁钻促狭的玩意儿。这副脸相里显出他那阴险的狡猾，显出他有计划的诚实，显出他自私自利，所有的感情都集中在吝啬的乐趣，和他惟一真正关切的独养女儿欧也妮身上。

通过这些传神的细节描写，老葛朗台的形象跃然纸上，呼之欲出。

动点观察是观察者沿着一定的路线，在不同的角度观察。动点观察是定点观察的连续。例如孙犁在《荷花淀》中动点观察描写水生嫂编席的场面：

> 月亮升起来，院子里凉爽得很，干净得很。白天破好的苇眉子湿润润的，正好编席。女人坐在小院当中，手指上缠绞着柔滑修长的苇眉子。苇眉子又薄又细，在她怀里跳跃着。……不多一会儿，在她的身子下面就编成了一大片。她像坐在一片洁白的雪上，也像坐在一片洁白的云彩上。她有时望望淀里，淀里也是一片银白世界。水面笼起一层薄薄透明的雾，风吹过来，带着荷叶荷花香。

作者沿着水生嫂编席这一线索，从苇眉子"在她怀里跳跃着"到"坐在一片洁白的云彩上"，勾勒出一幅动态的画面。

散点观察是选取某一范围内的若干景点分别观察。散点观察是定点观察的分散。例如茅以升在《中国石拱桥》一文中运用散点观察描述芦沟桥的样貌:

> 永定河上的芦(卢)沟桥,修建于公元 1189 到 1192 年间。桥长 265 米,由 11 个半圆形的石拱组成,每个石拱长度不一,自 16 米到 21.6 米。桥宽约 8 米,路面平坦,几乎与河面平行。

> 每两个石拱之间有石砌桥墩,把 11 个石拱联成一个整体。由于各拱相联,所以这种桥叫做联拱石桥。……桥面用石板铺砌,两旁有石栏石柱。每个柱头上都雕刻着不同姿态的狮子。这些石刻狮子,有的母子相抱,有的交头接耳,有的像倾听水声,千态万状,惟妙惟肖。

这段描述性的说明,从芦(卢)沟桥的桥长、桥宽到桥面、桥的两旁分别进行了具体的叙说,使读者读后有眼见其桥之感。

三、观察是情感抒发的摇篮

情感的抒发是通过对此事物同彼事物的联系产生的。观察事物不是认识事物的表象,而是从表象中认识和把握事物的真谛。

真正的作家有一种伟大的同情感, 这种同情感按德国学者里普斯的"移情"说,从移情中联想翩翩:在观察自然万物之时,将自己的情感移置到外在的事物上,使无生命的事物生命化,使此事物与彼事物联系起来,达到物我沟通。这种意境的诗句不乏其例,杜甫的"感时花溅泪,恨别鸟惊心";李白的"绿水解人意,为余西北流";温庭筠的"溪水无情似有情,人山三日得同行";陆游的"旧交只有青山在,壮志皆因白发休";杨基的"细雨茸茸湿楝花,南风树树熟枇杷。徐行不记山深浅,一路莺啼送到家。"诗人凭借自己的深邃的观察所触摸的对象,把自己融化于事物中,诗的意境从人化和对象化中找到了泉源。

通过细致观察，作者对事物有了正确的认识和深刻的理解之后，把此事物与彼事物联系起来，从而作者与事物沟通，物融入我，我融入物，达到物我融合、物我同一的境界。即使在论说文章中，作者运用类比推理或比喻证明也是从此事物与彼事物之间找到一种联系，进而得出结论。类比推理就是把所论证的事同另一件相类似的事进行比较，找到联系，得出结论。如《谈谈虚与实的关系》一文，作者论述语言研究中只重视理论研究而忽视实践的倾向时，举另一事与之类比，已故的饶裕泰教授曾经说："现在物理系学生十一个有九个喜欢搞理论物理，他们不去想，实验物理跟不上，理论物理也就跟不上去。"接着作者指出："我看语言研究，至少是语法研究，也有类似的情况"。从而证明了只重理论而轻视实践的片面性。

怎样带着感情去观察，带着感情来叙述呢？

带着感情去观察，带着感情来叙述，就是"登山则情满于山，观海则意溢于海"。高明的作者善于以真挚的情感贯注在观察的全过程中，贯穿在具体的记述之中，取得生动传神的艺术效果。像鲁迅笔下的柔石？峻青笔下的《万里长城第一关》，秦牧笔下的《土地》，都给读者留下极其鲜明的印象。这些艺术效果都是由于作者带着感情去观察，带着感情来叙述的缘故。以秦牧的《土地》一文为例，作者或在段首段末，或在两段之间，或在开头结尾，在叙述中不仅穿插一些议论，而且着意抒发一种激情，既有助于揭示记叙内容的含义，又能使文章的脉络更清楚，结构更严谨。

带着感情去观察，带着感情来叙述是相辅相成的。观察、叙述是"画龙"，抒情、议论是"点睛"。从观察、叙述中就个别事物点出它的普遍意义，从抒情、议论中直抒胸臆，或直接表明自己的见解。宗璞的《西湖漫笔》就是带着感情去观察，带着感情来叙述的范文。文中写道："我这次来领略到的另一个字，就是'变'。和全国任何地方一样，隔些时候去，总会看到变化，变得快，变得好，变得神奇。"如果不带着感情去观察很难"领略到"一个"变"字。文中又写道："那时是'倾城随太守'，这时是每个人在公余之暇，来休息身心，享山水之乐。这热闹，不更千百倍地有意思么？"这就是叙中有议，议中有情之笔。这种"画龙"式的观察、叙述和"点睛式"的抒情、议论，使文章内容得到深化。

除了独特的观察之外，还要善于精细的体验。在文章写作过程中，通过写作者对生活的体察，不仅在论说类文章中揭示出内在的"神"，即理，达到"以理服人"，而且在叙事类作品中描绘事物或人物的状貌，即"形"，达到"以情感人"。如果观察的对象是人物，作者要把自己化为对象，去过人物的生活，即通过作为视点人物的眼睛观察人物心理活动的外观表现，从作者体验中描述人物反映的心理活动。例如，托尔斯泰在《安娜·卡列尼娜》里，当渥伦斯基爱上安娜之后，安娜的情敌吉提用一种"意外的眼光"观察安娜的外观：

> 她，那穿着简朴的黑衣裳的姿态是迷人的，她那戴着手镯的圆圆的手臂是迷人的，她那挂着一串珍珠的结实的颈项是迷人的，她那松乱的鬈发是迷人的，她的小脚小手和优雅轻快的动作是迷人的，她那生气勃勃的、美丽的脸蛋是迷人的，但是在她迷人中有些可怕和残酷的东西。

从这一精彩的外观描述可以看出，当一个人在情绪激动、情感迸发时所观察到的人或物，常常被涂上一层自我感情的色彩。这种感情色彩恰好反映了作者把自己化为对象的感受，而这种感受又巧妙地"移情"到吉提内心世界的强烈反响：从一连七个"迷人"中，在吉提的目光下充满了妒忌之情，对安娜那种与众不同的迷人外观，内心升起了"可怕和残酷的东西"。托尔斯泰的艺术手法的高超之处，借写安娜外貌的"迷人"，用感情油彩画描绘出吉提的内心世界。如果观察的对象是生物或非生物，作者要化对象为自身，赋予对象以自己的灵魂。

无论是纷繁繁杂的社会生活,还是千变万化的自然环境,在作者的观察圈内,通过自身的体验,成为生命的化身,从而给读者以亲切感和真实感,使读者为这些感情所感染,从感情体验中引起共鸣。理论文章所阐述的道理之所以具有理论性,循循善诱,谆谆教诲,都是由于理论家在观察社会生活时把自己的感性认识上升到理性认识的结果。同样,文学作品中所描述的自然之所以具有灵性,仿佛能通人性,善解人意,也都是由于作家在观察自然时把自己的情感移入的结果。

诚然,体验既是作者在观察中与对象建立联系的过程,又是作者深入生活从中得到"改造"的过程。对于倏忽即逝的情绪,来去无踪的感觉,既要善于捕捉,又要不断升华;既要抓住表象,又要揭示出本质;既要聚积情感中的外部体验,又要聚积情感中的内部体验。

第二章　个性气质与写作风格

一、个性是孕育写作风格的基石

个性即人的心理特征。个性是人们在活动过程中带有倾向性本质、具有较为稳定的心理特征和生理素质的总和。这种特征和素质的综合表现即个人独有的特点。个性结构中的核心是性格的心理特征。人的个性通过社会实践活动,在一定的社会环境和自然环境条件作用下,不是固定不变的,而是可以改变的。

人的个性综合特征,贯穿在个人的生活、行为的整个活动之中。诸如个人志趣、个人习惯、个人性格、个人气质等。张扬自我是人的本能。法国作家萧伯纳说:"生活的这种本能生发出人生志趣。志趣在于为某个你所确认的伟大目标而献身,而不在于满腹牢骚,自私渺小……终日埋怨世人不为你造福。"这是萧伯纳的志趣观。高尔基说:"对于有文化的人,读书是高尚的享受。我重视读书,它是我一种宝贵的习惯。"培根说:"人的思考取决于动机,语言取决于学问和知识,而他们的行动,则多半取决于习惯。"俄国作家果戈理有"笔记迷"的称号。诗人贾岛有"两句三年得"的"推敲"的习惯。由此可见,习惯是一种顽强而巨大的力量,它可以主宰人生。因此,人自幼就应该通过完善的教育,去建立一种好的习惯。例如,美国作家杰克·伦敦从小就养成坚持苦学的习惯,在他的房间里,窗帘上,橱柜上,墙上和床头上贴着各式各样的小纸条,纸条上写满各类词汇、成语以及珍贵的资料,随时同这些小纸条进行"交谈"。即使外出开会、散步,也忘不了默读和记诵。这个习惯伴随了他的一生。

女作家程乃珊的独居生活习惯,为她专业撰稿人独立思考,精心构思,提高写作效率带来诸多好处。她自述道:

独居最大的好处,就是可以大大提高工作效率:因为没有干扰,没有琐琐碎碎的杂事打扰。我有时一天可以工作16个小时。

此外,独居可令你重拾年轻时的学校寄宿生活,令你充满活力,求知欲增强。因为阅读、做剪报和读书笔记,包括电视专题(如时事、财经国际热点)笔记等,更合适一个人专心致志地去做。一面聊天,一面看专题电视,肯定会大打折扣。同样道理,当你与家人在一起时,很少有机会可以埋头阅读或全心做一些案头工作。另外,独居可以拓展你的朋友圈子。我有一批要好的也属单身贵族的朋友,因为大家都不着急赶回家,因此,每周起码可有一次一起喝下午茶加吃晚饭。我们采取AA制,无欠无争,聚多一次天南地北聊一番,十分开心……

早在上海做专业作家时我已是"SOHO一族"了,最大的不同是,在上海每个月旱涝照收,虽然工资不高,但细水长流,总算有保障;在这里做"SOHO 一族"则不劳动者不得食,十分辛苦。我很怀念昔日上海悠闲的生活。但不同的生活会显示给你不同的风景。

哪位哲人说过,极度的自由意味着极端的自律,独居又做一人公司老板(SOHO),更须自律。否则,这里放一放,那里磨一磨,一日 24 小时就会不见了。

虽然每日无需打卡上班,我仍会让闹钟准 8 时叫醒自己,第一件事是去拿报纸,我每日要细读三份中英文报纸,并即时做好剪报资料归档,方便工作也方便自己写作。这份工作起码要耗掉我两小时。因为香港报纸一份有几十张!

10 时开始,我正式"上班"。包括自己定撰稿选题,联络采访对象、作者及摄影记者……写采访或报道。为方便减肥,我午餐通常吃自制的生菜三明治:超市有现成清洁好的各种黄瓜番茄,自己浇上卡夫酱即成。这一忙,起码忙到下午 5 时左右。如果与朋友没有约会,我会在这时睡一觉。7 时吃晚饭,香港或许单身一族好多,因此服务十分跟得上。那种一菜一汤一饭的人外卖套餐,一份都可以获得送上门服务,热乎乎的。8 时 30 分开始是电视黄金时段,我通常拿着笔记本看电视。因为这是了解香港社会最好的途径。如果当晚没有好的电视片,我会在 10 时开始我的真正的写作,写我的长篇小说或散文等。通常深夜 2 时才上床。

——《独居的乐趣:程乃珊与她的朋友们》,《家庭》杂志 1999 年第 6 期,61 页~62 页。

古今中外,大凡从事写作的名家,不但自身养成良好的生活习惯,而且都能同不良习惯作斗争。高尔基曾经赞扬过契诃夫与庸俗习惯作斗争的精神:"庸俗是契诃夫的仇敌,他一生都在与庸俗作斗争。"英国哲学家洛克说得好:"要培养一个新的好习惯,或者改变一个旧的坏习惯,必须设法使我们开头的力量要坚决强烈,坚持下去情况就会大为改观。"无数事实证明,良好的习惯可以伴随你的事业成就,不良的习惯也可以葬送你的人生前程。诚然,写作,贵在坚持良好的习惯。

性格特征是个性的核心。性格特征无论是表现对现实的个性倾向,或是表现为心理活动过程的个体差异,或表现情绪的强度,或是表现对自己行为自觉调节的个人特点,在人的个体活动中都是相互作用、相互制约的。恩格斯说:"人物的性格不仅表现在他做什么,而且表现在怎样做。"[①]这就指出人的性格表现,一方面是人的行为现实表现,一方面是人的行为的动机和方式。正如苏联心理学家伊·谢·科思说的:"每个人个人的生活,正如一部人类历史,一方面是个自然史的,合乎规律的过程,另一方面又是一部独一无二,绝无仅有的戏剧,其中每一场戏都是许多具有个体独特性的性格和情况交错纠结的结果。"

人的性格表现,是一个充满生命辩证法的活动过程。在感性中既有理性的沉淀物,在理性中又有感性的沉淀物,其内心世界既丰富又复杂。列夫·托尔斯泰指出:"所有的人,正像我一样,都是黑白相间的花斑马——好坏相间,好好坏坏、亦好亦坏。好的方面绝不可能像我希望别人看待我的那样,坏的方面也绝不可能在我生气或者被人欺负时看待别人的那样。"[②]我们从恩格斯对歌德性格的描述,列宁对列夫·托尔斯泰及其作品的评价十分精确地表述了性格组合的二重性。

恩格斯说:"在他(歌德)的心中经常进行着天才诗人和法兰克福

①《马克思恩格斯选集》第四卷,人民出版社,1972,第344页。
②《托尔斯泰论创作》,漓江出版社1982年版,第82页。

市议员的谨慎的儿子,可敬的魏玛的枢密顾问之间的斗争:前者讨厌周围环境的鄙俗气,而后者却不得不对这种鄙俗气妥协、迁就。因此,歌德有时非常伟大,有时极为渺小;有时是叛逆的,爱嘲笑的,鄙视世界的天才,有时则是谨小慎微、事事知足,胸襟狭隘的庸人。"①无疑,歌德的性格充满着矛盾冲突,但从总体上说,歌德仍是"非常伟大"的,是"鄙视世界的天才。"

列宁评价列夫·托尔斯泰的作品、观点、学说、学派中的矛盾的确是显著的。"一方面,是一个天才的艺术家,不仅创作了世界文学中第一流作品;另一方面,是一个发狂的笃信基督的地主。一方面,他对社会的撒谎和虚伪作了非常有力的、直率的、真诚的抗议;另一方面,是一个'托尔斯泰主义者',即是一个颓唐的,歇斯底里的可怜虫,所谓俄国的知识分子,这种人当众捶着自己的胸膛说:'我卑鄙,我下流,只是我在进行着道德上的自我修养;我再也不吃肉了,我现在只吃米粉团子'。一方面,无情地批判了资本主义的剥削,揭露了政府的暴虐以及法庭和国家管理机关的滑稽剧,暴露了财富的增加和文明的成就同工人群众的贫困、野蛮和痛苦的加剧之间极其深刻的矛盾;另一方面,鼓吹世界上最卑鄙龌龊的东西之一,即宗教,力求让道德信念的僧侣代替有官职的僧侣,这就是说,培养一种最精巧的因而是特别恶劣的僧侣主义。"②

文学大师巴尔扎克对性格的二重性,即性格的对立统一也作了真实的自我描述:"我的性格最最特别。我观察自己,如同观察别人一样:我这五尺二寸的身躯,包含一切可能有的分歧和矛盾。有些人认为我高傲、浪漫、顽固、轻浮、思考散漫、狂妄、疏忽、懒惰、冒失、毫无

①《马克思恩格斯选集》第四卷,人民出版社,1972 年版,第 256 页。
②《列宁选集》第二卷,人民出版社,1975 年版,第 370 页。

恒心、爱说话、不周到、欠礼教、无礼貌、乖戾、好使性子,另一些人却说我节俭、谦虚、勇敢、顽强刚毅、不修边幅、用功、有恒心、不爱说话、心细、有礼貌、经常快活,其实都有道理。说我胆小如鼠的人,不见得就比说我勇敢过人的人更没有道理,再如说我博学或者无知,能干或者愚蠢,也是如此,没有什么使我大惊小怪的。"①巴尔扎克之所以成为世界文学大师,是因为他的性格在多重组合中形成他独特的个性气质,这种个性气质处在复杂而有序的矛盾对立统一之中,因而也渗透在巴尔扎克写作风格之中。

由此看来,二重性格的组合,是心理和生理特征相互作用的综合产物。尽管每个人的性格因素组合方式各有差异,但每个人的内心世界都是一个张力场,都存在着正面与反面,积极与消极,真善与丑恶等双重性格的相互交错、相互制约的张力场。正因为人的性格,无论是凡人还是伟人,都具备了复杂而又丰富的矛盾冲突,才成其为人,而不是"神"。车尔尼雪夫斯基认为,真正完美无缺的性格是不存在的,他说:"人的实际生活却分明告诉我们,人只寻求近似的完美,那严格讲来是不应该叫做完美的。人们只寻求好的而不是完美的。只有纯粹数学要求完美;甚至应用数学都以近似计算为满足。在生活的任何领域寻求完美,都不过是抽象的、病态的或无聊的幻想而已。我们希望呼吸清洁的空气,但是我们注意到,绝对清洁的空气是任何地方、任何时候都没有的。"黑格尔也认为:美的性格应该是多种性格生气勃勃的"总和",是一个有机的整体。性格的复杂性是多个方面性格因素的繁复呈现,性格的稳定性是个性本质内涵的具体表现,性格的丰富性是多种性格元素的内在组合。

---

①《西方古典作家谈文艺创作》,春风文艺出版社,1980年版,第340页。

个性是性格的主旋律,性格的形成与个性的特征是"唇齿相依"的。从一般意义上说,人的性格的形成,同家庭、学校和社会环境的影响,同自然环境的作用,同个体与客体相互制约是紧密相连的。个性所表现的是人的独特风格,每个人的个性都有不同于他人的特点。因此,无论作品创作风格,或是文章写作风格,都潜移默化地融入作者的个性特征。

我们从女作家黄宗英的性格心理调查表中,不难窥见她的个性特征在言语里表现出来的独特风格:

1. 姓名:黄宗英。行不更名,"瑛",嫌写起来麻烦,自己不知道什么时候给简化了。进大学旁听时,我已是演员,小有名气,担心招摇,用了个名字黄纯。一去就被同学认出来,"纯"不了,没人承认,也就算了。

2. 性别:女。从事本职业年限:1941年至今。文化程度:难说。闹不清文化程度的标准解释和标准。"文化大革命"时,我往低了填,人家不答应。现在我往高了填,自己又难为情。小学五年级的作业题,我可能答不出,大学的讲台,非让我上我就上。而能拿到年度学习成绩单的正规学历,只达到初中三年级程度。在大学,在女青年会计补习班短暂继续地旁听过,上过课。而对我最重要的课堂:是家里的大书架,是图书馆,是舞台,是银幕,是社会!

3. 在您成功的道路上,有哪些特点帮助了您?

自己本身不存在"有学问","有才华"的负担,绝少想到一定要成功。觉得不成功也别怨我。我本来就这点水平嘛。只要什么事都全力(再加码)以赴则是。

阻碍么?阻碍,像地心吸力,像大气般在你脚下,在你周围。在任何时代,任何社会,任何人面前都有阻碍。一帆风顺,常常是把水的阻力除去,才得速度,至于哪些阻碍了我?……是我自己干着干着就迷了门,对世界,对周围事物弄不明白。往往也因此,把关于自己该否定的给肯定了,反之,把该肯定的给否定了。于是曲折迂回甚而停滞,甚而大倒退。应该说,来自客观的阻碍,常常是可以变动力为压力。没有阻碍,无所谓前进和成功。宗英有诗曰:"奇趣妙在奇险。"而最大的阻碍,是自己!我的小女儿们讥讽我:"妈妈这作家,连世界观也没有。"我又不是白痴,世界观总是有的吧。只是难得不糊涂。

做您这项工作应具备哪些性格特征?

这项工作,什么性格特征,就产生什么风格的艺术品。如赵丹坦直奔放,爱动爱闹,哪儿有他哪儿就热火啦。而魏鹤龄,沉默寡言,三拳头打下去不吭一声,人群中有他没他谁也感觉不到。但二者都是我国优秀表演艺术家。又巴金,话极少,还结结巴巴,却写出多少长篇宏著和畅然流泻心声的篇篇散文。而我呢,口齿——演员嘛,说绕口令不带吸气,字正腔圆声亮;什么场合即兴发言、致辞,往往把我推上去。可是有时候,一篇小小文章,我要吭哧吭哧写上一年,两年!

4. 您在一生中性格变化的重大因素?

个人成长和事业的情况:1941 年 9 月,我 16 岁,妈妈卖去最后一根金链,我失学,离开天津的家到上海演话剧。1946 年开始拍电影,渐渐改行写作。我并不想和谁竞争,人家干得好,我高兴,我追,但客观上,毕竟是在竞争或竞赛之中吧。旧社会的人才淘汰率是惊人的。新社会,业务上出不来过硬的,任嘴上说得牙齿插花,头衔顶着一大打,也会被观众和读者忘却。但,我同意我小七子对小六子说的:"阿佐,弟弟不在意你能成为什么样的人。重要的是:你要做一个什么样的人。"

在个人生活方面,赵丹有诗句:酸甜苦辣极变化……也概括了我和我的家。

在我性格变化中难忘的事情:1935 年我们——青岛江苏路小学的小学生们,和对面操场上的日本小学小学生们,互扔石子开仗。第二天,全校师生被罚站"道歉"。1936 年秋,父亡。1947 年,正式参加地下党主持的上海昆仑影业公司,使我们艺术事业与人民的斗争直接发生了联系。次年,与赵丹结合,从此嫁给了大海,不得平静。

1950 年 11 月,我随中国和平代表团从波兰经苏联回国。某天下午我被接进一庄花园,一所平房。我在沙发上疲倦睡去。睁开眼睛时,看到周恩来同志,接着邓颖超同志也进来了。那天我玩得开心,谈得可高兴。但当时我闹不清他们究竟是干什么。从此,我这一枝丫,接到了坚实的砧木上,1956 年,入党之午夜。1958 年,第一次到浙江山乡久住。渐渐熟悉中国农村,中国农民,并由此经常不断去各地农村,啊,我祖国贫穷落后的农村,我祖国质朴勤劳的农民! 你使我经常想着自己的责任!

1966 年,全国大乱。家庭随国运沉沦……当你被要打倒,自己又觉得不该倒时,你就会挺着腰背,挺得比任何时候都直。当人家逼你哭,你就捍卫自己笑的权利。久而久之,(好一个久而久之)成为习惯了,成为本性了,成为条件反射了,就也改不了,不必改了。

1976 年 10 月,和我的祖国,我的人民一起,获得第二次解放。灾难,使我和我的人民一起走向成熟。我们失去了很多,然而,我们比任何时候都更富有。前进的道路非坦途如镜。于是,时代的民族性格渗入了我的性格:认真思考,敢于面对现实,分析现实;勇于迎接并力求较好地解决现实中的矛盾——又渐渐地改变着我的性格。斗争愈深入,促使我思考愈深化。

对一个人,硬要我一单一的线条,那么我的线条——多愁的我——快乐的我——思考的我。线条不是人。时期,思想的划分,都是评论家、历史学家给分的。他自己则是一个不可分的整体。除了他得了记忆消失的脑病。

5. 请您确定您的性格类型:

糟糕!除了内倾型的这两条以及顺从型与我自幼独立生活所形成的性格,有排异性外(这句子长,好不顺,考不进大学文科)。其他,又都是老朋友了。主要看对什么事,什么人,自己又是什么处境吧。

6. 随着年龄的变化,您的性格和气质有什么变化?

我以为不应归结于年龄的变化;而主要是客观条件和主观认识的变化,我由柔渐渐刚起来,可又多少留恋柔啊。我也依然相当柔哩,是哦?

7. 您业余爱好:

我演戏时,业余爱好写作;写作时,业余爱好演戏。我爱体育表演和比赛,使我振奋;使我觉得世上没有做不到的事情。只对此道,我半样也不行。小时,生长在青岛海边,能游个30米吧。说不出是什么姿势,仰游是惬意,可以仰望流动的白云嬉蓝天。

8. 您的几句人生格言或要讲的话:

早先,我常常记得:人活着是为了给,而不是为了取。如

今,更常记得:义所当为,毅然为之。喜欢的格言:只有行为本身,方能体现比格言在口头上,在书案旁,还是在你的大脑指挥部的中心操作台上。

(引自《丑小鸭》1988 年 11 期 71 页—72 页)

从上述调查表中,通过作家黄宗英个性的自我叙述,表现出的才思何等敏捷,令人惊叹不已!在她的个性气质中,既方直刚毅,又柔顺宽容;既深重沉静,又快乐达观;既虚怀若谷,又幽默诙谐。这些个性气质,黄宗英在写作《大雁情》、《草原上的小屋》等报告文学的风格中,体现得淋漓尽致。

个性作为心理特征和生理素质尽管是较为稳定的,但并不一成不变。正如作家黄宗英说的:"时代的民族性格渗入我的性格:认真思考,敢于面对现实,分析现实;勇于迎接并力求较好地解决现实中的矛盾——又渐渐地改变着我的性格。"人们在现实生活中经历的重大事件,常常给个性打上不可磨灭的烙印,同样,环境和实践的重大历史转折和嬗变,也会在一定程度上改变人的个性。著名作家孟伟哉经过"文化大革命"的灾难之后,深有感触地说:"我认为,严格说来,每一个人的气质和性格,由于主观和客观的原因,都是复杂的,动态的,一言难尽的。"①

足见,个性的形成和变化,无论从心理方面或生理方面,基本上还是个人在主客观上的一种需求,来自个人对生活、对事业的追求与目标,有时也渗透着时代民族性格的特征。

二、气质是形成写作风格的前提

气质是人的心理活动和行为表现较为稳定的个人特点,不仅富有个性倾向性,而且具有先天性。它与人的学习和工作,与人的交际

---

①《孟伟哉性格心理调查表》,《丑小鸭》1982 年第 1 期。

交往,以及对写作活动都会产生一定的影响。从气质所具有的先天性对写作活动来说,气质的强度、平稳性、灵活性等,是写作能力提高和写作风格形成的重要前提。比如说,强度特性对作者观念和行为的可塑性,抗强刺激的能力或强或弱,都有着深刻的影响。平衡性和灵活性的特点对写作技能的表现,正向思维与逆向思维的协调,心理定式的形成与解除等,同样对写作风格产生巨大的约束力。因此,人的气质,无论从心理过程或是行为导向活动诸多方面来考察,它是人的本质和属性独特而又稳定的结合,体现着人的品格和世界观。早在古希腊就有医生波克拉特作出过开创性的研究。他提出胆汁质、多血质、黏液质、抑郁质等四种气质。经过若干年之后,生物学家巴甫洛夫研究证明:人的高级神经活动的四种基本类型与波克拉特提出的四种气质是相符的。后来,研究又表明:人的气质的四种类型纯属单一类型的人是少数,而大多数人属于混合型的,而且每种类型的气质各自的特点在混合中充满矛盾的统一。

一般说来,人的气质都表现在或深化于人的个性、人的品格、人的风度之中。明确认识,正确对待不同类型的气质,对培养和锻炼自身的优良品质,克服和抑制自身的不良习气有着十分重要的意义。虽然气质本身并不能决定一个人的职业成就和人生方向,但气质对人的事业成就和人生航向有着一定的影响。如果说,一个人把自己一生的理想寄托在某种职业上,如演员、教师、记者、作家、行政官员等,那么气质将取决于你是否适合从事这种职业。

荣获第三届电影“金鸡奖”的演员潘虹曾深有感触地说:“我觉得自己的气质适合演悲剧,那就按自己选定的道路走下去。”潘虹之所以扮演悲剧角色获得成功,是因为她从小父亲惨遭迫害,家庭的不幸,使她形成沉默寡言,内心忧郁的黏液质和抑郁质的混合气质。因此,她在《人到中年》中扮演的陆文婷,《寒夜》中扮演的曾树生,这两个人物形象都是她个性气质的体现。培根指出:"有的人天性与他的职业要求相适合,这是很幸福的事。但是,那些强使自己做与其天性不相合的事业的人,则是有毅力的,因此如在治学方面,对于最不喜欢的科学,就要强迫自己遵守固定的时间。"随着时间的推移,加上个人坚定的毅力,在一定的环境和条件制约下人的气质也可以得到改变。作为从事写作职业的作家、记者、理论家所具有爱国主义情感、责任感、事业感、正义感、审美感等,都深深包涵鲜明的观点,坚毅的意志,坚定的信念和远大的理想,或直抒胸臆,或迂回曲折,充分表现在作品或文章的字里行间,形成独具一格的文风。

在议论文中表现的是一重性的品格,通过语言的直接表达,展现作者的气度和文风。以《谈慎独》为例:

"慎独"这种美德,在今天仍是应当提倡的。一个人,无论何时何地,尤其是个人独处,例如单独执行任务时,始终克己奉公,一贯廉洁正派,即使路拾千金,只"天知地知",也不贪不昧;纵然遇到悄悄行赌的人,惟有"你知我知",也丝毫没有邪举;更不会鼠窃狗偷,假公济私,背着大家干见不得人的事。这种人,是最高尚的人,是时代最需要的人。无论是战争年代,还是"四化"建设时期,我们许多革命战士和共产党员,从在战争艰苦、饥寒交迫之际,不吃老百姓一个苹果的解放军战士,到老山英雄,其"独处"之行,更是令人崇敬。革命者的这一高尚美德,给予我们的,是纯净如白雪、正直若青松、深邃若大海、崇高如山岳那样的美感。这就是崇高,这就是我们今天所要提倡的"慎独"美德。但令人遗憾的是,今天还是有少数人不喜欢"慎独"。这些人,多数是伪君子,在公开的场合,在大庭广众之下,也许是不错的。他也在讲原则、道德、纪律,但是,一到僻处,只有"天知地知",或者

"你知我知"时,就不"慎"了。他经受不住利诱,自以为"他人不知",于是,有便宜即占,见利益必捞,什么原则,纪律、道德、法律,全都丢到"爪哇国"去了。党内那股不正之风,很多就是从这个不"慎"之"洞"里刮出来的。由此可见,"慎独"对于共产党员,特别是对于党的领导干部,这不仅是一种必有的美德,而且是一种必修的党性。

上文是一篇议论文中的一个完全段,可独立成文。起句提出中心论点。接着由九个句子组成两个句群。第一个句群由前五句论述"慎独"的具体内涵;第二个句群由后四句论述不讲"慎独"的人之表现。末句重申并强调始句的论点。正气全文横贯,析理入木三分,闻其声,如见其人,气质凛然。

在记叙文中表现的是二重性品格,所表达的内容,除了语言表层的表意之外,还有深层的主旨,其内涵或卒章显旨,或深藏寓意。

以《藤》为例:

　　他纠缠着丁香。往上爬……终于把花挂上树梢。

　　丁香被他缠死了,砍作柴烧了。

　　他倒在地上,喘着气,窥视着另一株树……

这一精美的篇什,以"藤"寓人,立意何等深刻!"藤"的形象:攀着树,爬、爬、爬,其主旨是社会上的"爬虫"踩着别人的肩膀往上爬。通过"藤"的缠、爬、挂、倒、喘、窥视等一连串的动作,活灵活现地展现了社会"爬虫"的嘴脸。其表达效果,景物与人物高度和谐统一,集中地表达了同一个主题,显现出作者鄙视官场小人的气质。

作者形成的坚强意志过程,是促进写作能力最大的能量。意志是自觉的确定写作目标并为实现目的勇往直前,坚韧不拔地克服一切困难,为实现自主目的不懈地奋斗,从而产生巨大的写作热情。意志又是提高写作能力推动的积极因素,作者根据确定的写作目标对写作行为进行自觉的调解和控制,表现出极大的耐力。不言而喻,作者获得的写作动力和能力,离不开意志努力和意志品格。因为意志对作者写作的激情具有发动与制止的功能,前者是推动作者获得写作的成功,后者是制止作者不能获得写作成功。同样,坚定的信念和远大的理想是写作成功的内在支撑力。凡是不屈不挠、拼搏奋进、勇于开拓的强大精神支柱和不竭的动力源泉,可唤起作者巨大的精神力量和内在的潜能。古今中外,都有这种伟大成就的实例,司马迁忍辱受宫刑,写出"史家之绝唱,无韵之离骚。"《史记》鸿篇巨著的问世,克服了常人不可承受的苦难,与其说《史记》是司马迁写作能力的超人天赋,文史结合、才华横溢的史诗,不如说是司马迁顽强意志、坚定信念和远大理想支撑的璀璨结晶。他所追求的一生,是把中华有文字记载的文明史留给后人,世代相传。

屈原的《橘颂》,不仅是他爱国主义情感的真实写照,而且是他那种"生为楚国人,死为楚国鬼,绝不干那些朝秦暮楚的事"的坚贞不屈的人格魅力的伟大,不愧为人格之典范。

"甘为孺子牛"的鲁迅,在病逝前的三天里,还为曹靖华翻译的《苏联作家七人集》作序,正像他自己说的那样:"我好像一头牛,吃的是草,挤出来的是牛奶、血。"鲁迅的一生,不仅仅给我们留下六百多万字的珍贵文化遗产,更为重要的是给我们留下了无价的革命爱国主义的精神遗产。正如《人民日报》在纪念鲁迅逝世16周年发表的社论所作出的评价:"伟大的鲁迅,在他一生不疲倦的战斗中,为我们人民树立了不朽的革命功绩,创造了丰富的文化思想的遗产。这一份遗产超越于前代所有的民族遗产之上,必须由我们来继承它,这是毫无疑义的。接受这个遗产,不疲倦的阅读,研究和宣传鲁迅的著作,决不仅是文艺界的任务,而是全体革命人民,首先是全体共产党员及其干部的任务。"①诚然,作为一个思想家、理论家、写作家所具有的人格力量,"鲁迅的方向,就是中华民族新文化的方向。"

作为人类灵魂的工程师的作家,作为有良心的新闻记者,除了爱国主义情感,还要具有事业感、责任感、正义感。事业感、责任感、正义感是人所从事的事业充满热情、刻苦努力、坚韧不拔的精神。《钢铁是怎样炼成的》的作者奥斯特洛夫斯基,他在双目失明,身体残疾的困苦中以顽强的毅力坚持写作。他说:"人生最美好的,就是在你停止生存时,也还能以你所创造的一切为人们服务。"他写作《钢铁是怎样炼成的》,先是在纸板上摸着写,后来在党和同志们的关怀支持下,专门给他配备打字员和秘书作记录,整理材料,于1934年全书出版。奥斯特洛夫斯基的一生,使他可以无愧地说:"我的整个生命和全部精力,都已经献给世界上最壮丽事业——为人类的解放而斗争。"在这部作品中,有力地证明"钢铁是在旺火和骤冷中炼成的"。

《绞刑架下的报告》的作者伏契克,由于叛徒的出卖,在牢狱中,被德国法西斯分子折磨得遍体鳞伤,奄奄一息。当他从昏迷中醒来时,挣扎着趴在床板上写作,每写几行,头晕眼花,忍着剧烈的伤痛继续写作。他说:"我知道我的生命正走向死亡。因此,我不能歇息。"1942年9月8日,伏契克在柏林英勇就义。他留下的手稿在三年之后,由他的妻子整理出来,后人才读到《绞刑架下的报告》这部世界名著。

军旅作家李瑛深情体会地说:"写作是十分严肃的劳动,切莫玷污了诗。不怕艰难险阻。要勇于追求,锲而不舍地追求;要有信心,百折不挠的信心。泪是酸的,血是红的。既然热爱这一庄严的事业,就要

---

①《人民日报》社论《继承鲁迅的革命爱国主义的精神遗产》,1952年10月19日。

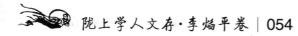

准备把自己的一切都献给它，不要期求所走的路都会像长安街一样笔直，在困难中前进常会获得意想不到的快乐和幸福。"①奥斯特洛夫斯基、伏契克等优秀作家，就是事业感、责任感、正义感的无畏追求者。

气质虽是一种独特的心理活动和行为表现，似乎反映在人生历程中蒙上某种色彩。比如说，气质完全相同的人，有人大展雄才，有人碌碌无为；气质完全不同的人，可共同成为某个领域突出人才。俄国诗人赫尔岑，气质是多血质型，俄国诗人普希金和寓言作家克雷洛夫，气质都是黏液质型，俄国作家果戈理，气质是抑郁质型。这四位三种不同气质类型的诗人、作家都是 19 世纪俄罗斯杰出的文人。在这里也需要指出的，每个人的气质属于单一型的是少数，大多数人是属于混合型的。如胆汁质与抑郁质混合型，胆汁质与黏液质混合，等等。但是，无论是两种或三种类型的混合，其中有一种气质占主导地位，根据某种占主导地位的气质选择个人的职业，设计个人的理想，对自己未来发展的前景是有益的。

尽管人的气质具有先天性，绝不是一成不变的，而且，各种气质的人都有积极和消极两个方面的因素，正确认识和对待个人的气质，在长期的实践活动中，经过后天的良好教育，充分发挥每种气质的积极作用，克服其消极作用。培根说："人的天性虽然是隐而不露的，但却很难被压抑，更很少能完全根绝。即使勉强施以压抑，只会使它在压力消除后更加猛烈。只有长期养成的习惯才能多少改变人的天生气质和性格。"

我们从上述两个方面的论述中，可以作出以下简要的概括：

---

①《李瑛性格心理调查表》，《丑小鸭》，1982 年第 7 期第 78 页。

第一，构成写作风格，有作者的个性气质、写作题材、体裁、语言、结构，以及表现手法等诸多因素，但作者的个性气质是构成写作风格的主要因素，它制约着作者对生活的观察、感受和体验，制约着作者对生活的认识和表现，制约着作者如何建构独特的与众不同的作品或文章的风貌。

第二，作者风格的形成与发展变化，是与他的个性气质的形成与发展变化同步进行，同步实现的。影响作者写作个性从而导致作品或文章风格的形成与发展变化，具有两个基本条件。一是社会历史的客观条件，二是作者自身的主观条件。社会历史客观条件主要指作者生活的那个时代的历史背景对作者生活命运有着决定性的影响；社会风气和社会文化风尚以及学术思想，对作者生活情调、性格特征、审美情趣、欣赏习惯产生一定的影响，从而对作者的个性气质、写作风格的形成和发展变化起着极大的作用。作者自身的主观条件主要指作者的生活经历、人生态度、文化修养、心理素质、审美意识以及生活情趣等。人与现实的关系是矛盾的统一。因为客观条件是造成主观条件的基础，而主观条件一经形成就会影响着他对客观条件的认识和感受，决定着他在怎样的性质上和多大范围内接受客观条件的影响。

第三，风格的创造，除了个性气质之外，还体现在题材的选择与处理，艺术的构思和意境的创造，写作原则和表现手法的运用，以及体裁的驾驭和语言的运用。总之，写作风格的创造是通过作品或文章的多种因素才能实现的，没有独特的个性气质和艺术内容形式上的独创，就没有自成一家的独创写作风格。

第三章　思维活动与写作规律（一）

人类通过积极的思维主动地调剂自身对客体的认识与反映，并运用一定的思维方式和方法去改造客观世界。因此，在人类认识世界和改造世界的过程中,思维活动有着特殊的作用。

人的大脑是思维活动的物质基础。通过大脑中储存的知识和摄取的新信息的意识驱动,思维所反映的客观事物产生自觉反映的特征,即接受信息;思维所反映的客观事物的本质特征,是事物的规律性,因而具有概括的特征,即加工处理信息;人们不必事事亲自实践,可借助于思维能够间接地认识事物,这就是借助了思维的间接性特征。

一、思维活动与写作过程的相关性

写作是一种严谨有序的思维活动。它从社会实践中产生,又始终同人脑的活动联系在一起。探讨写作过程思维行程与信息传递的相互联结,需要先对思维的几个有关要素加以简述。

大脑是思维的物质要素。大脑两半球皮层有明显的分工:大脑的右半球是形象思维的中枢,处理直观形象,模拟、支配艺术性的或感情色彩的非语言活动;大脑的左半球是抽象思维的中枢,它储存语言、数学符号,支配语言与数学逻辑推理过程。两者的分工还具有相互替代的能力。除了大脑这个物质要素之外,知识、观念、情感和语言都是思维的重要因素。

知识是人类的认识成果和精神财富。世界上无论哪类知识,无论哪种层次的知识,都是思维的基本要素。人类的思维活动也都是在一定的知识基础上进行的,都是运用已有的知识去把握思维客体或思维对象。如果没有一定的知识,思维只是空洞的外壳罢了。正如苏联心理学家提普洛夫所说:"一个空洞的头脑是不能进行思维的。"因此,无论思维形式或思维方法都是在深厚的知识土壤里生长形成的。扩展思维领域,必先拓宽知识领域,发展综合能力;更新思维方式、方法,必先更新知识结构,提高独创能力。同理,写作能力的提高也必须依赖于渊博的知识和创造性的思维能力,否则,谈提高写作能力只能是空中楼阁,不能解决实际问题。

知识与能力同属于个性范畴。知识不等于能力,但知识是能力形成和发展的基础。同样,智力也不同于能力。智力着眼于认识,解决知与不知的问题。能力着眼于活动,解决会与不会的问题。二者是统一的、相互制约的。因此,不论智力还是能力,其核心成分是思维,最基本的特征是概括,其表现形式是思维的五种品格。

一是深刻性品格。这种品格集中体现出思维的概括特点。写作中的确定主题、表现主题,论说中的证明论点、表达思想等都是这种思维品格的具体体现。二是灵活性品格。这是一种预测、发散、想像、创造的思维过程。写作中从多角度、多层次地观察事物,选取素材,安排结构等都是灵活性思维品格的具体体现。三是独创性品格。这是一种连续的而不是全有全无的品格。写作中,不论遣词造句、构思布局、不落窠臼、化腐朽为神奇等都是独创性品格的具体表现。四是批判性品格。这是思维过程中自我意识作用的结果。写作过程中对具体问题进行具体分析,发现问题及时调节等都是批判性品格的实例。五是敏捷性品格。这是指思维过程中的速度或迅速程度。写作中的灵感爆发,运思中的敏捷,以及博览群书的泛读能力等,都是思维敏捷性的具体表现。思维敏捷性虽是一种独立的思维品格,但它又是上述四种思维品格的集中表现,尤其是深刻性的概括能力的表现。

理论文章的写作(包括学术论文),都要运用观念,就是对客观事物的反映所形成的看法和认识,经过思维的深化,便确定为文章的主题,或叫观点、中心思想。思想一旦形成,作者的取材、选材和剪裁就依照主题的需要进行详略取舍,分析概括,以此指导全部的写作过程。

从本质上说,主题(或观点)的形成,是作者通过对事物的纯化和科学抽象的方法,透过现象抓住事物的实质,进而综合归纳,形成体例或系统,给作者和读者开辟了思考问题的思路。

现代社会意识的信息观念，不断地推动着我国当前文化思想的发展变化。随着信息论、系统论、控制论的引进，传统的单向、平面的思维方式受到冲击，与写作学密切相关的新兴学科和新的方法论受到共同关注，写作本身正经历着时代演变的发展过程的检验。现代写作不仅反映着强烈的时代意识，而且开始转向严肃的求实精神，同时，也必将构建求美求新的观念。

现代写作反映着强烈的求新意识，就是力求捕捉新人新事，表现新思想。自古以来，所有文章都是以书面语言记录成篇的信息载体，所有名篇佳作都传达出各自历史阶段、文化氛围中的新信息。一般说来，文章或作品的新信息，是经作者在特定思想、表达意向的作用下进行选择加工后所做内在本质的凝聚，而不是信息的简单相加。如果将求新意识作为现代社会文化思想变迁史的特殊折射来考察，便会发现这种同写作学发展相关的社会心态已呈现出由浅层到深层的曲折而迅速的发展进程。随着社会对当前现代化举步维艰原因的反思，求新意识转向面对整个国家、社会、历史，面对各个学科体系现代发展的探讨，要求从历史传统的整体上超越它的消极局限，创造面向未来的全新的文化内容。因此，"纪实"性的作品和政论性的文章充分地发挥其社会功能，这类作品和文章，一方面体现了现代写作的求实求新意识，另一方面传达了有效的社会信息。

现代写作转向严肃的求实精神，是说信息的有效性是一个实践性的问题。信息科学转化成一种求实的价值观念，一种开放性的知识观念，都体现出科学的求实精神。在文学、新闻、科研、学术以及一般生活性内容的写作领域，人们摆脱"左"的束缚，破除刻板思维方式之后，政治、经济恢复了正常的社会职能，作者和读者对世界的认识和对事物的评判，不再受某种褊狭的观念所左右，因此，现代写作从内容到形式将在时代变迁发展过程中不断求实探索。

现代写作必将构建求美新观念。美即是生活，世界结构本身是和谐之美。为探求具有中国特色的社会主义现代化道路，我国经济体制正在艰难地变革中，现代文化复兴和发展正在孕育之中。随着社会生活的趋向正常化，物质文化生活中求美意识已开始出现。现代写作的研究，对文章和作品的内容、形式、风格的探讨，包括文章和作品的结构规律、语言表达、体裁样式等，程度不同地受现代社会更为多样化的美学观念的制动，也要受到科技美学所追求的洗练、和谐之美的影响。无疑，现代信息社会推动着文章社会功能观念的变革。信息，是个超越有机界和无机界、社会与自然、书本与实际事物界限的宽泛概念。信息观念在治学方式上使人们从封闭式的治学、写作方式中解放出来。未来社会的精神生产将是一种以个性创造为基础，超越狭隘单一学科界限、大规模集约化经营的创造力的多样组合。现代写作应放眼于现代社会，以适应高效率精神生产的需要。

写作是一种反复而复杂的思维活动，它必须依赖对大量形象性间以概念信息的敏锐感知、选择，合理组合、排列才能完成。

（一）文章的写作过程即是思路由始至终的显现过程

思路，古人称作"文脉"，是指写作中确定的、有条理的思维活动，即作者思想前进的轨迹，是篇章中的一种内在的联系。叶圣陶说："思想是有一条路的，一句一句，一段一段，都是有路的，好文章的作者是决不乱走的。"[①]构思，是指作者对文章内容和形式的全面设想活动。构思的结果，是把那些有损于构成文章的不和谐的因素去掉，组成一个和谐的有机整体。提炼主题思想是构思的中心环节，谋篇布局是构思的重要内容。构思是贯通思路，行文是展现思路。构思的重要手段是通过联想、想像，促成各种沉淀记忆的复活和再现。如图示：

①叶圣陶，《认真学习语文》。

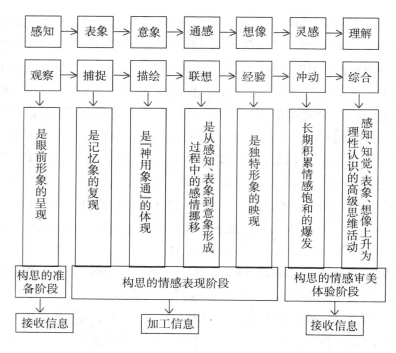

上述示意图表明,写作构思中的审美理解与综合因素是复杂的。其中包括作者的生活阅历、文化素养、知识结构、写作实践。在审美感受中,审美主体,一面在感知美的形象,一面在头脑中复现出许多知识和经验的表象;一面在形象地综合着,一面又唤起丰富多彩的想像。在构思过程中,它是本质认识的归宿,是理性和感性的统一,是设计"蓝图"的精神支柱。一部作品或一篇文章的全部文字的表述都是思路的一种"物化"形式。思路要求有序,要求连贯,要求周严,要求和谐。总之,要求具有逻辑性。为了节省篇幅,选择只有130字的短文《简短而曲折的故事》①为例:

---

①《文摘周报》,1982年1月22日。

伊莉薇娜的弟弟佛莱特伴随着她的丈夫巴布去非洲打猎。不久,她在家里接获弟弟的电报:"巴布猎狮身死——佛莱特。"

伊莉薇娜悲不自胜,回电给弟弟:"运其尸回家。"

三个星期后,从非洲运来了一个大包裹,里面是一个狮尸。她又赶发了一个电报:"狮收到。弟误,请寄巴布尸。"

很快得到了来自非洲的回电:"无误, 巴布在狮腹内——佛莱特。"

这篇精简得体的短文,构思多么奇巧!巴布告别爱妻,偕其妻弟远猎非洲,不幸身亡(P)——这是一转;伊莉薇娜要夫尸,却得到狮尸(Q)——这是二转;旋即收到弟之回电, 方知巴布已葬身狮腹(R)——这是三转。"一波三折",合情合理。其逻辑结构是:先 P 并且次 Q 并且后 R。读来令人爽心悦目,其味无穷。

记叙文如此,论说文也是如此。1982 年 2 月 7 日《福建日报》发了一篇言简意赅的短文,全文如下:

今天本报又公布了两个重要案件。坏人受到揭露和处理,这很好。有些问题群众看得清楚,干部也有很多议论。问题的性质已经非常明白,但就是处理不下去,而且长期处理不下去,为什么?

一是自己屁股上有屎;

二是派性作怪;

三是软弱无能;

还有什么? 也许还有其他原因,但主要是这三条。

你这个单位的问题长期处理不下去,是什么原因,算哪一条,不妨想一想。

寥寥 163 字,对比强烈,一针见血,最后一问即止,让读者咀嚼思索。

由此可见，文章的内在逻辑性是看不见、摸不着的，不易显现，它不像文章的外部结构，即层次、段落、过渡、照应、开头、结尾。把一篇文章真正聚结、组接，贯通起来成为一个严密整体的还是文章的内部结构，即思维的"内在逻辑性"：条理性——连贯性——节奏性——周严性。在记叙类的文章中，贯穿全文的是情节线索；在论说类的文章的写作中，有隐伏的纹理脉络，这是进行叙述、议论过程所留下的思想轨迹。

（二）写作过程的"双重转化"即是思维层次化和完善化的过程

任何一部作品或一篇文章的诞生都要完成一种"双重转化"。首先是现实生活、客观事物向认识主体转化。它要依据"反映论"的法则，能动地、本质地、真实地将生活、客观事物转化为作者的认识，即观念和感情，这是由事物到认识的第一重转化。这重转化是"客体"与"主体"在认识上的联系，从题材到主题的推理就是这种联系的深化过程。我们从逻辑思维的角度考察一下题材和主题的关系，题材和主题之间是一种推出关系。在论说类文章的写作中，材料是前提，主题是结论；而在记叙类文章的写作中，则是用题材来表现主题，主题隐含在题材之中。论说类文章，以毛泽东的《别了，司徒雷登》一文中的一个语段为例：

> 我们中国人是有骨气的。许多曾经是自由主义或民主个人主义者的人们，在美国帝国主义者及其走狗国民党反动派面前站起来了。闻一多拍案而起，横眉怒对国民党的手枪，宁可倒下，不愿屈服。朱自清一身重病，宁可饿死，不拿美国的"救济粮"。……我们应当写闻一多颂，写朱自清颂，他们表现了我们民族的英雄气概。

这个语段是一个完整的"三段论式"。"我们中国人是有骨气的"是论点；"闻一多拍案而起，横眉怒对国民党的手枪，宁可倒下，不愿屈服。朱自清一身重病，宁可饿死，不拿美国的'救济粮'"是论据；"我们应当写闻一多颂，写朱自清颂，他们表现了我们民族的英雄气概"是结论。足见，论说类文章的主题和材料之间是一种必然性联系的推出关系，其逻辑思维形式是，只要前提真，结论就必然真。

另一种情况是主题和材料之间具有或然性联系的推出关系。这是指叙事类文章而言，人物记叙往往通过具有典型性的事迹说明一个抽象道理。典型整体是材料，抽象道理是主题。例如，《钱学森——中国人民的骄傲》①这篇文章，就是一个典型的归纳推理。作者选择了著名科学家钱学森五个方面的典型事例：

1. 始终眷恋着自己的祖国——从 1935 年到 1955 年，钱学森在美国整整待了 20 年。这 20 年间，他在学术上取得了辉煌的成绩，生活上拥有丰厚的待遇。然而，他始终眷恋着生他养他的祖国。发出"旅客生涯到何时"的感叹！

2. 为回国而斗争——新中国诞生，使钱学森兴奋极了。1950 年 7 月，他下定决心返回祖国，被美国联邦调查局非法逮捕，拘留关押。1955 年 9 月 17 日，经过 5 年多的斗争，钱学森全家终于乘坐轮船胜利地驶向东方的祖国。

3. 开创我国的导弹卫星事业——1960 年 10 月中旬，在钱学森的亲自领导下，我国第一枚国产近程导弹制造成功了。1966 年 10 月 27 日凌晨，改进型中程火箭载着核弹头，向千里之外的沙漠深处飞去，准确命中目标并起火爆炸，这一成功震惊了世界！

4. 他把荣誉和奖励让给了中青年——钱学森不仅是一位善于发现和培养科学人才的伯乐，他还以自己的言行，为广大科技工作者树立了一个高尚的科研道德典范。

———————————

①《光明日报》，1989 年 8 月 28 日。

5. 不倦的追求——1986 年 6 月,在中国科协第三次全国代表大会上,钱学森当选为中国科协第三届委员会主席。他坦率而谦虚地说:"……回到祖国后,领导要我搞科协的组织工作,做得还不够。现在担任了主席职务,只能虚心地学,向同志们请教,做好这项工作"。他的高风亮节在我国科学界已传为佳话。

这五个典型事例令人信服地从个别推出一般, 文章的主题思想是表现钱学森同志具有中国知识分子的高尚品质, 他是中国人民的骄傲。这篇人物记叙从题材到主题可以表述为如下推理形式:

S1 是 P

S2 是 P

S3 是 P

S4 是 P

S5 是 P

S1、S2、S3、S4、S5 是 S 类中的典型

S 是 P

这篇文章的篇章逻辑结构是一个典型的归纳推理。

第二重转化是由认识到表现的转化。即是作者观念、感情向文字表现的转化。这一转化要遵循"表现论"的原则,有"理"有"物"有"序"有"文"地将头脑所获得的意识、情感转化为书面语言,这是由"意"到"文"的转化。这重转化即思维的"物化",有"理"的转化是运用逻辑的概括:有"物"的转化即是运用典型形象;有"序"的转化即是思维的条理化;有"文"的转化即是运用精当的语言完成思维的全部成果。在这个转化过程中缺少哪一点,都不能达到精当、鲜明、形象地表达。由事物到认识, 再由认识到表现, 这就是写作过程所必须完成的双重转化。其规律可表述为:

物——意(第一重转化)　意——文(第二重转化)

从以上简单的表述中可以看出,写作过程的"双重转化"就是思维行程的层次化和完善化的系统过程。

(三)写作过程中形象思维与抽象思维贯穿于始终

写作行为自行的规律反映了人类认识运动的规律。人们的认识总是由具体的、感性的、个别的事物开始,逐渐地日积月累,不断接受,不断吸收,接受吸收多了,经过大脑的思索,加工整理,升华飞跃,由现象到本质,由浅入深,进而把握抽象的、理性的事物的一般本质,形成某种观念或观点。因此,人们思维能力的发展,按照生理的、心理的自然现象,是先从具体形象思维发展,形象思维一般比逻辑思维成熟得早些。根据这一规律,写作的起步总是"先记叙后论说"。由"叙"而"论"进行写作练习,提高写作能力。这是人类认识运动的秩序,也是思维活动自行的规律。记叙类文章的写作侧重于运用形象思维,论说文章的写作侧重于运用抽象思维。因此,形象思维与抽象思维始终贯穿于整个写作过程中,二者不可或缺。只不过在不同文体中,二者表现得有主有从。小说、诗歌、戏剧等,以形象思维为主,主要运用形象进行联想,展示人物性格特征,塑造人物典型,写呈现思维成果。其中也运用概念,但从属于构成形象体系。而在论说文章(包括学术论文)写作中,则抽象思维占主导地位,但为了证明论点,常常借助具体形象进行论证,使得形象本质属性符合文章的推理过程所要揭示的某一侧面,成为述发论点不可缺少的论据。无疑,在思维活动中,灵感思维在写作中也起着不可忽视的作用。在文学作品中故事情节的曲折发展,典型形象的塑造。论说文的立论、驳论以及开拓新颖的主题,都有灵感思维起着作用。

试以形象思维与抽象思维在文学作品与论说类文章中的运用作一简略比较:

【文学作品】

①写作目的:为了表现人,达到"以情动人",有时辅之"以理"——作者思想感情渗透在作品里,寓教育于文学欣赏之中。

②写作准备:社会实践,要研究"一切人"、"一切生动的生活形式和斗争形式"——作品来自于客观现实,又真实地反映客观现实。

③主题思想的表现:通过环境、人物、事件的综合描述,使主题思想从全部作品中自然流露出来。

④表达方式:主要使用叙述、描写和抒情,辅之以说明和议论。

⑤语言特点:形象性、生动性、色彩性、音响性、台词性。

⑥写作过程的思维活动以形象思维为主,以抽象思维为辅,二者交错并用,有时灵感思维起着不可忽视的作用。

【论说类文章】

①写作目的:为了证明观点,达到"以理服人",有时辅之"以情"——作者思想感情直接表现在论点之中,直接教育人们。

②写作准备:社会实践,要研究这一事物或那一道理的本身——文章来自客观现实,又真实地反映客观现实。

③主题思想的表现:通过论点、论据的论证,作者十分明确地表明自己的观点,即文章的中心思想。

④表达方式:主要使用议论、说明和叙述,辅之以其他方式。

⑤语言特点:准确性、鲜明性、逻辑性、生动性。

⑥写作全过程的思维活动以抽象思维为主,以形象思

维为辅,有时也运用灵感思维。

以上比较说明,作家、理论家在组合艺术形象或推导理论判断时,其组合形式和推导形式,以"神"制"形",以"形"凝"神",自"形"、"神"升华概念,从"形"、"神"和概念的杂糅递增中构成形象原则和理论系统。如果从信息角度来考察,"形"是信息的外延现象,即形象的外貌、表象。"神"是信息的内涵本质,即形象的情理、特质。

二、文章写作的成品是思维活动的成果

写作,是人类特有的一种创造性的精神活动,是一种思维过程。从认识论的角度来说,又是理性的认识阶段,在这个认识阶段过程中,复杂的思维活动经常通过写作来进行,通过写作来实现。如果用一个形象的比喻来说明这种活动现象,那么,思维在头脑里的活动犹如"气体",思索和考虑的内容常常闪闪烁烁,很不稳定。思维如果用语言说出来,就好似成了"液体",思索和考虑的内容还是游移流动,出现反复,不可能达到清晰化、条理化、缜密化的程度。一旦写下来,"液体"就成了"固体",即从口头语言的表述到书面语言的表述,再经反复推敲,然后定型,这时思维主要不再呈现流动性,而呈现出明晰性、确定性,思维活动达到了"物质化"、"视觉化"。

思维活动贯穿于写作过程的始终。思维的过程同时是文章储材立意、构思谋篇的过程,是使语言表达思想的过程。写作前的发想运思阶段,是从观察、捕捉开始,经过联想思索,到运思布局,修改定稿,整个过程是一个有序的思维活动行程。叙述、描写、抒情、说明、议论等,都是思维的一种表达形式。叙述要求以"清"为目的;描写要求以"活"为目的;抒情要以"真"为目的;说明要以"明"为目的;议论要求以"理"为目的。所以说,文章写作的成品即是思维活动的成果。

用示意图将文章的写作过程与思维、信息的相互联结表述如下:

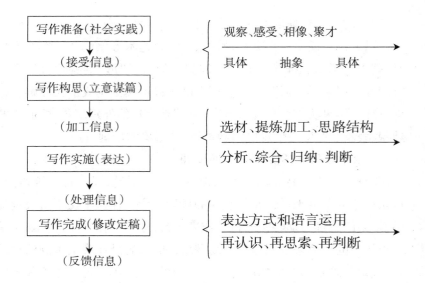

这一示意图将文章的写作过程划分为写作准备、写作构思、写作实施、写作完成四个环节,每个环节中的具体内容,从社会实践、立意谋篇到表达、修改定稿,几乎每个环节中几种思维(抽象思维、形象思维、灵感思维、创造性思维)都程度不等地同时进行着。从信息系统的视角来考察,写作过程的思维活动,实际上可以抽象为一个信息变换过程。即通过社会实践,作者观察生活,认识体验生活,收集材料,就是接受信息;作者立意谋篇,提炼素材,就是加工信息;作者动笔写作到文章完成,就是处理信息;修改定稿,就是反馈信息。所以,文章的写作过程,既是思维活动行程的过程。又是一个信息系统完整地输入、加工和反馈的运动过程。

所谓创造性思维,主要借助于感受、想像、潜意识,不循常规的思路往往可能产生认识上的飞跃。基于这种飞跃,作者取舍材料,使作品思路清晰、表达准确、主题深化。在写作过程中,抽象思维的作用是根据主题思想的需要,将材料、观点经过归纳与演绎、分析与综合,由具体到抽象,又由抽象到具体的逻辑组合,围绕写作论题的中心,寻找合适的角度进行构思和表达。通过逻辑推理,使文章达到结构的逻辑性和完整性、论证的逻辑性和周严性、语言的逻辑性和生动性。多方位的反馈活动,实际上在写作过程中时时都在进行,而且在各个环节的不同层次上经常重复地进行着。正是通过这种多层次、多重复的反馈活动,才使整个写作不断深入,从诸多方面调整、补充、完善,最终把文章写好、改好。

(一)思维的成果依赖于语言的表达

语言不仅仅用于说话或写文章,语言也是储存、加工、传递信息的载体。既是人类最重要的交际工具,又是人类最重要的思维工具,也是人类在长期语言实践活动中创造并用来传递、接受、处理、储存信息的一个高度复杂的音义结合的信息系统,是一个多层次、多侧面、纵横交错的网络系统。从语言与写作的关系来说,语言是构成文章的基本要素。在这一范围内,它的职能是准确有效地交流思想、传递信息。一篇文章的思想内容、组织结构,只有通过语言才能表达出来。语言作为一种思维工具,人的思维就是利用语言记录信息进行认识活动。语言既影响着思维的抽象程度,又影响着思维的精确性,也影响着思维方式的多样性。"语言是思想的直接现实"[①],思想离不开语言,任何一个思想的产生和形成都要借助于语言,任何一种思想的表达都要借助于语言。诚然,人类思维并不都凭借语言进行,但是,语言的思维活动是各种类型中的主要类型。写作的实施除了依赖于表达方式,还要运用语言这个工具才能把文章的思想或含蓄、或委婉、或隐晦、或明朗地表现出来。语言中的词语相当于思维中的概念;语言中的单句(判断句)相当于思维中的单称判断;语言中的复句(分句

---

① 《马克思恩格斯全集》第三卷,人民出版社,1972年版,第525页。

之间的种种关系)相当于思维中的复合判断,章法上划分段落层次,可以看成是寻找构成段落的句群,往往一个层次就是一个句群。组成句群的句子之间有一定的语法关系,组成段落的句群之间有一定的层次关系,考察这种语法关系和分析这种层次关系也是写作中的思维关系。例如,句群内部层次的划分,句群间的切分——始发句——后续句——终止句,即思维过程的表述。由此推论,词汇的贫乏即是思维概念的贫乏、语言的贫乏即是思想的贫乏,语言表达能力的高低,反映了思维能力的清晰与紊乱。语言和思维是相互促进的,不能离开思维孤立地谈语言的表达能力。每个语言训练的步骤,都要深入到思维价值中去衡量和设计。写作过程一切思维的成果都要穿上语言的外衣,都要化为一种定型的文字。从某种意义上说,写作就是由内部语言到外部语言的一种转换、定型。其间,对内部语言进行梳理、加工,以求"文"能逮"意",即是由"物"到"意",又由"意"到"文"的双重转换。所谓"意",即思想、意识,它在人们头脑中表现为一种内部语言的形式,具有跳跃性、朦胧性特点。思想材料之间缺乏明确、合理的逻辑联系,词语之间往往缺乏语法上甚至语义上的联系,头脑里浮现的是一个个分散的观念或意念,不易捕捉到准确的概念。所谓"言",即文字表现,是一种外部语言,思维的定型化。外部语言具有抽象性、顺序性、明晰性等特点。顺序性就是语言表述的合理序列,它是思路的外在形式。它们跃动的流脉、前进的轨迹都是具体的事物,又可以表现抽象的事理。简而言之,内部语言具有追踪物象、事理的敏感性,外部语言又具有描绘意象、理解和表现方式的功能,它们之间相互作用,相互联结,形成统一的整体,使他们化为一种得心应手的实际操纵力。驾驭这种能力的核心就是思维能力。

(二)明确的表达依赖于确定的思维

"语言的明确是由于思想的明确,而明确的思想必然决定明确的表达方式"①。思维是在感性认识的基础上形成概念,并且运用概念进行判断,运用判断进行推理的过程。人们的思想是人们思维活动的结果。概念、判断、推理都是思维形态,其作用与语言中的词语、句子相似。人们的思维过程同时也是语言过程。脱离思维的单纯的语言过程是不存在的,脱离语言的赤裸裸的思维过程也是不存在的。说话写文章,既是使用词语和句子,也在运用概念进行判断,运用判断进行推理,然后形成新的概念和判断。这种思维过程和语言过程的同一性,一次比一次深化,如此循环往复,不断加深对客观世界的认识。

要求思维具有确定性这是写作规律,因为明确的表达依赖于确定的思维。思维具有确定性,思维过程必须具有规则的逻辑思维,即遵守同一律、矛盾律、排中律。这是逻辑思维中三条基本规律,它们相互之间又有着密切的联系。这三条规律从不同的角度要求思维具有确定性,并保证任何思维有确定的内容,能准确地反映客观对象。

人们在同一思维过程中,对于同一对象的思想必须保持同一,一个概念反映什么事物就反映什么事物,一个判断肯定什么就肯定什么,否定什么就否定什么,这叫同一律。同一律可以表述为如下公式:

A 是 A

这个公式表明:一个思想如果是真的,那就是真的;如果是假的,那就是假的。公式中的 A,代表同一思维过程中出现的任何一个思想,公式表明 A 这个思想必须保持同一性,就是同一事物在同一时间、同一方面所具有的相对的确定,不是要求人们的思想永远保持同一。毛泽东对"人民"这个概念的变化作了合乎逻辑的论述:"人民这个概念在不同的国家和各个国家的不同的历史时期,有着不同的内

①李卜克内西,《回忆马克思恩格斯》,人民出版社,1973 年版,第 39 页。

容。拿我国的情况来说，在抗日战争时期，一切抗日的阶级、阶层和社会集团都属于人民的范围，日本帝国主义、汉奸、亲日派都是人民的敌人。在解放战争时期，美帝国主义和它的走狗即官僚资产阶级、地主阶级以及代表这些阶级的国民党反动派，都是人民的敌人，一切反对这些敌人的阶级、阶层和社会集团，都属于人民的范围。在现阶段，在建设社会主义的时期，一切赞成、拥护和参加社会主义建设事业的阶级、阶层和社会集团，都属于人民的范围……"①。"人民"这个概念，在不同国家和各个国家的不同时期有着不同的内容，并随着各国阶级情况的变化而变化。同时，在每一个国家的一定时期内，"人民"这个概念又必须有确定的内容，它所指的对象必须是确定的。随着事物发展的变化，人们的思想认识不断地深化，只是一种思想在一定发展的阶段上有其确定的内容罢了。

写作中违反同一律，主要表现为偷换概念和转移论题。例如：

> 坚持实践是检验真理的唯一标准与坚持马列主义、毛泽东思想是完全一致的。因为实践是检验真理的标准，马列主义、毛泽东思想也是检验真理的标准。我们要把两者结合起来。用实践是检验真理的标准去否认马列主义、毛泽东思想是错误的。

这段论述几次偷换概念、转移论题，违反了同一律。写论文、作报告、争论问题，常常出现的逻辑错误，不是离开命题东拉西扯，就是理屈词穷时岔开话题胡说。这是违反同一律的具体表现。

在同一思维过程中，一个概念不能既反映客观事物的某种属性，又不反映这种属性；一个判断不能既断定某事物有某种属性，又断定

---

①《毛泽东选集》第五卷，人民出版社，1991 年版，第 364 页。

这事物没有这种属性。任何判断不可能同时既是真的又是假的。一个思想如果是真的,就不能同时又是假的;如果是假的,就不能同时又是真的,这叫矛盾律。矛盾律可以表述为以下公式:

A 不是非 A

这个公式表明:对于同一对象在同一时间、同一方面不能自相矛盾。自相矛盾或逻辑矛盾,是对客观事物的歪曲的反映,是思维混乱的具体表现。矛盾律不是否认客观事物内部的矛盾,也不是否认思维的内部矛盾。客观世界充满着矛盾。同一事物在不同时间、不同方面有着相互矛盾的属性,人们肯定现实中存在着的对立面的统一和斗争,并不违反矛盾律的要求和人们在思维过程中对客观事物存在着的要求。矛盾律要求的是思维的确定性。违反矛盾律表现为思想中的自相矛盾。例如:

所有年满 18 岁的公民都有选举权,有些年满 18 岁的公民没有选举权。

根据矛盾律,两个相互矛盾的判断不能都是真的,其中必有一个是假的。因此,矛盾律不允许任何思想中同时断定两个互相矛盾的判断。列宁指出:"'逻辑矛盾'——当然在正确的逻辑思维条件下,——无论在经济分析中或在政治分析中都是不应当的。"①

人们在同一思维过程中,一个概念或者反映某种属性,或者不反映某种属性,二者必居其一;一个判断或者断定某一事物有某种属性,或者不断定这一事物有某种属性,二者必居其一。就是说,一个思想或者是真的,或者是假的,不能既不是真的,又不是假的,这叫排中律。排中律可以表述为以下公式:

A 或者非 A

①《列宁全集》第二十三卷,人民出版社,1975 年版,第 33 页。

这个公式表明:排中律只适用于两个互相矛盾的判断,而不适用于两个互相反对的判断。对同一事物在同一时间、同一方面互相矛盾的思想,不能同时都是假的,其中必有一个是真的。排中律排除在 A 和非 A 之间有居中间的状态。如"他的情绪是好的","他的情绪是坏的"。这一对反对判断并不违反排中律,因为此人的情绪可以是不好不坏,处在中间状态。排中律也不排除人们不表态。选举中的"弃权",既不同意甲、也不反对乙,不违反排中律。

违反排中律,表现为对同一判断既否定其为真又否定其为假的模棱两可的思想。例如:

A 问:你上班了没有?

B 答:谁说我没有上班!

A 问:你是说你上班了?

B 答:我并不是说我上班了。

B 在第一句答问中,否认自己没有上班,但在第二句答问中,又否认自己上班。而 B 上班(A)与 B 没有上班(非 A)之间没有居中状态,二者不能同假,故 B 的回答违反排中律。列宁指出:"谈到和机会主义作斗争的时候,决不应该忘记整个现代机会主义在各个方面所表现出来的特征:模棱两可,含糊不清,不可捉摸。机会主义者按其本性来说总是回避明确地肯定地提出问题,企图找出一种合力,在两种互相排斥的观点之间像游蛇一样回旋……"①。理论文章的写作最忌这种错误。

同一律、矛盾律和排中律都是思维确定的基本规律,它们之间的关系是十分密切的。同一律的内容是 A 是 A,如果一个思想是真的,那就是真的;矛盾律的内容是 A 不是非 A,任何思想不能既是真的又是假的;排中律的内容是 A 或者非 A,任何思想或者是真的或者是假

①《列宁全集》第一卷,人民出版社,1975 年版,第 499 页。

的。同一律可以运用一个假言判断陈述,其公式:"如果 P,那么 P";矛盾律可以用一个判断的负判断陈述,其公式:"P 并且非 P";排中律可以用一个选言判断陈述,其公式:"P 或者非 P"。在论文写作中,正确地运用逻辑的三条基本规律,既要看到它们之间的联系,又要注意它们之间的区别。

通常说的写文章要讲逻辑,就是指的概念要准确,判断要恰当,行文要合乎思维规律。

写作规律是思维行程活动的规律,写作也是信息传递的重要手段(当然也有其他手段)。听和读是接受信息的能力,说和写是传递信息的能力,联系和支配这四种能力的决定智力因素是创造性思维。我们研究文章写作,要把写作理论引向纵向和横向两个方面。引向纵向,就是"瞻前顾后",既要继承我国传统理论知识的灵活性、直观性、通俗性的特点,克服其缺乏系统性、抽象性、概括性的弱点,又要引进国外对我们有用的新的理论和新的经验;引向横向,就是不仅研究静态的文章、作品和与写作有关的哲学、美学、逻辑学、语言学、心理学、思维科学,也要研究写作与自然科学以及现代科学的关系,还要研究写作与其他学科互相渗透、互相作用的关系,从而创造出我们自己的、崭新的科学概念范畴的理论体系。

第四章　思维活动与写作规律(二)

思维活动是大千世界在人类头脑中能动的反映。"具体人的思维,不可能限于哪一种。解决一个问题,做一项工作或某个思维过程,至少是两种并用。两种是抽象思维和形象思维"[1],抽象思维与形象思

---

①《钱学森同志与本刊编辑部座谈科学思维与文艺问题》,《文艺研究》,1985年第 1 期。

维是人类认识中的两种不同思维方式。它们都是在感性认识的基础上开始的,因而都具有思维的共性。两者的区别主要是在反映现实和认识现实的对象上、方式上的不同。但是,它们在认识的实践过程中,都是感性与理性的统一,都是把个别的东西提高到特殊,然后再从特殊提高到一般。人们使用概念或形象进行分析、综合,达到认识世界和改造世界的目的,往往通过写作。我们探讨抽象思维与形象思维在写作过程中的相关性,着眼于不能把两种思维方式决然割裂开来,或对立起来。形象思维中存在着抽象思维,抽象思维中也不排斥甚至需要形象思维,只是各自有所侧重罢了。

一、抽象思维与形象思维的相关性

抽象思维亦称逻辑思维。逻辑思维是通过概念的形式,从现实的个别的具体事物中,抽象出它们的本质的规律,以得出一般的法则。换一句话说,即是运用概念、判断、推理来反映现实的思维,舍弃感觉、知觉、表象等感性材料,通过抽象的概念,运用自然语言揭示事物的本质,表达认识的成果。不仅如此,还必须生动而具体地把人和事物,按照其生活本身中的感性形式完整地表现出来。毛泽东的《改造我们的学习》是一篇运用逻辑思维推理的政论文的典范。文章开头用一句"我主张将我们全党的学习方法和学习制度改造一下"作为"引论",提出全文的论点,接着分四个部分论述。前三个部分概述了20年来的成绩,指出了党内学风上的缺点和危害,这是文章的本论部分,即分析问题部分;第四部分提出改造学风的具体建议,是文章的结论部分,即解决问题部分。现将全文论证结构图示表述如下:

论点(提出问题) { 为什么要改造 { 第一部分
将我们全党的学习   (分析问题)   第二部分
方法和学习制度改   第三部分
造一下   怎样改造
          (解决问题)   第四部分

　　文章不仅论证充分,结构严谨,而且运用各种修辞,如比喻、排比、对偶等,生动而又形象地增强了论证的效果。

　　形象思维亦称艺术思维。形象思维则是通过形象的方式,即主要用典型化的方式进行概括,是在观念的基础上用形象材料以个别反映一般,以生动的现象、细节反映本质,以典型形象概括现实规律的一种思维形式。形象思维具有具体性和生动性的特点,它联系具体而生动的生活来认识。形象思维抓住生活中富有特征的个别事物,紧紧抓住个性化的特征,并始终按照个性化的形式进行构思。形象思维具有丰富性、复杂性的特点。因为生活不仅是个别的、具体的、富有创造性的,而且是丰富的、复杂的。形象思维还具有情感的倾向性的特点。作者通过形象思维进行构思的时候,具有倾向性和充满了感情的色彩。在构思的过程中,作者的思想倾向决定其感情态度,其感情态度又强烈地影响其思想倾向。因此,理智与情绪同时在形象思维的过程中发生作用。

　　虽然抽象思维与形象思维所取的方式不同,但都可以认识事物的本质。抽象思维是从个别到一般,并通过一般的形式来反映普遍存在于个别事物中的规律性;形象思维虽然也是从个别到一般,但一般却始终体现在个别的形式中,并通过个别的形式来反映一般的规律性。如果说,抽象思维是概括的、推理的,那么,形象思维就是生动的、具体的,并能给读者以美感的享受。因此,形象思维无论在处理现实的感性材料上,在构思的具体过程中和构思的具体手法上都与抽象思维存在着差异。例如,形象思维要求大量地熟悉和体验生活对象,同生活对象从感情上融为一体;而抽象思维在对待现实材料上只是进行概括、分析和综合,并不从感情上融为一体。并且,形象思维为了符合审美特质,更多地追寻特殊的、偶然的、个别的本质现象。当然,在实际思维过程中,两种思维的工作,犹如左右两目一样,均不可缺。

理论寓于形象,形象寓于理论,彼此互相沟通,互相反馈,紧密关联。有时,双方都可以在某一程度上把对方结合起来,只因思维的内容不同有所偏重。杂文、纪念文正是二者的结合点。鲁迅的《纪念刘和珍君》一文,以作者心中悲愤沉郁的感情为主线,将简洁的叙事,深刻的议论,强烈的抒情熔于一炉,完美结合。以文章第四和第五两部分为例。第四部分的开头,先叙听到的噩耗,紧接着夹议,指出噩耗出人意料,然后举出以死者的尸骸为证,揭露当局者和流言家们所制造的谎言。最后作者又以极大的愤慨,抒发了自己对反动当局的愤恨和对死难烈士的悲痛。文章第五部分,开始记叙烈士们遇害的情景,用血的事实揭露"默写的谎言"。在叙述的基础上,作者又以强烈的抒情手法对"三个女子"临危不惧、互相救助、殒身不恤的英雄行为给以热烈的赞扬,对中外杀人者的凶残给以无情的揭露,抒情中又交织着议论,真可谓情理交融。即使理论色彩很浓的文章,也可以达到情理交融。《湖南农民运动考察报告》中的《"糟得很"和"好得很"》就是例子。

  农民在乡里造反,搅动了绅士的酣梦。乡里消息传到城里来,城里的绅士立刻大哗。我初到长沙时,会到各方面的人,听到许多的街谈巷议。从中层以上社会至国民党右派,无不一言以蔽之曰:"糟得很。"即使是很革命的人吧,受了那班"糟得很"派的满城风雨的议论的压迫,他闭眼一想乡村的情况,也就气馁起来,没有法子否定这"糟"字。很进步的人也只是说:"这是革命过程中应有的事,虽则是糟。"总而言之,无论什么人都无法完全否认这"糟"字。实在呢,如前所说,乃是广大的农民群众起来完成他们的历史使命,乃是乡村的民主势力起来打翻乡村的封建势力。宗法封建性的土豪劣绅,不法地主阶级,是几千年专制政治的基础,帝国主义、军阀、贪官污吏的墙脚。打翻这个封建势力,乃是国民革命的真正目标。孙中山先生致力国民革命凡四十年,所要做而没做到的事,农民在几个月内做到了。这是四十年乃至几千年来未曾成就过的奇勋。这是好得很。完全没有什么"糟",完全不是什么"糟得很"。"糟得很"明明是站在地主利益方面打击农民起来的理论,明明是地主阶级企图保存封建旧秩序,阻碍建设民主新秩序的理论,明明是反革命的理论。每个革命的同志,都不应该跟着瞎说。你若是一个确定了革命观点的人,而且是跑到乡村里去看过一遍的,你必定觉到一种从来未有的痛快。无数万成群的奴隶——农民,在那里打翻他们的吃人的仇敌。农民的举动,完全是对的,他们的举动好得很!"好得很"是农民及其他革命派的理论。

《"糟得很"和"好得很"》尽管是《湖南农民运动考察报告》中论述的一个问题,但结构完整,立意新颖而独特,可以作为独立成篇的驳论文章。从立论、论证到驳论,字里行间充满了激情和颠扑不破的真理。在表达方式上,融叙述、说明、议论、抒情于一炉。

无疑,科学技术的创造和突破要靠逻辑思维,但是,这并不排斥想像力和形象化,想像力和形象化使科学家创造奇迹。我国著名的力学家钱伟长曾经谈道:"文学修养不仅能使我们更好地对科学知识加以理解与表达,而且是我们在科学技术上有所创造和突破的不可忽视的因素。科学技术当然要靠逻辑思维,但它绝不排斥想像力与形象化。十九世纪英国物理学家廷德尔说:'对于法拉第来说,……想像力却不断作用和指导着他的全部实验'。据说,麦克斯韦善于把每个科学课题在头脑中形象化。爱因斯坦更是被人们称为'科学的艺术家',他本人说过,俄国文学家'陀思妥耶夫斯基所给我的比任何科学思想家都多,比高斯还多!'可见,轻视文史知识在培养科学技术人才中的

作用,是没有根据的。"①因此,在抽象思维中,要把理论具体化、美感化,需有形象思维的襄助,理论才能对实践发挥指导作用,达到能动地改造世界的目的。二者的关系,恰如抽象思维的玉璧网络缀以形象思维的颗颗珍珠,珠联璧合,相辅相成,共同探究事物事理的奥秘。

不论在艺术创作中,还是在理论文章的写作中,概念和议论都包含于艺术形象之中。形象来源于生活,形象所表现的议论和概念,也是来源于生活。作者在深入生活过程中,对生活的观察、认识和理解经过主体思维的活动,自然而然地成了形象的思想内容,形象思维的本身就包含着议论的成分。一般说来,在观念与形象的统一中,观念不仅要通过形象的形式来表现,而且要服从形象本身的逻辑。在文学艺术中,概念是服从于形象的,所以在塑造形象的过程中,也必须使逻辑思维服从于形象思维。在理论文章的写作中,形象是服从于概念的,所以在表述概念或论证过程中,必须使形象思维服从于逻辑思维。

理论家同文学家一样,当他们进入写作活动时,都必须使用生动的形象来思维,而不可能仅仅在抽象的概念与理论世界中枯燥无味地旋转,让纯抽象的解说和阐释充斥于理论。只有把抽象概念体现在生动而美妙的形象之中,才能显示理论思维的光辉,呈现理论色彩的魅力。以"资本"这个概念为例,《政治经济学辞典》对其内涵作了如下概括:"用于剥削雇佣工人而带来剩余价值,它体现着资本家和雇佣工人之间剥削和被剥削的生产关系。"在《资本论》第一卷中,对其内涵作了如下的描述:"资本就是从头到脚每个毛孔都渗透着血污来到世间的。"马克思运用富有感情的形象揭示了"资本"这个概念的本质特征,其概括与判断的内涵同经济学家所用抽象思维概括、判断的内

---

① 自《科技写作》,冶金工业出版社,1985 年版,第 15 页。

涵是一样的,前者从概念进行概括,后者从形象进行概括。"一尺之
棰,日取其半,万世不竭。"这个中国古代哲人的著名命题,在准确的
逻辑思维中,包含着多么生动的形象思维。足见,古今中外的政治家、
思想家,都善于取事物的神理,以数言而统万形,用形象化的说理艺
术宣扬自己的政治主张和思想观点及其学说。

马克思是理论思维的泰斗,是形象思维的大师。他具有一种能够
把人类各个不同的知识领域相互沟通起来,并融化为一体的奇妙的
本领。他的《资本论》集哲学和政治经济学之大成,具有一种类似于建
筑的美,仿佛拨动着音韵和谐、形神融合的"黄金三角洲"①,他的全集
插入文学形象、寓言故事、文学引语,运用各类比喻、比拟、借代等修
辞计有三千多处。如在《资本论》第1卷中,用莎士比亚的剧本《亨利四
世》中的女店主"快嘴桂嫂"作比喻,说明商品不像快嘴桂嫂那样"从来
不会藏头盖脸的",无论人们怎样看来看去地看商品,还是看不见、摸
不着价值。《资本论》第3卷引述了巴尔扎克《农民》中的故事,精当而
深刻地说明高利贷者如何使小农越来越陷入高利贷的蜘蛛网中。

在毛泽东的《湖南农民运动考察报告》中,各阶级人物笑谈怒骂,
绘形绘色,翻身农民在地主小姐的牙床上翻滚庆幸的细节描写,逼真
传神。它既是一篇抽象思维与形象思维珠联璧合的理论著作,也是一
篇文思生辉、妙趣横生的报告文学。

由此可见,马克思主义经典作家不仅应用语言把自己的思想感
情传达给读者,而且通过传达,使读者产生作者所希望的那种感情。
以情感人,以理服人,情理兼致,引起共鸣。这些大师,不愧是伟大的
政治家、思想家、文学家。足见理论一经群众掌握而成为一种物质力
量,不能仅仅依靠理论的价值及其真理性,还应寓哲理于形象化之

---

①指科学、艺术、哲学三大领域相互交叉的公共区域。

中,这样,难于把握的抽象哲理才容易为群众理解和接受,才能发挥启迪的作用。

二、形象性在抽象思维中的表达作用

理论著述一般应以抽象思维的逻辑关系为主要线索一贯到底,并将形象成分点缀和联结其中。从命题、论点、论据、论证到结论,都可以用形象而透彻精辟的说理艺术来表达。

文章的命题如同一个窗口,从中可以窥探全文的主旨,环视全篇的文采。理论文章的命题也是如此。

列宁的《社会民主主义的宝贝儿》这个命题,把堕落为孟什维克的斯塔罗维尔比作契诃夫作品中的"宝贝儿",运用文学作品的形象借代,栩栩如生地概括了斯塔罗维尔政治上的变节。

毛泽东的《星星之火,可以燎原》这个命题也是运用形象的借喻。"星星之火",代表第二次国内革命战争时期革命高潮快要到来的形势,"可以燎原",喻示"红军和游击队的发展成长于四围白色政权中的小块红色区域将发展到全国革命",运用形象的借喻,生动形象地把抽象的道理表述出来。

还有,报刊上的理论文章,如《人民日报》的1986年元旦献词《让愚公精神满神州》,其命题的形象性跃然纸上。命题的形象性、生动性,既能深刻地提示命题的潜在含义,又能给读者以广阔的联想。

完好的车轮所以能负重,是因为车轮中的每一根钢丝都朝向轮轴。理论文章的论点,如同车轮的轴心,理论文章的论据,如同车轮的其他部件,车轮其他部件都绕着轴转动。论据要服从论点,论据要为立论服务。毛泽东的《学习和时局》,通过犯错误或未犯错误,工作无成绩或工作有成绩,斗争历史短或斗争历史长,工农分子或知识分子,青年人看不起老年人,或老年人看不起青年人等事例,归纳它们的共同属性,综合它们的共同本质,得出一个带有普遍性的论点:"如果没有自觉性，那它们就会成为负担或包袱。"把影响思想进步的行为形象地比作"包袱"。

鲁迅的《论"费厄泼赖"应该缓行》中提出"不打落水狗是误人子弟"的论点，"落水狗"一喻，抓住了绍兴革命军都督王金发捉住杀害秋瑾的主谋而不杀掉的典型事例，一索引千钧，实是传神写照。

古代文章家的文章，立论形象化也不乏其例。"不为尧存，不为桀亡"①，用历史上一对正反人物深化"天行有常"的论点。"仓廪实而知礼节"②，引证管子言论作为论点。在理论文章中论点形象化既使论点更加鲜明，又能以情动人，启迪心灵。

理论文章的论据包括事实论据和理论论据。事实胜于雄辩，事实本身比其他材料更有说服力。《关于建设一个新世界》一文，在论述"四个现代化，需要的是真心实意、脚踏实地的实干家，需要的是勤奋努力、虚怀若谷、老老实实的好作风"这一中心论点时，作者用南郭先生吹竽的故事和中国共产党五十八年中打敌人，"搞经济"，"搞文化"等事实，从正反两方面有力地论证了文章的中心论点。胡绳的《想和做》一文，作者提出"只顾埋头做事而不动脑筋的人跟牛马一样"这一观点时，只举了拉磨的牛，永远也不想想拉磨的目的和有无更好的办法这样一个例子，这个例子足可说明盲目干事不动脑筋的人是极其愚蠢可悲的。论据形象化在理论文章中对中心论点的论证，能使全文熠熠生辉。

理论文章的论证，恰似从此岸通向彼岸的一座桥梁，是运用论据证明论点的过程，是阐明论点和论据之间的逻辑内在联系。毛泽东在《"七大"工作方针》里，运用文学形象作例证，论证"对有缺点的人，我

———————————

①《荀子·天论》。
②《汉书·食货志》。

们要团结一致"。文章说:

> 一个队伍里头,人们的思想有正确的,也有错误的,经常是不整齐的。但对犯错误的同志要有好的态度。家里是很少有开除家籍的事。阿 Q 斗争起来也算英勇。他的缺点是主观主义,宗派主义加党八股,毫无自我批评精神。人家的疮疤他要揭,他的疮疤,人家揭不得。至于教条主义和党八股,那厉害得很。长凳一定要叫长凳,不能叫条凳,叫条凳是路线错误,那样教条主义,那样党八股! 但是,写阿 Q 的作家,还是喜欢阿 Q 的,因为反革命把他枪毙了。所以对于有缺点的人,我们要团结一致。

这是抽象思维与形象思维天衣无缝的有机结合。这种形象化的论证,平易近人,亲切可感,仿佛不是在论述道理,而是在描绘一幅"以形写神"的幽默图像。

理论文章的结尾,犹如"为人看晚节"。要论如析薪,以"形"凝"神","言有尽而意无穷"。如《共产党宣言》的结尾:

> 无产者在这个革命中失去的是锁链。他们获得的将是整个世界。

作者运用借代和夸张的修辞手法,形象地概括了无产阶级历史使命,热情讴歌共产主义的美好前景,是形象化了的革命理论,是抽象思维和形象思维融合铸造的结晶。辩而不华,质而不俚。

毛泽东的《星星之火,可以燎原》的结尾,用排比句式,连博三喻,作出"中国革命高潮即将到来"的结论:

> 它是站在海岸遥望海中已经看得见桅杆尖头了的一只航船,它是立于高山之巅远看东方已见光芒四射喷薄欲出的一轮朝日,它是躁动于母腹中的快要成熟了的一个婴儿。

这一结论是一连串比喻构成的色彩斑斓的画卷,使读者从一系列形象画面中体味出蕴涵的深邃哲理。

三、形象性在抽象思维中的表达效果

借感性形象说明抽象概念。其特征,巧比妙喻,借具相似特点的形象,理随物显,达到"物以明理","事以寓情"的表达效果。毛泽东的《一个极其重要的政策》就是借用三个形象的比喻论证精兵简政的重要性:用更换衣服以适应气候的道理,说明实行精兵简政以适应抗战的新形势;用孙行者钻进铁扇公主的心脏,从而说明缩小机构才能打败敌人的道理;用小老虎吃掉大驴子作比喻,说明精兵简政以小胜大的可能性。在古人的论说文中,运用"喻正说理"的文章也是很多的。如《战国策·邹忌讽齐王纳谏》,邹忌从日常生活小事联想到齐国的有关政治大事,先用间接比喻,后用直接说理,情、理、义融会贯通,谏说齐王,达到了情动理服的表达效果。

借用具体形象,古今中外,旁征博引。其特征,就事生议,借题发挥,或引用文学形象,或讲一个故事,然后由此引申生发,阐明一个道理。如《路易·波拿巴的雾月十八日》,马克思为了揭露波拿巴的本质特征,得心应手地运用了古希腊作家阿泰纳奥斯的著作《学者们之宴会》里的情节,隐喻讥讽波拿巴:

> 波拿巴认为国民议会的势力已经彻底消灭,并且已经拟定了预备在政变后发表的宣言,这个政变是已经经过了深思熟虑,只是由于偶然的原因才又延迟下来的。尚加尔涅把这个死刑的判决告诉了秩序党的首领们。但是谁会相信臭虫咬人能致人于死命呢?议会虽然已经虚弱无力,完全瓦解,奄奄一息,但是它毕竟还不能使自己把它和十二月十日会的小丑一般的头子的决斗看做一种不同于和臭虫的决斗。然而波拿马像阿华西拉乌斯回答国王亚奇斯那样回答了秩序党:"你把我看做蚂蚁,但是总有一天我会成为狮子

的。"

毛泽东在《湖南农民运动考察报告》中,为了回答人们对农会的指责,列举了农民在农会领导下做了十四件大事。其中的第八件,是在短时间内普及政治教育于穷乡僻壤,通过讲述故事,借用具体形象引申生发:

> ……"打倒列强……"这个歌,街上小孩子固然几乎人人晓得唱了,就是乡下的小孩子也有很多晓得唱了的。

> 孙中山先生的那篇遗嘱,乡下农民也有晓得念了。他们从那篇遗嘱里取出了"自由"、"平等"、"三民主义"、"不平等条约"这些名词,颇为生硬地应用在他们的生活上。一个绅士模样的人在路上碰了一个农民,那绅士摆格不肯让路,那农民便愤然说:"土豪劣绅!晓得三民主义么?"……湘潭一个区的农民协会,为了一件事和一个乡农民协会不和,那乡农民协会的委员长便宣言:"反对农民协会的不平等条约!"

夹叙夹议,叙议结合。其特征,事在理中,理在事中。《新民主主义宪政》论述了"顽固分子"的本质特征。毛泽东运用"援古证今,援外证中"的例证法,从历史中洞察现实,从经验中引出规律,组合成抽象思维和形象思维相互配合的严密网络,使道理朗如白日。文中一面发议论:"天下的顽固分子,他们虽然今天顽固,明天也顽固,后天也顽固,但是不能永远顽固下去,到了后来,他们就要变了。"

一面又列举典型事例加以形象的论证:"比方汪精卫,他顽固了许多时候,就不能再在抗日地盘上逞顽固,只好跑到日本怀里去了。比方张国焘,他也顽固了许多时候,我们开了几次斗争会,七斗八斗他也溜了。"接着,又是议中有叙,叙中夹议:"顽固分子,实际上是顽而不固,顽到后来,就要变,变为不齿于人类的狗屎堆。"为了作出顽固派"总是以损人开始,以害己告终"的结论,又列举典型事例进行比喻推理:"张伯伦过去一心一意想的是搬起希特勒这块石头,去打苏联人民的脚。但是,从去年九月德国和英法的战争爆发的一天起,张伯伦手上的石头却打到张伯伦自己的脚上了。一直到现在,这块石头还是继续在打张伯伦哩。……袁世凯想打老百姓的脚,结果打了他自己,做了几个月的皇帝就死了。"

画龙点睛,勾勒形象。其特征,是把具体的形象融合于逻辑形式之中。理论文章要评论各种各样的社会问题和与此相关的事和人。在阐述某个观点,论证某个问题时,画龙点睛,勾勒人物形象,达到出神入化的艺术效果。马克思的《法兰西内战》,对梯也尔玩弄政治权术的反革命两面派,作了入木三分的刻画:

> 梯也尔是一个玩弄政治小骗局的专家,背信弃义和卖身变节的老手,议会党派斗争中施展细小权术、阴谋诡计和卑鄙奸诈的巨匠;他一失势就不惜鼓吹革命,而一旦大权在握则毫不踌躇地把革命浸入血泊;他只有阶级偏见而没有思想,只有虚荣心而没有良心;他的私生活和他的社会生涯同样卑鄙龌龊,——甚至在现在,当他扮演法兰西的苏拉这个角色时,还是情不自禁地用他那可笑的傲慢的态度显出他的行为的卑污。

这段文字,没有描写梯也尔的高矮肥瘦、外表衣着,但梯也尔的丑态活灵活现,他那老奸巨猾、诡计多端的反革命两面派的嘴脸,淋漓尽致地展现在读者面前。

同样,毛泽东在《中国社会各阶级的分析》中,对于中国小资产阶级中三部分人的经济地位所决定的政治态度,也作了绘声绘色的描绘:

> 自耕农和手工业主所经营的,都是小生产的经济。这个小资产阶级内的各阶层虽然同处在小资产阶级经济地位,

但有三个不同的部分。第一部分是有余钱剩米的,即用其体力或脑力劳动所得,除自给外,每年有余剩。这种人发财观念极重,对赵公元帅礼拜最勤,虽不妄想发大财,却总想爬上中产阶级地位。他们看见那些受人尊敬的小财东,往往垂着一尺长的涎水。这种人胆子小,他们怕官,也有点怕革命。……第二部分是在经济上大体上可以自给的。这一部分人比较第一部分人大不相同,他们也想发财,但是赵公元帅总不让他们发财,而且因为近年以来帝国主义、军阀、封建地主、买办大资产阶级的压迫和剥削,……他们有点骂人了,骂洋人叫"洋鬼子",骂军阀叫"抢钱司令",骂土豪劣绅叫"为富不仁"。……第三部分是生活下降的。这一部分人好些大概原先是所谓殷实人家,渐渐变得仅仅可以保住,渐渐变得生活下降了。他们每逢年终结账一次,就吃惊一次,说:"咳,又亏了!"这种人因为他们过去过着好日子,后来逐年下降,负债渐多,渐次过着凄凉的日子,"瞻念前途,不寒而栗"。

毛泽东对三种不同阶层的小资产阶级情况的论述,既分析精辟,又描绘传神。他对小资产阶级中的三个阶层,即右翼、中派、左翼各自的经济情况、政治地位、革命态度、思想活动、心态变化刻画如此逼真:小资产阶级的右翼——"他们看见那些受人尊敬的小财东,往往垂着一尺长的涎水","总想爬上中产阶级地位"。小资产阶级的中派——"他们也想发财,但是赵公元帅总不让他们发财",……他们骂"洋鬼子",骂"抢钱司令",……小资产阶级的左翼——"他们每逢年终结账一次,就吃惊一次,说:'咳,又亏了!'"

上述表述,是文中情理融合的完美统一。经典理论著作中出现这些人物刻画,其形象的感染力活跃在理论容量之中,使读者因受强烈的感染而沿着感情的脉络获得理性认识。

四、形象思维与抽象思维之间情理美的统一

从总体上说,形象思维与抽象思维之间的相互关系,在本质的把握上,在思维活动的深层次上,它们之间是抽象的神、理、美与具体的形、情、美的融合和统一。如前所说,人的思维既有抽象思维,又有形象思维,有时还爆发灵感思维。因此,理论家在组合理论概念进行推理判断时,或是文艺家在创造典型对象时,其组合形式和创造形式,可以概括为以"神"制"形",以"形"凝"神",自"形神"升华概念,以"形神"和概念的揉造递增中造成理论系统,或者从"形神"和概念揉造递增中构成形象系列。这种思维活动,是人们在创造性的劳动中认识事物和反映事物的基本规律。如果从信息这个角度加以考察,"形"是信息的外延现象,即形象的外貌、表象;"神"是信息的内涵本质,即形象的情理、性质。对理论家来说,"形"与"神"则是理论概念、学术观点、逻辑推导和思辨考证等融合一体。对文学家来说,在创作构思中,单凭感觉、知觉的"物象"是不能设计出作品的蓝图的,只有经过反复的理解,深邃的开拓,构思才能进行。俄国作家果戈里说:"我从没有用简单的复写来描绘人物,我创造人物形象是根据综合,而不是根据想像。我的综合包括事物越多,我的创作就愈真实。"①可见,理解与综合再同自觉表象运动融为一体,就产生意象。以晚唐诗人李商隐的《乐游原》一诗为例:

> 向晚意不适,驱车登古原。
> 夕阳无限好,只是近黄昏。

诗的第一句,表露了诗人的情绪,但在全诗中,情感表达最沉郁、最浓重、最直接的是后两句。"夕阳"和"黄昏"是富有形象的,但这两个艺术形象不是情感充分表现的主要依据,恰是诗人在构思中运用

---

① 季摩菲耶夫,《文学原理》,平明出版社,1955 年版,第 50 页。

了分析和综合这非形象的抽象概括。夕阳在黄昏时快要沉落,这是事物间的非感情的内在联系,具有高度的概括性。这个内在联系和概括正是情感表现的不可忽视的心理因素——抽象思维。如果不通过表象把大量的相联系的感知对象的属性进行分析和综合,进行具象,就形不成新的表象;而新的表象不注入主观情感,意象就不能形成。故在创作构思活动过程中,作者一面在感知美的形象,一面在头脑中复现出许多知识和经验的表象;一面在形象地综合着,一面又唤起许多丰富的想像。这个思维活动过程,是本质认识的归宿,是理性情感的统一。然而,理论文章中的形象与文学作品中的形象有着本质的不同。因为事物的表象总是个别的、具体的东西,其本质意义则是普遍的、抽象的东西,而艺术形象的塑造正是实现个别与普遍的结合,表象与观念的统一,或者说个别蕴涵了一般,具体显示着观念。正如马克思说政治经济学研究中得到的表现是"完整的混沌的表象",即反映一类事物共同特征的一般表象,而作家在文学作品中反映的表象,大多是关于某个人或一类人的特征的个别表象。古罗马哲学家朗克努斯说过:"诗人和演说家都用形象,但有不同的目的。诗的形象以使人惊心动魄为目的,演说的形象却是为了意思的明晰。"[1]由此我们可以得出这样的结论:理论著作中的形象性, 是从属于构成理论体系的。形象只是粗线条的"勾勒",不是文学作品的形象那样进行细腻的"塑造",也不必讲究形象的典型环境的渲染,而是根据论述的需要,对形象作单一侧面的"勾勒",使得形象本质属性符合文章的推理过程中要揭示的某一侧面,成为述发论点不可缺少的论据占其特征是"常是一鼻、一嘴、一毛,组合起来,已几乎是或一形象的全体[2]。"思维

①《论崇高》,《文艺理论译丛》,第 2 册第 40 页。
②鲁迅,《准风月谈·后记》。

过程的主体始终伴随着概念,不离开概念,运用概念进行判断、推理,运用形象是为了表述观点,为析理立论服务,诉诸人们的理智,给读者以理性启迪。文学作品中的形象性,主要使用的材料是形象,其中也运用概念,但从属于构成形象体系,为了更好地描绘情景。思维过程的主体始终伴随着形象,运用形象进行联想,其目的是为了塑造人物形象,提示人物性格特征,诉诸人们的感情,使人们振奋,从中得到教育和鼓舞。

研究写作规律与抽象思维和形象思维的相关性,实质上是探索和揭示理论著作的写作艺术,其中包括经典著作、学术论文、一般议论文章的写作。我们对理论文章写作的研究,一方面要注重逻辑判断推理的研究;另一方面也要重视抽象思维与形象思维之间相关性的研究,避免纯粹从理论到理论,从概念到概念的抽象解说和阐释。

第五章　精读博览与写作视野

一、读写是文化精神的延续

读写是心灵的呐喊,是人类的文化精神的延续。高尔基说:"书籍是人类进步的阶梯。"人类走向进步的阶梯靠读书学习。不读书,不识事,愚昧,谈何人类进步。马克思说:"书是我的奴隶。读书要活读,不能死读;活读为我所用,死读成为书的奴隶。"高尔基道出了读书的重要意义,马克思强调了读书方法的重要。

那么,读和写又是怎样一回事呢?读和写是语文学习的一体两翼,二者缺一不可。从广义上说,阅读是人们进行各种学习的主要方式;从语文学习的角度来说,阅读是提高人们思想认识,扩大知识领域,获得信息量的重要手段;从阅读和写作的关系来说,阅读是写作功力的基础,是提高写作能力的有效途径之一,写作是阅读的延续和实践。

早在延安时期,毛泽东就说过:"一个革命干部,必须能看能写,又有丰富的社会常识与自然常识，以为从事工作的基础与学习理论的基础，工作才有做好的希望，理论才有学好的希望。"这是对当时延安的干部说的，至今仍有它深远的现实意义。纵观古今，社会不断进步，科学文化不断发展，作为现代化社会的公务员，不能"看"又不能"写"，怎能适应知识经济与信息社会发展的需要。

阅读和写作的关系，素来受到历代圣贤和文章家的重视。孔子说："不学诗，无以言。"这里所说的"言"，包括文字表达。继后，扬雄在《答桓谭论赋书》中说："能读千赋，自能为言。"于是杜甫的"读书破万卷，下笔如有神"，蘅塘退士的"熟读唐诗三百首，不会吟诗也会吟"，以及"读书则胸次自高，出语皆与古人相应，一也，博识多知，文章有根据，二也。所读既多，自知得失，下笔知取舍，三也"等名言一直传于后世。司马迁以"读万卷书"著称于世。他撰写《史记》得读皇家藏书，阅览大量文书档案。从《史记》中不难窥见司马迁对天文、地理、历史、数学无不精通。班固编写《汉书》，年少赴洛阳，少年入太学，博览群书，积学储宝。司马光编写《资治通鉴》"遍阅旧史，旁采小说；简书盈积，浩如烟海。"[1]《毛泽东选集》第五卷，引用历史典故、人物事件达214处，仅《二十四史》，毛泽东阅读过三遍，有些古典文学名著熟读记心。他说："《红楼梦》不读五遍，不能谈《红楼梦》。"无疑，毛泽东的经典著作中的旁征博引，得力于读书。鲁迅写《呐喊》之前，不仅广泛阅读中国古典小说，而且阅读了"俄国、波兰以及巴尔干诸小国家的东西特别多"[2]。同样，郭沫若对我国古典文学阅读的深广也是令人叹服的，正如他所说："我在中国古书中就爱读《庄子》、《楚辞》、《史记》……[3]"巴

①《古代文章学概论》，武汉大学出版社，1983年版，第36页。

②鲁迅，《我怎样做起小说来》。

③《郭沫若文集》第13卷。

金把读《古文观止》当作"启蒙先生"。冰心初读《红楼梦》,年仅 11 岁,其文学修养在少年时代就打下了良好的基础。刘绍棠研读《静静的顿河》,为他的成名之作提供了有益的借鉴。由此可见,古今诸多名家的写作基础,大凡都得益于"读"。纵观国外伟人名家的写作得益于阅读也不乏其例。马克思撰写《资本论》的过程中,在大英图书馆阅读报刊书籍留下的脚印家喻户晓。他写作《资本论》,阅读了 1400 多种书籍,引用了数百个作者的观点。列宁写作《哲学笔记》,笔记本身充分说明,列宁阅读古典哲学著作何其之多。高尔基少年时就酷读世界名著,为他成为"苏联社会主义文学奠基人"打下坚实基础。高尔基在谈创作时自述:"列斯科夫的惊人知识和丰富的语言,无疑曾影响了我,一般说来,这是一个杰出的作家和精通俄国生活的专家,这个作家对我国文学功绩还未得到应有的评价。"①

阅读是借鉴历史文化传统。恩格斯说得好:"每一个时代的哲学作为分工的一个特定的领域,却有由它的先驱者传给它,而它便由此出发的特定思想资料作为前提。"②人们知道,马克思主义学说来源于德国古典哲学,英国古典政治经济学和英国法国空想社会主义,马克思和恩格斯在创立马克思主义学说过程中,大量阅读研究、批判继承德国古典哲学,英国古典政治经济学和英国法国空想社会主义,这些"特定思想资料"。文学创作、文章写作,也不能没有对古典文学传统遗产的批判继承。每个时代的每个民族,他们进行形象思维和理论思维,或者进行理论研究和实践活动,必然要从已有的文化中继承和借鉴,从而实现"创造自我"。我国最早的神话和传说,充满奇情异彩,它是浪漫主义的源头,对后世的怪志和传奇有着深远的影响。中国诗歌

---

①《外国名作家创作经验谈》,浙江人民出版社,1981 版,第 329 页。

②《马克思恩格斯选集》第四卷,《致康·施米特》。

的发展经历了"以乐从诗"、"采诗入乐"和"倚声填词"的三个阶段,后来的词和散曲都是沿着"倚声填词"的途径发展过来的。在我国散文发展的历史长河中,唐宋散文直承秦汉散文传统。明清的小品文吸取了唐代游记散文的精华,具有独特的艺术魅力。小说的产生大约在秦汉以前,在《山海经》和《穆天子传》这些神话传说里,夹杂着不少寓言故事,这是小说的萌芽。经过汉魏六朝的发展,到唐代发育成形,才在明清出现了《三国演义》、《水浒传》、《西游记》、《聊斋志异》、《儒林外史》、《红楼梦》等艺术珍品。所有这些古代文化活动和文学创作,无一不是以前辈所创造的优秀文化遗产作为自己创作的起点和基础。继承和借鉴民族文化,包括的内容是多方面的,不只局限于政治方面。既有认识历史方面的继承和借鉴,又有认识真理和思想方面的继承和借鉴;既有审美意识方面的继承和借鉴,又有道德、情操和其他精神方面的继承和借鉴。恩格斯从《荷马史诗》中看到了"野蛮时代高级的全盛时期",列宁称托尔斯泰的作品是"俄国革命的镜子",毛泽东从许多古典名著中引为例证阐述论著中的观点。所有这些都是继承和借鉴。如果没有历代先辈的文章或作品给后辈提供"特定思想资料"作为前提或借鉴,那么,中华民族的语言文学传统和语言文学现象所作的科学研究就无所凭借了。因此,阅读对写作来说,它能提供间接的生活实践经验。通过阅读占有更多资料,丰富知识,拓宽视野,立足于深厚的文化基石,面对客观现实,全面而正确地认识、理解和反映生活。

从阅读和写作的内在联系来说,阅读是吸收,是信息输入;写作是倾吐,是信息输出。阅读是写作的基础,写作是阅读过程的实践,这一观点,是中外古今文论家的共识。宋代陈善有一段精要的论述。他说:"读书须知出入法。始当求所以入,终当求所以出。见得亲切,此是入书法;用得透脱,此是出书法。盖不能入得书,则不知古人用心处;

不知出得书，则又死在言下，惟知出知入，得尽读书之法也。"①"见得亲切"是"入"，"入"是为了"出"，才是得尽读书之法。在这里，陈善对阅读和写作的相互关系阐述得明明白白。著名教育家叶圣陶对阅读与写作之间的关系说得更生动，更透彻。他说："阅读是怎么一回事呢？是吸收，好像每天吃饭吸收营养一样，阅读就是吸收精神养料。写作是怎么回事？是表达，把脑子里的东西拿出来，让人家知道，或者用嘴说，或者用笔写。阅读和写作，吸收和表达，一个是进，从外到内，一个是出，从内到外，这两件事无论做什么工作都是经常需要的，这两件事没有学好，不仅影响个人，还会影响社会，说学习语文很重要，原因就在这里。"著名美学家朱先潜说："读书的功用在储知蓄理，扩充眼界，改变气质，读的范围愈广，知识愈丰富，审辨愈精当，胸襟也愈恢廓。在近代，一个文人不但要博习本国的古典，还要涉猎近代各种学问，否则见解难免偏颇。"②足见，阅读和写作是相辅相成的。通过读学习范文，理解范文思想内容，掌握范文构思谋篇思路，体会范文语言特点，领会范文表现方法。通过写，把自己的思想感情、生活体验、读书感受、学习心得、基本观点用文字表达出来，进行交流。如果只读不写，没有实践，眼高手低，读书再多，只不过是一个封闭起来的"仓库"；只写不读，孤陋寡闻，知识浅薄，写得再多，只不过是一个闭塞眼睛"捉麻雀"的脚夫，不可能写出好文章。"文章应该怎样做，我说不出来，因为自己的作文，是由于多看和练习，此外并无心得和方法。"鲁迅所说的"多看和练习"，强调的也是广泛阅读，坚持以恒练习，这是从事写作的基本规律。因此，阅读对写作而言，一方面从阅读中汲取

---

①《写作通论》，北京出版社，1984年版，第24页。

②《朱光潜美学文学论文选集》，湖南人民出版社，1980年版，第260页。

广博知识,索取知识信息和文化养料,运用知识信息,发现捕捉新知识、新信息。另一方面,从阅读中提供间接的生活实践经验和丰富的历史资料,从中打开思路,增长见识,扩大眼界,使作者站在历史和现实的高度观察生活,理解生活,把握生活,激发出写作灵感。总之,古今中外诸多名家,无论是写作、创作,所走过的都是一面博览群书,精读经典著作,一面是多写勤练,不断实践的道路。只有这样两翼齐飞,久而久之,才能终成一家之言,写出传世之作。

二、精读博览能拓展写作视野

　　拓展写作视野,既要深入生活,观察体验,又要经常不断精读博览。只有平时注重精读博览,日积月累,写作时才能厚积薄发。古今中外名人读书之法值得借鉴。东汉末年的董遇,善于抓"三余"时间读书,即"冬者岁之余,夜者日之余,阴雨者时之余。""冬"、"夜"、"阴雨"之"三余"往往被一般人所忽视。宋人朱熹认为读书要"三到":心到、眼到、口到。实践证明,这种传统的读书方法是行之有效的。清末两广总督张之洞,读书时主张"三贵":贵博、贵精、贵通。这"三贵"总结了读书方法之精要。欧阳修谓为文有"三多":多看、多做、多商量。这实实在在是写作经验之谈。鲁迅读书方法有"三性":目的性、灵活性、广泛性。鲁迅从另一个视角总结了读书之法。徐特立读书有"三法":即日积月累法,古今中外法,借书摘抄法。这"三法",一法告诉人们要"积累"知识,二法告诉人们要"博广"知识,三法告诉人们"眼看十遍不如手过一遍"的道理。上述古人今人的读书之法,无论是董遇的"三余"、朱熹的"三到"、张之洞的"三贵"、欧阳修的"三多",还是鲁迅的"三性"、徐特立的"三法",都从他们读写的体验中,从各个不同的侧面总结了宝贵的经验。总结读书方法,不仅我国的古人今人如此,外国名人也是如此。戏剧家萧伯纳把学者分为"三类":最不好的是读者,较好的是思索者,最好的是观察者。英国化学家戴布劳克利,把他的学习经验概括为"三大原则",即广见闻、多阅读、勤实验。法国文学家卢梭把读书分为"三个步骤":即储存、比较、批判。马克思治学的三个秘诀:博、记、读。博就是博览群书;记就是用各种各样的方法加强记忆;读就是阅读背诵。

当然,当今时代已进入经济时代、信息社会,时代不同了,社会变革了,阅读范围同前人比较宽广得多了。文理相互渗透,边缘学科、交叉学科层出不穷,科学技术迅猛发展,知识经济时代要求人们提高全面素质,逐渐由专才走向通才,造就"一专多能"的复合型人才,不能用大量的时间读经、读史、读文,达到"读书破万卷"的境界。因此,精读博览,这是古今学者共同从读书的经验中总结出来的基本方法,是拓展写作视野的力量源泉。精读,是对一部作品或一篇文章从内容到形式、从语言到篇章、从手法到体裁、从样式到风格要读懂,读透,即古人说的能"求甚解"达到心领神会的程度。对此,叶圣陶在《国文教学》中有两段精彩的论述:

> 阅读方法不仅是机械地解释字义、记诵文句,研究文法修辞的法则,最要紧的还在于多比较、多归纳、多揣摩、多体会,一字一语都不轻轻放过,务必发现它的特性。惟有这样阅读,才能发掘书文的蕴蓄,没有一点含糊。也惟有这样阅读,才能够养成用字选语的好习惯,下笔不至有误失。阅读方法又因阅读材料的差异而不同。就分量说,单篇与整部的书应当有异。单篇宜作精细的剖析,整部的书却在得其大概。就文体说,记叙文与论说文也不一样,记叙文在看他的支配描绘的手段,论说文却在阐明作者推论的途径。同是记叙文,一篇属于文艺的小说与一篇普通的记叙文又该用不同的眼光,小说是常常需要辨认那文字以外的意味的。就文字种类说,文言与白话也不宜用同一态度对待。文言——尤

其是秦汉以前的——最先应注意那些虚字，必须体会他们所表示的关系与所传的神情,用今语来比较印证。才会透彻地了解。多方面地讲求阅读方法也就是多方面地养成写作习惯。习惯渐渐养成,技术拙劣与思路不清的毛病自然渐渐减少,以至于没有。所以阅读与写作是一贯的,阅读程度提高了,写作程度没有不提高的。

(《国文教学的两个基本观念》)

叶圣陶在《国文教学的两个基本观念》中论述阅读的方法表明两个重要观点:一是"最要紧的还在于多比较、多归纳、多揣摩、所体会,一字一语都不轻轻放过,务必发现它的特性。"只有"四多"做到了,才能"发现"书文中的"特性"。二是要从不同的角度、不同"阅读材料的差异"中"多方面讲求阅读方法",只要"阅读得其法","写作程度没有不提高的"。叶老并对"要求甚解",读懂"言下之意"和"言外之意"有其独见。他说:"应当分条缕析的,能够条分缕析;应当综观大意的,能够综观大意;意在言外的,能够辨得出他的言外之意;义有疏漏的,能够指得出他的疏漏之外。"①尤其是对于经典名篇,一遍读不懂,两遍三遍地读,"读书百遍,其义自见",自有道理。遇到文中优美的词句,形象逼真的细节,精辟的论点,典型的论据,富有哲理的警句,或写卡片,或作摘要笔记,或写读后感,待到思考成熟时,可写成评论、写成文章。

精读不仅有范围、有方法,而且还要有目的。其目的是博采众家,取其所长,为我所用。要达到"为我所用",得于精读之法。怎样精读才能得法,可取之法可从三个方面加以研究。

---

①叶圣陶,《国文教学·论国文精神指导》。

首先,熟读深思,会质疑。熟读是咏叹之法,深思是揣摩之法,质疑是创新之法。这些都传统有之。历来功成名就的学者,包括诗人、作家,他们除了博览群书,便是在熟读上下功夫。熟读,自然就会有了语感、美感;背诵,自然就有了实感。语感、美感、实感是难得的境界。"三曹"作家中的曹植,从小诵诗读赋,熟读背诵,能出口成章,七步诗之典,足以说明曹植诵诗赋烂熟于心,出神入化。熟读才能深思。善于思索,勤于思考,才能"贯串之",才能"发明之"。读和想、想和思紧密结合,相互贯通,这是思维活动的基本规律。孔子说:"学而不思则罔,思而不学则殆。"苏轼说:"旧书不厌百回读,熟读深思于自知。"朱熹也说:"读书之法,在循序而进,熟读而深思……先须熟读,使其意皆若出于吾之心,然后可以得尔。"清代学者陈澧说得更精辟:"自始至末读之、思之、整理之、贯串之、发明之,不得已而后辩难之,万不得已而后排击之,唯求有益于身,有用于世,有功于古人,有裨于后人。"[①]精读到这种地步,就读得烂熟于心,真正心领神会了。一般来说,凡是阐明书文主旨的中心句子或语段,蕴意深邃、意在言外的句子,妙语连珠、格言警句,富有创造性的句子,都需要研读,深思揣摩,领会其丰富内涵,找到突破性的见解。例如,读毛泽东的《新民主主义论》须熟读深思,用心琢磨。以文中的一个关键句群为例:"真理只有一个,而究竟谁发现了真理,不依靠主观的夸张,而依靠客观的实践。只有千百万人民的革命实践,才是检验真理的尺度。"在这个句群里,作者概括地完整地严密地阐述了马克思主义认识论和实践论的基本原理。真理的发现,"不依靠主观的夸张,而依靠客观的实践",十分确切地阐明了真理的客观性,"只有千百万人民的革命实践,才是检验真理的尺度"。运用一个偏正复句精当地申述了实践是检验真理的标准。

---

①《东塾集·与王峻之书》。

为了加深理解,真正读懂、读深、读透毛泽东的这个马克思主义认识论和实践论的基本原理,在研读深思的过程中提出质疑。其一,为什么说真理只有一个?其二,如何正确理解真理的客观性?其三,为什么人的思维的真理性是一个实践问题?其四,为什么检验真理的标准只能是实践?其五,有的作者只用"实践"一词,有的作者用"社会实践",而在上述偏正复句里,还在"革命实践"前加上"千百万人民"这个定语,这种说法与"实践是检验真理的唯一标准有什么差异?如果上述质疑弄清楚了,不但提高了思想认识和理论水准,而且对打开写作视野大有裨益。

读经典性的理论著作要熟读深思,要会质疑,读文学作品同样要熟读深思,从质疑中发掘深层次的意蕴。例如,读奥斯特洛夫斯基的《钢铁是怎样炼成的》这部优秀名著,在作品的第三章中写了一段关于人生意义的名言:"人最宝贵的东西是生命。这生命,人只能得到一次。人的一生应当这样度过:当回忆往事的时候,他不至于因为虚度年华而痛悔,也不至于因为过去的碌碌无为而羞愧;在临死的时候,他能够说:'我的整个生命和全部精力,都已经献给世界上最壮丽的事业——为人类的解放而斗争。'"保尔·柯察金在同志们的公墓前,"缓缓地摘下了帽子"之后,"悲愤,极度的悲愤充满了他的心。"然后,"怀着这样的思想离开了他的同志们的公墓"。这段闪烁人生光辉意义的名言,高度而又集中地涵盖了保尔精神的人生观、价值观。这种"钢铁的保尔精神"之所以鼓舞和教育了一代又一代青年是因为这段人生意义的名言充满着哲理性的美学意蕴。同时,阅读文学作品在"精"字下功夫,既要发掘言下之意,又要发掘言外之意,更要化意为象。例如,"春花"和"秋月"词语的含意在语内,凭借直觉自然领会,是言下之意,是对语义的内向联想;与此同时放在特定的语境里,就具有言外之意,其联想则是外向型的。李煜的《虞美人》中的"春花秋月何时了"的"春花""秋月",

其言外之意化为言外之象:春有花,秋有月,良辰美景,美好季节,富有生活意义;紧接"何时了",实在是无时可了,永无了时。本来,春花秋月年年有,经诗人一指点,字里行间透露出宇宙美好事物的无穷无尽,具有永恒意义的深刻哲理。这种化意为象,在李璟的《摊破浣溪》中也有出色的例子:"青鸟下传去外信,丁香空结雨中愁。"丁香的花蕾,脉脉含愁,忧思郁结不开花的形象多么富有韵致!这种由言下之意到言外之意,再由意升华到言外之象,实是语言思维中的抽象概念与具体意象相融合的典范。会读书就会质疑。质疑是发掘,质疑是探索。学源于疑,有疑才有思考,有疑才有探索,有疑才有创新。

其次,比较鉴别,取其精华。有比较才有鉴别,有鉴别才能去粗取精,去伪存真。随着现代科学的发展,知识的更新,各类学科呈现出交叉、综合、相互渗透的现象。比较哲学、比较美学、比较文学、比较史学、比较法学、比较教育学、比较宗教学,纷纷推向学科领域。运用比较方法研究这些学科发展的新特点,已成为当今世界的新潮流。人们认识文学现象,新闻记者鉴赏文学作品,运用比较方法古已有之。曹丕在《典论·论文》中品评王粲和徐幹这两位作家的长短用的是比较方法:"王粲长于辞赋,徐幹时有齐气,然粲之匹也。"苏洵评论孟子、韩愈和欧阳修散文的不同风格,也是运用比较的方法:"孟子之文,语约而意尽,不为巉斩绝之言,而锋不可犯。韩子之文如长江大河,浑浩流转,鱼鼋蛟龙,万怪惶惑,而抑遏蔽掩,不使之露,而人望其渊然之光,苍然之色,亦自畏避,不敢迫视。执事(欧阳修)之文,纡余委备,往复百折,……无艰难劳苦之态。此三者,断然自为一家之文也。"[1]读李白、杜甫的诗,也是从比较中显示出这两位诗人各具的独特风格。作为诗仙的李白,"狂风吹我心,西挂咸阳树",想像奇特;"燕山雪花大

①苏洵,《上欧阳内翰第一书》。

如席",夸张超常;"我欲因之梦吴越,一夜飞渡镜湖月",虚拟不凡;"黄河之水天上来,奔流到海不复回",气势喷溢,风格豪放,故称浪漫主义诗人。作为诗圣的杜甫,"车辚辚,马萧萧,行人弓箭各在腰",形象逼真;"朱门酒肉臭,路有冻死骨",对比鲜明:"窗含西岭千秋雪,门泊东吴万里船",对仗严谨;"无边落木萧萧下,不尽长江滚滚来",跌宕顿挫,风格沉郁,故称现实主义诗人。

又以建安文学为例。建安文学以"三曹"、孔融、王粲、刘桢等人为代表。他们生活在军阀混战、世积乱离、风俗衰败的年代,刘勰把建安文学的时代特征概括为"志深而笔长";"梗概而多气",这是建安文学"七君子"的作品中共同表现出来的时代风格。除了他们共同风格之外,还有他们各自的风格,这些各自的风格可从他们的作品内容形式、语言特色等方面进行比较。从比较中发现,曹操文风苍凉悲壮,曹丕文风婉约纤弱,曹植文风豪迈忧愤,孔融文风体气高妙,王粲文风深沉秀丽,刘桢文风贞骨凌霜。通过作家与作家,作品与作品的比较,从中汲取文学营养,"古为今用"。阅读外国作品同样也可以选用比较的方法。通过比较研读,择取外国文学的养料,结合民族文化传统,融合本国文化,取其精华,弃其糟粕,悟出新的内容和形式,"洋为中用",为我所用,走出自己的写作道路。比较读书方法的好处,可以去伪存真。鲁迅曾用"真金"和"硫化铜"作比喻。告诫人们:如果不识硫化铜,会误以为是真金;如果识得真金,就识得了硫化铜。经过比较鉴别,几经筛选,是非真伪分明,有取有舍。

第三,从阅读中提炼纲要性的信号。用字词、数字、线条或其他符号组成各种图、表、公式或句子,提纲挈领地将文章主要内容提取出来,便于收集积累和使用。其方法归纳为四种类型:

线索型。按照文章中的逻辑线索,用线条和箭头串联起来,提取关键词作表述。如下图《西门豹》一文用线索型表示人物间的关系:

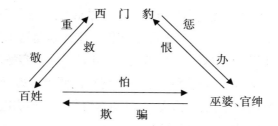

从《西门豹》关键词语西门豹、百姓、巫婆、官绅之间的关系线索中,勾勒出全文人物关键的轮廓。表述清楚,一目了然。

简图型。以简笔画的形式,把要提示的内容表述出来,形象、直观,给人印象深刻,便于理解、记忆。下图表述文章形成的四要素:

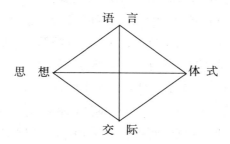

数字型。运用数字或算式的形式,把文章主要内容进行归纳概括,起到提纲挈领的作用。以《淝水之战》纲要信号为例:

前 秦 ——— 东 晋

多 383 少

上述纲要信号表述的问题是:中心数字"383"表述淝水之战的年代,上下线两端表示作战双方的名称和这次战役"以少胜多"的特点。"383"还可用来启发联想,概括其主要内容。第一个"3"可记住关系本次战役成败的三个主要人物:前秦苻坚,东晋谢安,前秦错用内奸朱序。中间的"8"字可用来了解两军兵力状况,前秦 80 万,东晋 8 万;还可由谐音联想到"八公山",由此又联想到"草木皆兵"和"风声鹤唳"两个成语。

后一个"3"字,可概括出前秦失败的三个主要原因:一是苻坚骄傲轻敌;二是将领们意见不一;三是错用内奸朱序。[①]当然,这是运用纲要信号的典型例子,运用数字型这种方法,要看书文中的具体内容是否适用。

提纲型。练习编写阅读提纲,不仅能提高阅读能力,而且对提高写作能力颇有益处。阅读一篇文章,总要理清文章结构层次,分出段落大意,归纳主题思想,这是指导阅读的一般过程。例如,读鲁迅的《一件小事》,可以列出下述阅读提纲:文章开头两个自然段,写一件使"我"印象很深、富有教育意义的小事。下文主要部分记叙一件小事的经过,颂扬车夫为他人着想、不计个人得失的崇高品德,辅之批判"我"的自私。这一部分有两个层次,第一层次,交代事情发生的时间、地点和情况;第二个层次,写事情发生后,车夫和"我"表现出两种不同的态度,车夫富于阶级同情心,勇于负责,"我"却时时想到自己,然后通过与车夫的对比,"我"受到深刻教育。最后部分的结尾,与开头呼应,突出一件小事的重大意义,实质上是文章的主题思想——只有向劳动人民学习才能增长勇气和希望。运用提纲的形式把文章的主要内容提炼出来,掌握要点,加深理解,既培养了阅读能力,又锻炼了写作能力。

第四,从阅读中引发感情的共鸣。文章既是客观事物的反映,也是心灵的产物通过阅读,读者和作者的心灵产生共鸣,乐其所乐,悲其所悲,爱其所爱,憎其所憎,这才是读懂了一篇文章或一部作品。精读时,要身临其境,全心投入。先是受到书文内容的感染获得感受,在感受的基础上,再以自己深厚的感情与文中的人物、景物、事件、故事进行交融。从写景抒情的散文中感受令人赏心悦目的自然美;从塑造各种英雄人物的作品中感受催人奋发向上的社会美;从表现繁杂的生活矛盾斗争的故事中感受深沉壮丽的悲剧美;从揭示事物的哲理

---

①《中国青年报》,1998 年 2 月 13 日,第 3 版,《运用"纲要信号!"教学二例》。

中感受逻辑力量的真善美,从而激发出对美好事物的热爱和崇敬,对邪恶势力的鄙视和憎恶,进而激发出写作热忱。

第五,读书要与现实生活相结合。既读书本之书,又读生活之书,读活书,不读死书。同样,学习既学又习,光学不习者,学而不网,只习不学者,所知寥寥;学而时习者,乃是治学正道。李贽诗云:"年年岁岁笑书奴,生世无端同处女。世上何人不读书,书奴却以读书死。"这当然是读书的悲剧。

鲁迅一贯提倡读书"必须和社会接触,使读的书活起来","用自己的眼睛去读世间这一部活书"。读书和生活同写作和生活一样,都有一个社会实践问题。黑格尔说:"同一句格言,从年轻人的口中说出来时,总是没有那种在饱经风霜的成年人的智慧中所具有的意义和广袤性。"接触实际生活,有助于理解书本知识;深入实际生活,有助于文章的写作、作品的创作。李时珍编写的《本草纲目》,在研读过800种医药书籍和资料的基础上通过实地考察、取精去伪之后完成的。他阅读书籍和资料的过程中,发现其中的许多谬误,于是决心实地考察,先后赴湖北、河南、安徽、江苏、江西等地,历经艰辛,将实地考察得来的第一手资料同"旧本草"对照,对其中的内容反复作了修正和补充。又如,马克思、恩格斯根据他们所处的历史时代的条件,预见社会主义社会革命只能在发达的资本主义国家同时取得胜利,不可能在一个国家内取得胜利。列宁在研读马克思主义理论的同时,投身于无产阶级革命实践,缜密地考察了帝国主义的经济、政治和文化,探索资本主义发展的历史阶段及其基本规律,正确地找到了"无产阶级革命可能在一个国家里首先取得胜利"的理论依据,苏联社会主义十月革命的胜利,证实了列宁这一理论,从而丰富和发展了马克思主义关于国家学说的理论。歌德说:"理论是灰色的,而生活之树常青。"从"生活之书"发展"书本之书"这个意义上,歌德的话是正确的。

博览，是建构知识大厦的基石。纵观历史，凡是颇有建树的学者，几乎都是博学之才。如"专功数术，搜炼古今"的祖冲之；"读书破万卷，下笔如有神"的杜甫；"少好学问，自五经以外，五氏之书未有闻不求，得而不观者"的韩愈；"自百家诸子之书"，"诸子说，无所不读"的王安石；"几乎能阅读欧洲一切国家文学作品，能用英文和法文写作"的马克思；在历史、文学、考古，以及甲骨文等领域取得巨大成就的郭沫若，都是广才博学之士。

现代科学技术的发展，已进入"通才取胜"的时代，需要的人才，既要知识面广博，基础扎实，又要精通一两门专业。古人云："水深则所载者重，土厚则所植者藩。"盆水无以行舟，寸土不能植树。如果学理工的只学理工，学文史的只学文史，这种治学方法就好像小孩搭积木，不可能达到埃及金字塔那样的高度。鲁迅对由博到精有精湛的见解，他说："必须如蜜蜂一样，采过许多花，这才能酿出蜜来，倘若只叮在一处，所得就非常有限，枯燥了。"又说："爱看书的青年，大可以看看本份以外的书……即使和本业毫不相干，也要浏览。譬如说学理科的，偏偏看文学书，学文学的，偏偏看看科学书，看看别人在那里研究的，究竟是怎么一回事。这样子，对于别人、别事，可以有更深的了解。"这是学者治学求博求精的基本途径，也是作家、记者、理论家从事写作拓宽视野的必由之路。只有触类旁通，博收兼蓄，才能有所发现，有所创新。

博与精是知识大厦纵横交错的大部件。博是精的基础，精是治学的方向。只博不精，就会变成"万金油"，只精不博，就会变成学寡识窄。因此，"博是弓，专是箭；只博不专，弓便无用；只专不博，箭飞不远；既博又专，才能弓响箭飞，准确中的"[1]。广博与专精有机结合，是治学的普遍规律。

---

[1] 张之，《读书的艺术》，上海人民出版社，1982 年版。

本体论

第六章　文章构成与写作内容

　　文章的思想内容包括被选入文章中能表现主题的材料和表现全篇中心思想或主导情感的主题；文章的内容是指通过一定的表现形式反映客观事物所显示的思想意义。文章虽然是客观事物的反映，即使准确无误地真实反映，仍然是主观认识的客观。其中渗透着反映主体的思想、情感倾向，融进了主体的感受、理解和评价诸多因素。因此，文章的思想内容绝非纯客观事物的反映，而是主客体交融的产物，是主观与客观的统一体。

　　正确理解文章的思想内容，首先要明确文章反映对象的整体性与具体文章内容的局部性关系。文章表现对象的整体性特征，并不意味着要求一篇具体的文章去表现生活的整体，只是对整体社会生活的局部反映，即叙述一桩事情，或描绘一类事物，或阐明一个道理，或表述一种观点，等等。因此，文章的思想内容，既是作者选择、加工素材转化成材料，即题材，直接或间接显示文章思想深厚的内涵，又是作者美感活动经过表现手法的外化记载，也是一种由审美对象激发的情感与理智相交融的思维过程，具有一定的审美效应。

一、材料是文章的血肉

　　材料是构成文章内容的要素之一。是作者从生活中搜集、摄取并写入文章或作品的事实和道理。形象的说法，材料是文章的血肉。材料有素材和题材之分。

（一）素材与题材

素材是指作者以各种不同的方式搜集、积聚的各种原始形态的生活现象。这些无限丰富的生活现象，或是作者在生活实践中亲自经历各种人际关系和矛盾冲突留在头脑中的印象，或是作者在复杂的社会关系中间接地了解到丰富多样的人间趣闻和生活课题，把它搜集起来，尚未经过提炼加工。题材是指作者经过长期积累的丰富素材中选择提炼出来的写入文章中的材料。题材与素材有着紧密的内在联系，题材是对素材进行了改造、加工的必然成果，相对地表现着文章特定的思想内容和情感倾向。二者的关系是题材来源于素材。由素材到题材，须经历三个过程的变化。一是由零散、局部、互不相关的生活现象，整合为统一有机的生活整体。素材是从不同时间、空间获得而互不相干地堆积在作者记忆库中的零零碎碎的材料。题材是从深层内在关系的表象、感受中经过选择、加工，整合成为互为贯通的生活整体，具有一定审美意义的材料。二是从由浅入深、去粗取精的直感中，凝聚为深层独特的思维成果，或是强烈的情感，或是明确的观念。素材仅仅是作者感知的各种表象，尚未经过理性思辨，只是刹那间粗浅的感受；题材是审美感受积聚升华的产物，是体现作者深层思维成果和情感倾向的生活材料。三是由原始素材的生动性中转化为作者创造性本质力量的表现文章内容和思想材料，即是具有审美价值的文章题材。因此，材料的选择，对一篇文章或作品反映生活的容量、思想意义有着一定的影响。从这个意义上说，具有高度思想意义的文章或作品与题材本身的特性是有一定联系的。当然，题材的价值如何，还取决于作者对题材驾驭的能力和水平。同样的题材，选择的角度不同，取舍意向不同，表现出来的主题也就不同。夏衍说："同样的题材可以写成各种不同的作品，也可以表现不同的主题。这也是常常被混淆不清的问题之一。事实上,同一题材,可以写成表现各种不同主题的作品,相同主题,也可以用各种不同的题材来表现。"①如欧阳修的《秋声赋》与峻青的《秋色赋》,同是写"秋",《秋声赋》的格调是"悲秋";《秋色赋》的格调是"喜秋"。即使是同一作者写同一题材,其作品审美价值和主题表现也是各异。如毛泽东的诗词写"雪"的题材就有七首,在不同时代、不同环境、不同对象、不同情感的氛围中,表现出各自的主题。

客观现实生活是无限丰富的。无论是文章的题材还是文学作品的题材应该多样化。人们需要多方面地受到知识、文化和思想道德的教益以及艺术陶冶,而各个不同的生活领域和社会阶层的人们又都多有不同的阅读要求和欣赏趣味。既可以反映巨大社会历史影响的重大事件,又可以表现祖国大地的锦绣山河;既可直接提出和回答人们普遍关注的尖锐社会问题,又可揭示社会某个侧面的丑恶现象;既可直接显示人与人的联系、矛盾、冲突和斗争的社会生活,又可间接描述人类生活同有关自然和社会的客观关系。鲁迅曾经对题材多样化的论述,至今对我们仍有启迪。他曾在回给罗清桢的信中说:"先生何不取汕头的风景,动植,风俗等等,作为题材试试呢。地方色彩,也能增加画的美和力,自己生长其地,看惯了,或者不觉得什么,但在别的地方人,看起来是觉得非常开拓眼界,增加知识的。例如'杨挑'这多角的果物,我偶从上海店里觅得,给北方人看,他们就见所未见,好像看见了火星上的果子。而且风俗图画,还于学术上也有益处的。"②

简言之,题材有价值,价值有大小;题材对文章或作品的价值有一定的作用,但不是决定因素。因为构成题材价值的因素,除了客观的本质属性以外,还包含作者主观的开掘、提炼的再创造。

---

①夏衍,《题材·主题》,《文艺报》,1961年第7期。
②《鲁迅全集》第十卷,人民文学出版社,1981年版,第308页。

（二）材料的占有与材料的来源

形成文章的观点靠材料，表现文章的观点也靠材料。写作不占有材料就等于无米之炊，写作不解决材料来源就好比无源之水。

只有占有大量的材料，经过作者的加工制作才能形成思想，才能表现观点（主题）。早在五十多年前，毛泽东在《改造我们的学习》中说过："不凭主观想像，不凭一时的热情，不凭死的书本，而凭客观存在的事实，详细地占有材料，在马克思列宁主义一般原理的指导下，从这些材料中引出正确的结论。这种结论，不是甲乙丙丁的现象罗列，也不是夸夸其谈的滥调文章，而是科学的结论。"①所以，动笔写作首先要占有丰富的材料。

《末代皇帝立嗣纪实》的作者贾英华，出版了《末代皇帝的后半生》之后，于1993年3月出版了《末代太监秘闻》。他计划以十位人物为描写对象，从不同的视角出发，描写晚清宫廷人生的命运。在这里，读者不禁会问：作者贾英华不是年迈花甲的学者，而是三十出头的青年学者，这些著作的材料从何而来？据有关的文章介绍：贾英华儿时认识一位老太监并与之结为忘年交，从而得以闻知某些宫廷秘事。由此引发了他对晚清宫廷史的兴趣。以后在工作中又与爱新觉罗家族的一位年轻成员成为朋友，对他了解晚清宫廷提供了许多便利条件。由于贾英华的真诚以及对历史和被采访人的负责，使得当事人和了解内情的人，也都十分愿意倾其所知而为他提供丰富的、具有价值的第一手资料。

占有材料，既要占有具体材料，又要占有概括材料。所谓具体材料指的是点上的材料，即是具有典型性、代表性的材料；所谓概括材料是指面上的材料，即是具有普遍意义的材料。具体材料能表现事物的深度和具体细节，概括材料能表现事物的广度和概况。这两个方面

---

①《毛泽东选集》第三卷，人民出版社，1991年版，第801页。

的材料都充分占有了,才能够全面完整地反映出事物的全貌。

占有材料,既要占有正面的材料,又要占有反面的材料。所谓正面材料是指表现真、善、美的材料,即是反映新人新事和美好生活的材料;所谓反面材料是指表现假、恶、丑的材料,即是揭露坏人坏事的丑恶现象的材料。正面材料是主导,是表现改革开放这一新时代的主流;反面材料是陪衬,也要注意发挥"反面教员"的作用。正面与反面,正确与错误,光明与黑暗,主流与支流都是相比较而存在,相矛盾而发展。因此,正反两个方面的材料都要搜集、积累、储存。

占有材料,既要占有直接材料,又要占有间接材料。所谓直接材料一般是指第一手材料,或是亲身经历过的材料;所谓间接材料是指第二手或第三手材料。直接材料一般可靠,比较准确,能真实地反映客观事物,间接材料经过筛选,将那些与文章内容某些相似或相通的材料作为表现主题的旁证,增强文章的说服力。经过选择,直接和间接的材料只要写进文章里,都是为主题服务的材料。

占有材料,既要占有现实的材料,又要占有历史的材料。所谓现实材料是指客观现实生活中的材料,所谓历史材料是指历史上已有的事例、典故方面的材料。现实是历史的继续,现实和历史不可分割。现实材料和历史材料相互照应,引古论今,或叙说一个历史故事,或阐明一个道理,往往能够达到以情动人,或以理服人的目的。

总之,占有材料,如同蜜蜂采花一样,既要孜孜不倦地辛勤采摘,又要孜孜不倦地辛勤酿造。

那么,怎样才能获得材料、占有材料?一是要长期地观察生活,体验生活,不断积蓄材料。感性材料的获得,往往是通过对生活的认识,对事物的观察,从中发现问题,找出规律,然后才能进入写作。在认识生活、观察事物过程中,既要对事物的全貌、发展过程,各个局部,以及事物之间的关系进行全面的观察,又要对事物现象和本质、历史和现状、成因和结果进行认真细致的分析;既要对观察对象进行纵向和横向、个别和一般、历史和时空的比较,又要抓住事物的本质特征作出合乎科学的判断和合乎客观规律的描述。二是进行调查研究,搜集材料。搞创作,写文章,都要在一定的时期内有目的有计划地接触实际生活,深入群众,了解情况,调查研究。调查研究是搜集材料、积累材料不可缺少的途径。三是利用图书馆。图书馆是知识财富的宝库。写作或创作除了从实际生活中获取材料、占有材料之外,利用适当的时间到图书馆里查阅资料。通过报纸杂志获得新资料,获取新信息。

(三)材料的鉴别与选择

占有丰富的材料,仅仅是为写作做了必要的准备,如同建造一座楼房仅仅准备了砖瓦沙石、钢筋水泥等材料,还要经过精心选择才能使用。如果不加选择地把掌握的所有材料都写进文章里,其结果,材料过多,或材料失真,或材料平庸,或材料陈旧,就会影响文章的质量。因此,在构思过程中,对占有的材料需做一番细心的鉴别和精心的选择。

选择,要围绕主题选择材料,要选择真实准确的材料;要选择典型有力的材料,要选择新颖的材料。

文章写作是有目的的,这个目的就是主题。因此,材料的选择必须围绕主题进行,根据主题的需要决定材料的选择和使用。材料繁多会淹没主题。

一般说来,在应用类文章或论说类文章中,主题和材料主要表现为说明和被说明的关系,这种关系表现为观点和材料的统一。观点是文章的灵魂,材料是文章的血肉,从有血有肉的各个不同侧面证明观点,表现主题。如毛泽东在《为人民服务》一文中,论述人的死有着不同的意义这个观点,选择和使用了如下材料:

　　人总是要死的,但死的意义有不同。中国古时候有个文学家叫做司马迁的说过:"人固有一死,或重于泰山,或轻于

鸿毛。"为人民利益而死,就比泰山还重;替法西斯卖力,替
剥削人民和压迫人民的人去死,就比鸿毛还轻。张思德同志
是为人民利益而死的,他的死是比泰山还要重的。

这个语段,选择和使用了司马迁说过的话,进而进行了引申,选
择和使用了张思德为人民而牺牲的事例,说明和论证了"死的意义有
不同"这一观点,由此可见,凡是能充分表现主题的材料必须选择使
用,不能表现主题的材料坚决舍去。白居易说:"凡人为文,私于自是,
不忍于割截,或失于繁多。"初学写作的人往往面对搜集来的一大堆
材料,或是束手无策,或是不舍得割舍,结果在文章中只是堆积材料,
或是观点模糊,或是无中心,或是多中心。写文章的目的是为了达意,
不能达意的材料无论怎样典型新颖也得舍去。要"在大理石上刻出人
脸来,无非是把这块石头上不是脸的地方都剔掉"。契诃夫这个比喻
针对文章材料的选择是很恰当的。

叙事作品的题材,都是围绕着人物刻画这一中心选择的。诸如人
物肖像的外貌描写,人物心理的内心描写,对话动作的言行描写,景
物场面的环境描写,惟妙惟肖的细节描写等等,都是直接用于性格刻
画。即使一切展开矛盾冲突的情节描写,也是在直接或间接地表现性
格特征,塑造人物形象。因此,在叙事作品中,人物是叙事作品的主要
题材,并与抒情类作品具有共同的贯穿性特点。

无论在应用类文章或论说类文章,选择和使用材料既要真实可靠,
又要准确无误。如果材料是虚假的,即使是正确的观点,也会失去可信
性。材料失真会破坏主题。马克思不论写作巨著《资本论》,还是书写一
封书信,从不以间接获得的材料为满足,不管怎样麻烦,也特意到大英
博物馆去查找原著或原始材料,证实所使用的材料是否准确、真实。拉
法格说,由于马克思"所引证的任何一件事实,或任何一个数字,都是得
到最有威信的权威人士的证实的",因而,即便是"反对马克思的人,从

来也不能证明他有一点疏忽，不能指出的论证是建立在受不起严格考核的事实上的"。足见，马克思的写作令人信服地做到了"事信而不诞"。

如何鉴别、判断材料的真实性呢？列宁指出："罗列一般事例是毫不费劲的，但这是完全没有意义的或者完全起相反的作用，因为在具体的历史情况下，一切事情都有它个别的情况。如果从事实的全部总和、从事实的联系去掌握事实，那么，事实不仅是'胜于雄辩的东西'，而且是证据确凿的东西。如果不是从全部总和、不是从联系中去掌握事实，而是片断的和随便挑出来的，那么事实就只能是一种儿戏，或者甚至连儿戏也不如"。列宁的这段话告诉我们：鉴别和判断材料的真实与否，不是孤立地看材料的真实，也不能把个别的、偶然的事实当成生活的本质。只有反映了生活本质的材料才是真实的材料。

文学作品的创作同样要真实、准确。虽然人物、情节和环境都是艺术的虚构，但不是随心所欲的胡编生造，而要符合生活的逻辑和事物的规律。如写黄土高原、边疆沙海，东南湖泊，南国柳林的建设，都离不开自然环境和社会环境的真实描写。因为自然环境和社会环境对于人的性格的形成和发展产生一定的影响。特别是社会环境，它是人与人之间的多种社会关系以及历史与现实相结合的文化氛围。因此，只有真实、准确地处理好这种关系，才能塑造出真实可信的人物形象。《棋王》等作品在题材选择和使用方面具有这一特色。

典型有力的材料往往能深刻地反映生活和客观事物的本质。因为典型材料最能代表同类事物的本质特性，表现力极强。或通篇运用典型材料说明主题，如奖惩有关人或事的公文文体；或选取颇具有代表性的一个典型事例说明一个观点；或选择若干典型材料从不同角度的多面表现主题，如《谁是最可爱的人》选用三个典型事例表现志愿军战士对敌人的恨，对朝鲜人民和祖国的爱。

在选择不同类型的典型材料时要根据主题的需要。或选正面的典型，或选反面的典型；或选先进的典型，或选后进的典型；或选一般的典型，或选特殊的典型。总之，选用典型材料要恰到好处，为主题服务。

好文章总是立意新、构思新、材料新。立意新是指观点新。立意新是指用创造性思维考虑问题，发现问题，不说套话、空话，不炒剩饭，不人云亦云；构思新是指用异向思维考虑安排材料，因文得体，不拘一格，或亮观点，或摆事实，持之有理，言之有序；材料新是指新近发生的事实，或虽不是新近发生的，但少为人知，尚未被人选用过，即使有人用过，角度一变生新意，能够反映客观事物的发展变化趋势，说明客观事物的最新面貌，回答现实生活中人们最关心的新问题，写出人们闻所未闻，使人耳目一新的文章。例如，某省某单位发了一个开会通知，通知该省某厅副厅长参加会议，可这位副厅长已在两个月之前去世。一位作者选用了这个既典型又新颖的材料，写了一篇短文刊在《人民日报》，题目也标得令人耳目一新：《通知死人开会》！通过这篇短文的批评揭露，说明某些领导机关的官僚主义严重到何等程度！

二、主题是文章的灵魂

（一）主题的含义和作用

主题是个外来词，原指乐曲的主旋律。我国古代有"主脑"、"主旨"、"主意"、"本意"之说。

刘熙载说："凡作一篇文，其用意俱可一言以蔽之。扩之则为千万言，约之则为一言，所谓主脑是也"。①

李渔说："作文一篇，定有一篇之主脑"。②

陈澧说："无意则无言，更安得有文哉！有意矣，而或不止有一意，则必有所主，犹人身不止一骨，而脊骨为之主"。③

---

①《艺概·经义概》。
②《闲情偶寄》。
③《东塾集·复黄苞香书》。

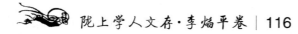

王夫之说:"无论什么文章'俱以意为主'"。①

主题的含义在不同的文体中有不同的表述。

在论说文中,主题就是中心思想或中心论点。通过概念、判断、推理表明作者主张什么,反对什么。

在应用文中,主题称为主旨,是文稿中的核心内容,直截了当地陈述作者的写作目的,可用一句话概括出来"主题词"。

在文学作品中,主题叫主题思想。通过作品中描绘的社会生活、塑造的艺术形象所显示出来的贯穿全篇的中心思想或主导情感。

主题无论在论说文、应用文或在文学作品中的作用和地位是显而易见的,它是构成文章或作品内容的重要因素。通常说它是"灵魂",是"统帅",是"纲领"。说它是"灵魂",因为主题是篇章思想内容的核心,相当于一部机器的"发动力"②,具有如同"推动各种天体"③都"循着轨道运转"④那样的神威;说它是"统帅",因为主题是支配材料取舍、结构安排、语言运用的权威,贯通首尾;说它是"纲领",因为主题在文章构思、写作过程中,或在文学作品构思、创作过程中起着提纲挈领的作用。"附辞会义,务总纲领"。⑤无纲无目,有纲才有目,"纲举目张"就可以"举一纲而张万目"。

(二)主题的产生和确立

主题的产生同作者的生活实践和审美活动紧密相关的。高尔基说:"主题是从作者的经验中产生,由生活暗示给他的一种思想,可是它蓄积在他的印象里还未形成,当它要求用形象来体现时,它会在作

①《薑斋诗话》。

②狄德罗,《绘画论》,《西方文论选》(上),上海译文出版社,1979年版,第389页。

③狄德罗,《绘画论》,《西方文论选》(上),上海译文出版社,1979年版,第389页。

④狄德罗,《绘画论》,《西方文论选》(上),上海译文出版社,1979年版,第389页。

⑤〔南朝·梁〕刘勰,《文心雕龙·附会》。

者心中唤起一种欲望——赋予它一个形式"[1]。高尔基的这段话,提供了主题产生作为意识活动的简略过程。以此可以概括为主题是在作者的生活审美实践中产生,并经过创造性的艺术提炼和加工。无论写作、创作,作者在社会生活实践中,观察到各种各类的事,接触到各种各样的人,所见所闻的这些社会生活现象,必然唤起作者强烈的爱憎感情,进而触发写作或创作的欲望。有了这种欲望,将积聚起来的材料和平时的感受加以思考分析,理出头绪,经过筛选、提炼,领悟其内在思想意蕴,明确思想内涵,逐渐凝结并升华成一种情感性思想和思想性情感。

主题的产生与题材的关系有着内在的联系。题材是文章或作品内容的基础。文章或作品的题材一旦进入作者的写作或创作中,题材就成为作者特定审美意识产生和形成的基础。既然主题是文章或作品内容的核心,那么,没有内容自然就没有了核心,不具备题材,就谈不上主题,因为题材是主题的载体,主题从题材中产生,并借题材得到展现。

社会关系是极其错综复杂的,作为社会关系总和的人,也具有社会性的复杂性。以社会生活和生活中的人为表现对象的文章或文学作品及其主题,也必然具有社会性。同时,作者在一定的社会中生活,也必然在审美理想、社会习俗等方面打上特定社会的烙印,并反映在写作或创作过程及其主题之中。

在阶级社会和存在阶级的社会中,文章或文学作品的主题具有阶级性。作者的立场、爱憎感情和审美理想,在客观世界的审美反映中,以强烈的主体意识表现出鲜明的阶级倾向性。"文革"中写所谓的

---

①《和青年作家谈话》,《高尔基论文学》,人民文学出版社,1978年版,第334页。

"走资派"斗争的主题，粉碎"四人帮"初期写与"四人帮"斗争的主题，其反映对象是相似的，但所表现的主题思想是相反的。即使同一事物在同一角度也能产生不同的主题。但是，不是所有的文章或文学作品的主题都具有阶级性，不要绝对化、简单化地作牵强附会的阶级分析。

在不同历史时期和历史阶段，社会生活内容具有不同的时代特点，文章或文学作品的主题具有时代性。作者的审美理想、审美趣味也都打上时代的印记，社会读者群的审美习惯同样受到特定时代因素的制约和影响。屈原的《离骚》是战国时代七雄争斗历史发展的产物；杜甫的《三吏》、《三别》是唐代"安史之乱"的时代写照；曹雪芹的《红楼梦》是清代封建制度"极盛而衰"的时代反映。即使同在社会主义时期，"文革"前后，无论是文章或作品的主题也表现出明显的时代特征。因此，一定时代的文章或文学作品及其主题，都具有鲜明的时代性。没有时代气息的精神产品，在历史长河的发展中是没有生命力的。

从主题的产生来看，文章写作或作品创作都是"意在笔先"。不论哪种文体主题的形成都是客观现实生活的反映，都是从题材中提炼、升华、确立其主题。但是，应用文体主题的确立一般不是作者有感而发，而是受到文件法规和领导思想的制约，有较强的客体意识。写作的成果，往往是集体智慧的结晶，是撰稿者、领导意图和社会生活实际等众多因素的融合。在这种情况下，撰稿者要正确对待"长官意志"，尊重客观事实，防止主观主义、脱离客观实际的错误主题。

（三）确立主题的要求

确立主题的基本要求，从写作理论的研究来看，下述三点得到共识：

1.正确。主题正确的标准是什么呢？所反映的社会生活、表现的思想情感符合客观实际,符合人民要求,经得起历史和实践的检验。古今中外的许多好文章和优秀作品之所以久传不衰,就是因为能够经得起历史和实践的检验。当然,衡量文章或作品主题的正确与否,要以历史唯物主义和辩证唯物主义的观点来评判。如对古代的优秀作品,就不能脱离当时的历史条件进行评判。

2. 鲜明。主题鲜明,一是要求有新意,有创见,给人以启迪;二是要求观点明确,毫不含糊,像列宁要求的那样:"一语道破真实情况",赞成什么,反对什么,肯定什么,否定什么,明明白白表述出来。当然,文学作品的主题不要求那么鲜明,与论说文、应用文不同。文学作品的主题只能"从场面和情节中自然而然地流露出来,而不应当特别把它指出来"(恩格斯语)。

3. 集中。对论说文和应用文来说,一篇文章只能有一个主题,一篇公文只能有一个中心。"宾可多,主无二,文之道也"①。意多乱文,不可多中心。"一篇东西的目的性,要简单明确。动起笔来,又总爱面面俱到,想告诉人家这个,又想告诉人家那个,结果呢,问题提得不尖锐,不明确,更别说深入地解决问题了。因为哪个意思也没说透,怎么能给人以深刻的印象呢"?②可见,即使创作文学作品也要"目标始终如一,方寸一丝不乱",不能漫无边际,没有主次,或下笔千言,离题万里。

第七章　文章构成与写作形式

文章的形式是指具体表现文章内容的内部结构和表现手段。文章的形式可以体现构成被读者直接领悟的理性认识。从深层上说,文

①王源,《左传评》。
②魏巍,《我怎样写〈谁是最可爱的人〉》。

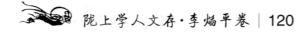

章形式不是静态、凝固的外观,而是动态过程中多种复杂变化的特性。

文章形式构成的要素包括结构、语言、文风、表现手法。

一、结构是文章的骨骼

(一)结构的含义和作用

文章的结构是指文章内部的组织构造和总体安排。南梁刘勰对文章的谋篇布局、结构安排有过精当的论述。他说:"何谓附会?谓总文理,统首尾,定与夺,合涯际,弥纶一篇,使杂而不越者也。"①通常形象的表述:主题是文章的灵魂,材料是文章的血肉,结构是文章的骨骼,语言是文章的细胞。在文章构思过程中,主题、材料、结构、语言,乃至文风,都是以主题为轴心,严密配合,相互依存。文章结构是客观事物的内部规律和作者思维轨迹的完美统一。从外层来看,各个段落层次之间的关系与顺序安排形成整体结构;从内层来看,记叙文中人物出现的顺序、位置与情节、环境组合,抒情作品中抒情意象的关系组织,节奏的变化,论说文中概念、判断、逻辑推理等,这些都属内在结构。

结构的本质,一是以一统多,这是结构中"一"与"多"的辩证关系。作者从一定的主观意图和审美理想出发,将零散的材料铸造成完整的有机统一的整体。寓一于多,以一统多。二是结构的有机体,各部分之间相互联系和影响,构成和谐的整体。柏拉图说:"每篇文章的结构应该像一个有生命的东西,有它所特有的那种身体,有头尾,有中段,有四肢,部分和部分,部分和全体,都要各得其所,完全调和。"文章结构的作用在于从总体上运载文章的内容和表达文辞。从开头到结尾,从层次到段落,从承接到转合,从过渡到照应,其作用都是为了

---

① 〔南朝·梁〕刘勰《文心雕龙·附会》。

把文章的各个部分有序地组合成一个统一的整体。

(二)结构的内容和方法

结构的内容包括总体布局和层次段落，过渡和照应，开头和结尾;方法包括思维条理的训练,提纲的编写,具体方法的掌握等。

1.结构的总体布局和层次段落

结构的总体布局是指作者对文章内容各个部分的总体安排,即文章的整体框架。正如茅盾所说:"既是架子,总得有前后上下都是匀称的、平衡的,而且是有机性的。匀称指架子的总体和局部美,换言之,即架子的整体和局部应当动静交错、疏密相间,看上去浑然一体,而又有曲折。平衡指架子的各部分各有其独立性而又不相妨碍,互相响应,相得益彰。有机性指整个架子中的任何部分,不论大小,都是不可缺少的。少了任何部分,便损伤了整体美,好比自然界中有机体,砍掉它的任何小部分,便使这有机体成为畸形的怪物。"

文章的总体布局就是使一篇文章结构完整，首尾俱全，通篇连贯,风格一致。亚里士多德说:"所谓'完整',指事之有头、有身、有尾。所谓'头',指事之不必然上承他事,但自然引起他事发生者;所谓'尾',恰与此相反,指事之按照必然律或常规自然的上承某事之后,但无他事继其后;所谓'身',指事之承前启后。"①在这里,亚里士多德指出了传统叙事结构的基本特征。

文章的层次是指思想内容的逻辑次序。层次就是文章的意义段、逻辑段、结构段。它体现着作者对内容的割截和划分,体现着作者对全局和局部、对材料和观点所做的布局和安排的方式,是结构的基本形态。记叙文以记事为主,一般按发生、发展、结局等展开层次;以写

---

① 柏拉图,《文艺对话集》,人民文学出版社,1980年版,第150页。

人为主,一般则从人物成长、变化的历史等过程展开层次。论说文的结构,一般按提出问题、分析问题和解决问题的逻辑顺序安排层次。或并列式——各层意思并列进行;或递进式——层层深入;或总分式——先总后分,先分后总。

所有这些都是文章结构的基本规律。

文章的段落是表现思想内容的最小单位,也是作者思路发展过程中的停顿和转换。习惯上又叫"自然段"。段落和层次既有区别又有联系。层次是按思想内容划分结构的先后次序;段落则侧重于文字表达过程的间歇、转换和强调,便于阅读。段落与层次的关系是:在一般情况下层次大于段落,一个层次包含几个段落;有时一个层次就是一个段落;有时一个段落包含几个层次。划分段落要注意单一性、完整性、连贯性、均衡性和特殊性。单一性是指一个段落只表达一个中心思想,不节外生枝;完整性是指一个意思要在一个段落里说完,一个段落里说不完几个段落里说完;连贯性是指段落中句子和句群之间上下意思要连贯,段与段之间的过渡或转折要连贯;均衡性是指分段要匀称,篇幅长短适当;特殊性是指特殊段落从全文出发特殊安排。特殊段落可以不考虑意义上完整,因为着眼强调一个意思。如毛泽东的《反对本本主义》第一部分结尾的分段就是如此:

> 要不得!
>
> 要不得!
>
> 注重调查!
>
> 反对瞎说!

2. 过渡和照应

文章中各个层次和段落之间应是一个严谨、有序的统一有机体。要形成这样的一个有机体,文章结构必须有过渡和照应这个环节。

文章的过渡是指内容的转换,表达方式的变换和上下文衔接时的一种方法。一般在阐述问题时,由总说到分说,或由分说转总说需要过渡;各种叙述方法相互交换时,由顺序变换倒叙或插叙,或由插叙又转顺序需要过渡;各种表现手法相互变换时,由叙述转为说明、议论,或由说明、议论转为叙述,或由叙述转为抒情,或由抒情转为叙述需要过渡;由一个材料、一件事情、一个观点的叙述和论证转入下一个材料、事件和观点的叙述和论证需要过渡。过渡的常用方式,一是用关联词语过渡,表示承上启下,或关联、转折。如"综上所述"、"此外"、"但是"等等。其位置,或在后段开头,或在上段结尾。二是用句子过渡,常用概括句或问话句。三是用段落过渡,表示上下段内容的衔接。四是用小标题过渡,既标明中心内容又起到转换过渡作用,如毛泽东的《论十大关系》中的小标题。

文章的照应是指不相邻的层次、段落的联系和呼应。通常说的前呼后应,说的是前面有交代,后面有呼应,使其结构更加严谨。照应的常用方式,一是立片言以居要,照应标题。二是首尾照应,形式上首尾呼应,内容上点明主题。三是前后照应,前面简略提到,后面详细叙说。照应是突出主题、加强表达的一种手段。

3. 开头和结尾

文章的开头是全篇钩玄提要、定调的引言。高尔基说得好:"最难的是开始,就是第一句话,如同在音乐上一样,全曲的音调都是它给予的。"伊丽莎白·鲍温说:"一篇好故事开头一定要开得好。"足见,无论哪一类文章或作品,开头是十分重要的。开头常用的方式,一是直入式。开门见山、直截了当接触文题,如毛泽东的《改造我们的学习》。二是新闻式。从读者的心理出发,开头用引人注目的新闻吸引读者,如周念丽的《人生的航线》。三是警句式。开头以格言、谚语、名言沟通与读者的感情,引起思想的共鸣,如吴晗的《说谦》。四是抒情式。作者或借景生情,或者直抒胸臆,激起读者的情绪,如郭沫若的《科学的春天》。五是质问式。作者以饱满的政治热忱或愤懑的心情,抓住对方的确凿事实,提出质问,如闻一多的《最后一次讲演》。

文章的结尾是全篇发展的自然结果。明快利落,言尽文止,是文章结尾的特点。结尾常用的方式,一是概括式。画龙点睛,妙在其中,如刘伟勋的《当代中国改革之我见》。二是鼓动式。热情、激昂,如杨朔的《海市》。三是号召式。大声疾呼,激励读者为某一目标奋斗,如毛泽东的《反对自由主义》。四是展望式。面向未来,雄伟豪迈,为实现蓝图充满希望,如陶铸的《松树的风格》。

4. 结构的方法

文章结构中最重要的是它的条理性。但是,文章结构的条理性不是自然而然地形成的。文章的条理性,必须通过作者正确的构思来实现。作者的构思,是对客观纷繁的生活素材,经过观察、思考,理出头绪,形成条理性、规律性的思路。这条思路是主观认识和客观反映的融合和统一。这种统一表现在文章外在的形式就是完整的结构。因此,把握结构的方法,首先要加强思维条理的训练。一是训练作者整体思维的条理性。在写作过程中,叙事写人要清,说理论述要明,描绘抒情要真。结构安排不仅要理顺思路,而且要连贯、周严。材料与材料之间,论点与论据之间,层次与段落之间,开头、中间、结尾之间,要求结构严谨。二是训练作者的分析和综合能力。分析、综合是选取材料、分别归类,划分层次段落,确定首尾的重要环节。通过分析综合使其结构井然有序。三是训练作者思维的周密性。分析、综合既要做到客观、全面,又要做到正反、主次判断得当,文章结构才会合情合理,天衣无缝。

其次,要养成编写提纲的习惯。提纲是文章的蓝图。写好提纲好处甚多。一是安排材料的框架,有序可循。二是避免误漏,考虑周到。三是避免临文觅意,克服写一句想一句的通病。

再次,要掌握具体方法。一是抓线索。这是写作记叙文中结构的关键。它贯通全篇,是作者思路在文章形式方面表现的思想轨迹。二是会剪裁。与主题关系大的多写,与主题关系小的少写,与主题无关的不写。三是善变化。文有法又无完法,遵循写作规律又不拘泥于一般规律。文章写得妙趣横生,就要有扬有抑,虚实结合;有弛有张,详略得当;能开能阖,波澜起伏。

(三)结构的原则要求

结构的原则要求包括服从表现主题的需要符合生活的逻辑,注意体裁特点,完整统一并引人入胜。根据写作的基本规律,文章结构的原则要求可概括为五个方面。

结构要服从表现主题的需要。作者谋篇布局,进行选材,剪裁和结构安排,都必须服从于主题。结构不服从于主题,等于取消了文章的主题,结构也就失去了内在统一性。

结构要符合生活的逻辑。一篇文章或一部作品,要让读者鉴赏、理解,必须要符合生活逻辑。文章结构符合生活逻辑,就是将现实的时空结构和因果关系作为组织安排文章内容的基础。让读者在鉴赏中把握文章或作品中的时空结构和因果关系。

结构要考虑文体的特点。不同文体有不同的基本格式,格式是文章结构的外层框架。记叙文的结构安排一般以人物为中心;抒情文的结构一般侧重于调度情感,创造意境;论说文的结构一般论证推理和内在的逻辑联系。不同文体,各应扬其所长。

结构要把握完整统一。这里所指的完整,是篇章中各个部分、各个层次之间,形成互相依存的有机整体。每个有机环节中,无蔓无枝,独立起来是一段,联系起来是一篇。

结构要引人入胜。写作中独到的构思能力,突出地表现在文章结构的安排上。每篇文章的结构都是这篇文章具体内容的显现。结构引人入胜,一是力求创新,二是掌握审美心理规律,三是考虑读者要求。

二、语言是文章的细胞

(一)语言的含义和作用

语言既是人类最重要的交际工具,又是人类最重要的思维工具,也是人类在长期语言实践活动创造并用来传递、接受、处理、储存信息的一个高度复杂的音义结合的信息系统,它是一个多层次、多侧面、纵横交错的立体网络系统。它与心理学、生理学、社会学、教育学、文艺学、美学、逻辑学、修辞学、思维科学、信息科学等各种学科都有着千丝万缕的联系。在当代,语言学依然是一门先导学科。

从微观上说,语言是构成文章的基本要素。在这个范围内,它的职能是准确有效地交流思想,传递信息。一篇文章,或一部著作的思想内容、组织结构,只有通过语言才能表达出来。

语言是一种社会现象。在人类社会之前,语言还没有产生。语言是在劳动中和人类社会一起产生的,随着社会的产生而产生,随着社会的发展而发展。社会之外,无所谓语言。因此,语言是人类社会的产物,是使人类从动物界划分出来的重要标志,这是语言对于社会的依附性。

"语言是人类最重要的交际工具"。"人们利用它来彼此交际,交流思想,达到互相了解。"语言在人类社会生活中的特殊作用毋庸置疑。没有语言就没有思想交流,没有思想交流,就不能调整人们的共同行动,社会生产不可能发展,社会就会停滞。因此,语言的生命比任何一个基础或上层建筑都要长得多,这是社会对于语言的特殊需要。

语言是思想的直接现实,思想是思维活动的成果。语言和思维不可分割,相互依存。思维是人脑对于客观事物概括的间接的反映过程。概括地反映事物,是思维的第一个特征;间接地反映事物,是思维的另一个特征。感觉和知觉是完成思维过程的基础,是完成思维过程的材料。有了概括地和间接地反映事物的过程,才有可能使我们认识事物的本质,才能使我们创造各种学科,才能使人成为现实的主人。因此,语言是思维的材料基础,是思维的表达形式;而思维是语言的表达对象,是语言的物质内容;语言的结构规律是语法,具有民族性;思维的活动规律是逻辑,没有民族性;语言的单位是词、词组、句子,只是客观事物的假定标志,跟客观事物没有直接的、必然的联系;思维的单位是概念、判断和推理,跟客观事物有直接的、必然的联系。

(二)语言的基本特点

语言的产生由于社会的需要,并为社会所共有。语言不是个人现象,而是全民的集体财富。诚然,社会的语言在于个人的语言表达之中,个人的语言表达是根据约定俗成的社会语言规律进行的,但并不排斥语言运用的个人特点,作家作品独特风格,正是运用语言的个人特点的集中表现。

语言是一个体系,是由声音和意义两部分组成的。声音是语言的形式——语音,意义是语言的内容——语义。语言又是词汇和语法两部分组成的,词汇是语言的建筑材料,语法是语言的结构规则。语音、词汇、语法是语言的三个要素,它们相互关联、相互制约,共同构成语言的整体。

语言的语音是由一定数目的、能够辨明词义的音位组成的,音位的结合和变化是有规律的。语言词汇里的词,它们相互间的联系也是有规律的。有的词义相同,如"洋芋——土豆";有的词义相反,如"伟大——渺小";有的词义不同而声音相同,如"公事——攻势"。这就从词义上形成了同义词、反义词、同音词的对立。语言的语法也是一个完整的体系。一种语言里,词的构成有着各种方式,因而形成了各种构词方式的对立。

各民族的语言都有自己的特点，这是各民族在长期的语言实践中形成和发展起来的。汉语言作为汉语符号的汉字在表现中国文学独特风格方面其特点尤为明显。大致可概括如下：

汉字属表意体系。表音和表意两大文字体系开始都是象形的，经过漫长历史的演变，世界各国许多民族的文字已经表音化，汉字至今还以表意为主。除"假借"、"转注"、"形声"等方式具有表音的成分外，"象形"、"指事"、"会意"等方式都是表意性的。这是汉字构成方式的特点。由于汉字具有表意性特征，容易引起某种具体的意象，构成了文学中一种独立的审美效果。

单个汉字都有独立的意义，形与义都可以灵活组合。表现在中国诗歌的音节变化上具有一套独特的规律，造成外观上整齐对称的形式美，如《醉翁亭记》。

汉字不是音素文字，而是音节文字，一个汉字就是一个音节。

汉语单音词多，大多一个单字就是一个词，音、义、形成一个灵活的组合体，是构造双音词、创造新词的基础。

"四声"是汉语独有的四种声调，这是用来区别不同的字词及其含义的特殊方式。古代分平、上、去、入；现代分阴平、阳平、上声、去声。无论古体诗或近体诗，利用四声变化在诗歌中造成节奏鲜明、抑扬顿挫的艺术效果。

现代汉语是分析性语言，语序和虚词是表达语法意义的主要手段。在汉语句子里，词和词之间的语法关系主要靠词序来表示，词的形态变化极少。词的排列次序一般比较固定，主语在谓语前，宾语在动词谓语后，定语、状语在中心语前，补语在中心语后。词序不同，表示的意思也不一样。用变动词序的方法，精当地表示各种不同的语法关系，构成各种不同的句式，这是汉语语法最显著的特点。量词丰富、虚词多样，也是汉语语法另一个特点。

（三）语言的各种风格

风格是各种艺术形式特点的总和。语言风格是指语言表述的各种特点的总和。语言材料是全民性的,但人们说话、作文不是千篇一律,而是各具特色。这些特色构成各自的语言风格。

1. 语言风格的特点

语言风格的基本特点是它包括两个方面的内容:一是整体性,二是反复性。

语言风格的整体性是指从全局出发,整体把握对象、正确分析语法构成和修辞方式等多种因素。在分析时,分清主次,注意各个特点之间的相互联系。

语言风格的反复性是指多次反复特点出现的总和。它排斥个别的偶然的不稳定因素。如鲁迅的杂文里多次出现的一个显著特点是转折明快,就是鲁迅杂文语言风格的一个特点。在分析反复特点时,同样要分清一般和个别,排除偶然性因素。

2. 语言风格的形成

语言风格的形成包括两个方面的因素。一是客观因素,二是主观因素。

语言风格形成的客观因素是指语言材料的特点、修辞方式的特点、交际对象的特点诸因素。语言材料特点是形成语言风格的物质基础。现代汉语的特点,从语音方面来说,韵音响亮,声调抑扬;音节匀称,成对成双。从词汇方面来说,造词灵活,词义具形;成语丰富,言简意深。从语法方面来说,结构简明,词序固定;句式精确,虚词多样。所有这些特点是形成现代汉语多种语言风格的基础。在文章写作中,出现一定风格色彩的词语和句式,都是语言历史发展的结果。诸如文言虚词、口语虚词、方言虚词以及古语词、方言词、专门术语、外来词等。至于文言句式、口语句式、欧化句式、方言句式,概不例外。

修辞方式的特点是在材料的基础上产生并受其制约的，它是提高语言表现力的一种手段。对仗、排比能增强语言的节奏感；双关、委婉、含蓄、幽默能增强语言的表达效果。在一定的语言环境中，正确运用不同风格的修辞方式，就能形成不同的语言风格。

语言的交际对象即是语境。既包括自然环境，又包括社会环境，还包括语言交际的具体对象。语言材料和修辞方式的选择离不开语言交际环境。生活在山区、丘陵地带的人们进行交际，如果使用比喻这种修辞方式，其喻体常常同高山、峡谷相联系；生活在沿海、湖泊地域的人们进行交际，如果使用比喻这种修辞方式，其喻体常常同湖、海、码头相联系；生活在城镇、都市的人们进行交际，如果使用比喻这种修辞方式，其喻体常常同大街、小巷相联系。1957年，周总理《在加德满都市民欢迎会上的讲话》，在结尾时说："在我要结束我的讲话的时候，我祝中国和尼泊尔的友谊像连结着我们两国的喜马拉雅山那样巍然永存。"这是利用自然环境作比喻的范例。

利用社会环境形成语言风格更为明显。例如《天安门诗抄·向总理请示》一诗就是一例：

> 黄浦江上有座桥，
>
> 江桥腐朽已动摇。
>
> 江桥摇，
>
> 眼看要垮掉，
>
> 请指示，
>
> 是拆还是烧？

在这首诗里运用双关、谐音的修辞方式，隐晦曲折地点出了"四人帮"即将灭亡的命运。

语言的交际对象同样制约着语言材料和修辞方式的选择。写科技论文大量使用科技术语、公式图表；写通讯报道要使用新闻术语、生动形象的描述方式,形成清新、明快的语言风格。

语言风格形成的主观因素是指使用语言的人具备的思想作风、生活经历和语言素养。一个作风严谨的人,其语言风格是很严谨的;一个性格豪放的人,其语言风格是很豪放的;一个生活经历坎坷的人,其语言风格是深沉的;一个语言修养较高的人,其语言风格是畅达的。

3. 语言风格的类型

语言风格的类型一般包括民族风格、时代风格、个人风格、语体风格和表现风格这五种类型。

语言的民族风格是指运用不同民族语言表现出来的不同特色。这种特色即是本民族语言自己的特点。如汉语利用声调的不同,通过协调平仄形成音乐美的风格色彩。

语言的时代风格是指不同时代的人运用同一民族语言表现的不同特色。每个时代都有每一个时代的语言特点。古代汉语中的单音词和现代汉语中的双音词各有各的特点,其句式和修辞方式各有其优势,但从总体上来说,在现代写作中应发扬现代的语言风格。

语言的个人风格是指个人运用语言表现出来的特色。每个人都有自己的语言风格。语言的个人风格是语言的民族风格和时代风格在个人身上的具体体现,更富有语言艺术特色。

语体风格是指从交际的内容、目的、对象、条件等语言风格,在选择方面出现共同的特点,表现出比较一致的语言风格。语体风格有以下几种类型:

口头语体

书面语体

公文语体 {
事务公文体

鼓动公文体
}

科技语体 {
专门科技体

通俗科技体
}

政论语体 {
一般政论体

文艺政论体
}

文艺语体 {
散文体
韵文体
戏剧体
}

　　语言是交际的工具。因为交际任务有所不同,故语体的形成也有所不同。口头语体和书面语体即是两大类语体。从书面语体来说,书面语体则存在于不同性质的书面语言中:有用于政论文的;有用于公文应用文的;有用于文艺作品的;有用于专业著作的;有用于一般读物的,它们各有自己的风格特点。

　　用于政论文体的。如:"马列主义、毛泽东思想的基本原则,我们任何时候都不能违背,这是毫无疑义的。但是,一定要和实际相结合,要分析研究实际情况,解决实际问题。"

　　这个转折复句,除了使用"马列主义、毛泽东思想"专用术语外,还使用了"基本原则"、"实际相结合"等政治术语。

　　用于应用文体的。如:"二人以上共同实行违反治安管理行为的,分别处罚。教唆或者强迫他人违反治安管理的,按所教唆、强迫的行为处罚。"这个复句所表达的意思是明确规定了处罚的对象。

用于文艺作品的。如"在他面前那条'官河'内,水是绿油油的,来往的船也不多,镜子一样的水面,这里那里起了几道皱纹或是小小的涡旋,那时候,倒影在水里的河岸和岸边的成排的桑树,都晃乱成灰暗的一片"。这段话使用"绿油油"、"几道皱纹"和"倒影"、"晃乱"等词语进行静态和动态的描写,运用比喻——"镜子一样的水面"的修辞手法描写官河水面的平静。

用于科技著作的。如"人眼并不是把投射到视网膜上的图像一点不漏地传给大脑,而是先对图像进行信息加工,抽取线段、角度、弧度、运动、色度和明暗对比等包含重要信息的简单特征,并把它们编制成神经密码信号,再传给大脑"。这个多重复句用语精确,运用长句表达了复杂的内容。

语体和语体风格是历史逐渐形成的。个人在选择语言材料和修辞方式时,必须遵守某种语体的基本规律。

表现风格是指从表现手法方面的特点。语言的表现风格是十分复杂的。既与民族的时代的个人的语体的风格有某些共性,又在不同作者的笔下运用上述各类风格有所不同;即使同一个作者,由于语体不同,个人风格也有所不同。根据我国传统的表现手法,其表现风格有平实、明快、简洁的风格;藻丽、繁丰、深沉的风格;含蓄、委婉、幽默的风格。

(四)丰富和发展语言的途径

语言是随着社会的进步不断丰富和发展的。语言的丰富和发展可以通过以下途径:

从人民群众中创造地吸收和提炼新鲜活泼、富有时代感和生命力的语言。无论在文章写作还是文学创作,一方面有选择地使用有地方色彩、表现实际生活的地域性语言,一方面正确使用统一、规范化的语言。早在1942年前,毛泽东在《反对党八股》一文中就明确指出:

"人民的语汇是很丰富的,生动活泼的,表现实际生活的。"①只要加以提炼、选择,就活灵活现地展现在读者的眼前。如方言里的"耍把戏、搞名堂、拆烂污"等,都表示了某种特殊意义。

又如,群众对不讲原则的干部,用16个字作了生动的写照:"筷子一举,可以可以;酒杯一端,政策放宽。"对以权谋私者,群众也有句口头禅:"学好数理化,不如有个好爸爸。"群众对形式主义深恶痛绝:"喊在嘴上,写在纸上,贴在墙上,落到空上。"

从外国语言和古人语言中借鉴和吸取有价值的语言。五四运动以来,我国现当代白话文的语言形成和发展受到外来语的一定影响。现代汉语中吸收外来语的词汇、语法,不断丰富和发展了汉语言,并和谐地融入现代写作和文学作品之中。如"浪漫、积极、幽默、取缔、景气、模特儿"等。同样,外来词受到汉语词义的影响也发生变化。如从梵语借用的"塔"(STUPA),原是"坟墓"的意思,被汉语吸收后,其意义专指佛教的一种建筑物。从外国语言中吸收来的外来词,其类型有音译外来词,如"逻辑、沙发"等;有音意兼译的外来词,如"马克思主义、浪漫主义"等;有音译加意译的外来词,如"芭蕾舞、拖拉机"等。但是,"我们不是硬搬或滥用外国语言,是要吸收外国语言中的好东西,于我们适用的东西"。

古人语言是指文言词汇和历史词汇。在古代文言著作中,古语词表达出特殊意义或语体色彩。例如:"我在茶会上与叶圣陶同志幸会。叶老须眉皓齿,满头霜雪,而精神矍铄"。句中使用的"须"、"眉"、"矍铄"等文言词,既使语言简洁,又使意思生动有力。在一些特殊讲话稿里,所用的"教诲"、"瞻仰"、"久仰"等词,都是表达庄重严肃的感情色

①《毛泽东选集》第三卷,人民出版社,1991年版,第837页。

彩,富有一定的感染力。当然,我们学习古人的语言,学的是"有生命的东西",不是学习"已经死了的语汇和典故"。

简言之,丰富和发展语言,既要经过充分加工和提炼,又要避免华而不实,还要剔除芜杂累赘、不规范的方言土语,真正形成适合本民族语言又具有作者个人风格特色的共同语言。

三、文风是文章的风貌

(一)文风的含义及其形成

文风是文章思想内容和表现形式基本特征的总和。之所以形成某种文风,是因为文风在社会文化领域带有普遍性和倾向性。

文章是反映客观事物的。如何真实而又生动地反映客观事物的本质,这就有个文风问题。

无论文章、文学作品都是通过语言文字的表达才能形成的。语言是文章或文学作品物质的外壳,文风问题同语言的表达和运用关系密切。但是,文风和语言风格又是两个不同的概念。前者是指文章思想内容和表现形式所表现出来的基本特点;后者则指写作中运用语言文字所表现出来的各种特点的总和。

文风的形成有多种因素。

首先,文风是社会和时代的产物。不论哪种文风的形成,都离不开社会条件和时代背景的影响。这种影响包括一定时代的经济、政治、文化以及社会风尚。例如,老八股是封建社会科举制度的产物;洋八股是半封建半殖民地崇洋媚外的产物;党八股是我党民主革命时期教条主义和形而上学的产物;帮八股是林彪、"四人帮"推行反革命极"左"路线的产物;马列主义文风则是革命战斗精神和严肃科学态度相结合的、表现时代精神的产物。

文风问题同国家和民族的命运,同革命前途、四化大业息息相关。毛泽东在《反对党八股》里明确指出:"如果'五四'时期不反对老八股和老教条主义，中国人民的思想就不能从老八股和老教条主义的束缚下面获得解放，中国就不会有自由独立的希望。"①"要使革命精神获得发展，必须抛弃党八股，采取生动活泼新鲜有力的马克思列宁主义文风。"②

其次，文风是世界观在语言运用中的反映。一个作者受什么文风的影响，形成什么样的文风，是由作者的世界观所决定的。文风是世界观的一种表现形式。什么样的文风总是同什么样的思想作风、人格气质、写作目的和写作态度相联系。"文如其人"说的就是文风和世界观的关系。

再次，文风也是语言风格的表现。文风的载体是语言文字，思想内容如何表达，语言如何运用都同文风有关。毛泽东在《反对党八股》《改造我们的学习》中，在《合作社的政治工作》一文的按语中，对文风的论述很强调语言文字的运用和修养，并且将此作为评价文风的一个重要条件。好的思想内容没有好的表现形式不是好文章；只有好的思想内容又有好的表现形式，才算是好文章。

（二）文风的基本特点

好的文风是实事求是的科学态度和革命精神在文章中的具体体现。其基本特点可概括为准确性、鲜明性、生动性。

准确性是文风的最基本要求，它是鲜明性、生动性的基础。准确性既包括思想内容和语言形式两个方面的准确性。思想内容的准确性是指真实地、辩证地、全面深刻地认识客观事物。真实是反映客观事物要真实，反映事物的本质要真实：辩证是用辩证方法掌握事物的本质，提出问题、分析问题、解决问题：全面、深刻是对事物进行由表

①《毛泽东选集》第三卷，人民出版社，1991年版，第832页。
②《毛泽东选集》第三卷，人民出版社，1991年版，第832页。

及里、去芜存真,得出正确结论。语言形式的准确性是指选用贴切的词语表达明确的概念,择用恰当的句子作出正确的判断和推理。贴切是指词用得得体、确切;恰当是指句子描述事物、表述道理合情合理,恰如其分。思想内容的准确和语言形式的准确是一个完美的统一体。

鲜明性是文风的第二个基本特点。鲜明性也包括思想内容和语言形式两个方面。思想内容的鲜明性是指作者立场坚定、观点明确、旗帜鲜明、毫不含糊;语言形式的鲜明性是指言简意赅,条理清楚,不费解,无歧义。如毛泽东的《湖南农民运动考察报告》、方志敏的《可爱的中国》、茅盾的《白杨礼赞》等文章,是体现鲜明性的范文。

生动性是文风的第三个基本特点。生动性也包括思想内容和语言形式两个方面。思想内容的生动性是指观点新颖,材料翔实。观点新颖就是不墨守成规,不拾人牙慧;材料翔实就是不说空话、套话,"善于运用掌握的事实和数字"。马克思、恩格斯在《共产党宣言》中对"封建的社会主义"的描述和揭露惟妙惟肖;毛泽东在《中国社会各阶级的分析》中对小资产阶级三种人的心态分析,活灵活现。语言形式的生动性是指语言新鲜,富有形象性。语言新鲜就是使用新而别致生动活泼的群众语言,不用陈词滥调;形象性就是创造生动具体的人物精神面貌和性格特征的语言。如赵树理在《小二黑结婚》中给三仙姑的画像就是很好的例子:

> 三仙姑却和大家不同,虽然已经四十五岁,却偏爱当个老来俏,小鞋上仍要绣花,裤腿上仍要镶边,顶门上的头发脱光了,用黑手帕盖起来,只可惜官粉涂不平脸上的皱纹,看起来好像驴粪蛋上下上了霜。

四、表现手法是文章的形态

表现手法又称表达方法。表达方法是指作者在写作中借助语言陈述事情,说明事物所用的具体方法。这种方法包括叙述、描写、说

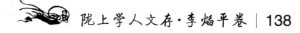

明、抒情和议论等。

（一）叙述

1. 叙述的含义和作用

叙述是记述人物事件发展变化过程的一种表达方法。叙述的作用：在记叙文中，介绍人物的经历和事迹，交代事件发生发展的过程；在说明文中，叙述为说明铺垫搭桥，或介绍事物的情况或原委，或为说明提供典型事例；在议论中，运用叙述的方法概括某些事实，从事实中引发论点，或以事实为论据来证明论点。

叙述是各种文体写作的最基本的一种表达方法。

叙述的基本要素包括时间、地点、人物、事件、原因、结果。根据不同文体，六要素不一定全都具备，但在记叙事件人物时必须交代清楚发生的时间、地点和环境。以普希金的《黑桃皇后》的开头为例："一天，他们在近卫骑兵团军官纳鲁莫夫家里打牌。漫长的冬夜在不知不觉中过去了，直到早晨四点多钟他们才坐下吃晚饭。"

人称是选择陈述角度的基本方法。叙述的人称有第一人称和第三人称两种方式。第一人称是以"我"或"我们"出现在作品里，用"我"或"我们"的口吻叙述人物的经历和事件的缘由，或所见，或所闻。使读者读后感到亲切，作者便于直接表达思想感情。第三人称是作者以"第三者"的角度，用叙述他人事情的口吻叙述人物的经历和事件。第一人称和第三人称两种叙述形式各有长处和短处。用第一人称给读者以真实感和亲切感，但受时间和空间限制；用第三人称不受时间和空间的限制，较能灵活地反映客观内容，但在作品的真实感和亲切感方面不如第一人称。在一篇文章里，或在一部作品中，人称使用通篇一致，不能随意改换，否则人称混乱。

2. 叙述的分类和方式

叙述可分为概括叙述和具体叙述。叙述的方式可分为顺叙、倒叙、插叙和平叙。

概括叙述是指对所记的事进行简括的概述。不展开,不细说。具体叙述是指对所记的事和人进行具体的叙述。写人有形象,记物有样貌。在写作实践中,常常把概括叙述和具体叙述结合运用。

顺叙是按照事件发展的时间和逻辑顺序进行叙述的方法。按照一定的关系和顺序组织人物和事件。它是最基本的叙事方式,也是倒叙和插叙方式的参照标准。

倒叙是把事件的结局提到前面叙述,然后再返回来叙述此前发生的事情,最后首尾相衔,构成一个回环框架。如鲁迅的《祝福》、列夫·托尔斯泰的《安娜卡列尼娜》即是如此。这种倒叙方式的特点,往往给读者造成强烈的悬念与紧迫感。惊险的电影、电视也运用这种表现手法。

插叙是在顺叙人物事件过程中插入与上下文的时间、因果顺序不连属的故事情节或片断,使主要的叙事过程造成暂时的中断与跌宕。插叙的内容或是回忆过去,或是追述往事,或是对事件进行解说,或是由远及近、由古至今介绍人物事件。《水浒》中宋江两打祝家庄之后插入解珍解宝的一段故事,《一千零一夜》中在一个故事中嵌入另一个故事等,即是此例。

平叙是在同一时间内不同地点所发生的两件或两件以上事情进行平行的叙述。通常的写法,先叙述一件,再叙述一件。对头绪纷繁、错综复杂的事件易于写得眉目清楚,线索有条不紊。

(二)描写

1. 描写的含义和作用

描写是用形象的语言对人物、事件和景物的状态、特征进行具体描绘的一种方法。描写的作用:在记叙文中,着重对人物、事件和景物的描绘、刻画、使之生动传神,并与记叙表达方法结合使用。描写人物外观或内心活动,使读者感到形象栩栩如生;描写景物状态,使读者身临其境;描写某些场面,可以再现人物活动的具体环境。

2. 描写的分类和方式

描写的方式主要有概括描写与细节描写,外观描写与心理描写,行动描写与对话描写,正面描写与侧面描写等。

(1)概括描写与细节描写。概括描写是对人物年龄、容貌、身份、经历及性格特征作出概略的介绍,让读者对人物获得一个总的印象;细节描写则是对人物肖像、言行及其环境各个方面进行具体细致的描写。概括描写的作用是把握人物的基本特征;细节描写的作用则是捕捉人物特征在某一具体时间场合的具体表现。在细节描写中,应以概括描写所提供的轮廓作为基础或背景进行多侧面的描绘。

(2)外观描写与心理描写。外观描写是通过对人物的外在特征,如容貌、表情、声调、身材、服饰、姿态和风度等方面的描写来刻画人物性格;心理描写则是直接展示人物的心理活动和精神世界,把人物在特定环境中的体验、感触、愿望、联想和复杂思想感情细致入微地传达出来。其方式,或客观描述,或人物自述,或是通过回忆、梦幻、内心独白。

在外观描写和心理描写中,对人物的刻画与描绘都要做到以"形"传"神",形神兼备,外观表现与内在精神完美统一。

(3)行动描写与对话描写。具体描绘人物的动作行为和语言对话展现人物的精神面貌和性格特征。无论人物的行动与对话都体现着人物与环境的关系。从这个意义上说,行动与对话描写对于塑造具有特定的社会属性与历史真实感的人物形象具有十分明显的作用。行动描写给读者易于造成鲜明的视觉形象;对话描写则易于显示情感的细腻。两种描写方式相互照应,相得益彰,只是由于体裁和风格的不同有所侧重罢了。

（4）正面描写与侧面描写。正面描写就是对人物的外观、心理、行动和语言进行直接的描绘。其作用,可以直观性地表现人物,给读者以真切、朴实的感受。《三国演义》中"长坂坡"一战对张飞的描写即是如此。侧面描写则是从其他人物的描写中烘托出所写的主要人物。《老残游记》中对王小玉的描写就是侧面描写的范例。

描写常用的表达方式,或比喻或借代;或拟人或夸张;或对照或映衬;或反语或双关等等。

（三）说明

1. 说明的含义和作用

说明用简明扼要的语言对事物整体的性质、状态、功能、特征进行解说和介绍的一种方法。说明在各类文体的写作中起着重要的作用。在记叙类文中,插入说明配合叙述和描写介绍背景;在议论性的文章中,运用说明配合议论进行诠释、解说作为论据;在著作或篇章中,使读者了解作者写作目的及其主要内容在绪论、前言、后记加以说明。

2. 说明的方法

说明的方法主要有诠释说明、例证说明、分类说明、比较说明、比喻说明、数字图表说明。

（1）诠释说明。对事物整体或下定义,或解释,或作注释,使读者科学地、准确地理解事物事理的本质内涵。如"语言是思想的直接现实,是人们交际的重要工具"。这个诠释揭示了"语言"的两个本质内涵。

（2）例证说明。列举典型事例说明事物,通过事例具体说明抽象的事物或事理,易于读者对事物事理有个正确的理解和明晰的了解。

（3）分类说明。对被说明的对象按照一定的标准分成类别逐一加以说明。这种分类或按事物事理的性质,或按事物事理的特点,或按

事物的功能,或按事物的构成,不能杂糅。如"表现手法"这一节,就是按叙述、描写、说明、抒情和议论进行分类说明的。

（4）比较说明。对说明的对象用两种或两种以上彼此有联系的事物加以比较,使读者对理解的问题通过比较,便于懂得事物事理的本质特征。

（5）比喻说明。用通常人知的事物比喻不易见不易懂的事物事理进行说明。如恩格斯引用索比希的比喻把知识更新叫"脱毛";毛泽东把新中国即将诞生比喻"航船的桅杆已经冒出地平线"。

（6）数字图表说明。数字说明是用确凿的数据说明事物;图表说明是用准确的图表,包括表格、图像、照片、历史年表等说明事物特征。运用图表说明,富于直观性,易于把复杂的事物和事理表述清楚。

（四）抒情

1. 抒情的含义和作用

抒情是指作者在文章或作品中抒发主观感情的一种表述方法。白居易说得好:"感人心者,莫先乎情。"①抒情在不同的文体中有不同的表达作用。在散文中它是一种主要的表达方法;在夹叙夹议的文章中,为了配合叙述、描写、说明和议论的需要,有时插入直接的或间接的抒情。

2. 抒情的方式

抒情的方式有直接抒情和间接抒情。直接抒情即是直抒胸臆,诗歌、散文多用直接抒情。直接抒情的特点:作品的意象是通过主观情感的激发,或由主观情感的倾向自动流露出来。间接抒情是作者借助叙述、描写、议论,把主观情感倾注于写作对象之中,或即事抒情,或即景抒情,或借理抒情。

---

①白居易,《与元九书》。

（1）即事抒情。在文章或作品中借叙述表达感情。《马说》中对千里马"食不饱,力不足,才美不外现"的叙述,抒发了怀才不遇的悲愤心情。

（2）即景抒情。在文章或作品中借景物描写抒发感情。寓情于景,借景生情,情景交融。如《樟树赞》中对宋庆龄故居庭前两棵樟树的赞颂,作者托物言志,借物抒怀,巧妙地做到了物情合一,既赞樟树风格,又赞树的主人的风格。

（3）借理抒情。带着感情色彩发表议论。理中有情,情中有理,情理相生。如下面这个语段:

> 爱,爱人类,爱人类所赖以生存,不断地哺育着人类的世界。爱人类,因而憎恨伤残自己的异类,并且不歇地与之斗争。爱世界,因而不断地改革并不总是完美无缺的世界。

（五）议论

1. 议论的含义和作用

议论是作者直接对客观事物表达的观点和判断的一种表达方法。这种方法主要运用在论说文章中。其作用:在记叙类文章中,作者为了主题的需要不回避直接发表议论,典型的形式是通过叙述人语言进行议论的。运用得当,可以使人物形象更为突出。托尔斯泰在《战争与和平》中多次运用议论表述他对历史和现实生活的理解。政治抒情诗、散文和杂文等作品的主旨就在于借助形象来表达某种明确的理论或意见,必须使用议论的方法。在论说文中,议论则是主要的表达方法。一般运用逻辑思维,通过概念、判断、推理、证明和反驳等逻辑形式进行的。

2. 议论的基本要素

一篇完整的论说文是由论题、论点、论据和论证构成的。

（1）论题。是全文论述的对象、范围和内容。一般是指文章的命题,它是展开议论的方向。

(2)论点。论点是作者对问题论述的观点和主张。它以判断的形式出现由论据证明。它是议论各要素中处于核心的地位,论据要服从论点,论证要为论点的成立服务。

文章中的论点有的有中心论点和分论点。中心论点是全文的主脑,像一条红线贯穿在全文;分论点是指围绕中心论点从几个方面进行论述的论点,其间关系或并列,或递进。中心论点与分论点的关系是主从关系,分论点是中心论点的理论依据。

(3)论据。论据是论点事实材料和理论根据,是用来证明论点的,是论点的根基。论点和论据的关系:论点依赖论据才能成立,论据能充分证明论点才能有效。论据既可以是事实,又可以是道理。在论证中,通常所说的"摆事实,讲道理",指的就事实论据和理论论据。

(4)论证。论证是论点和论据之间逻辑联系的过程。实际上是运用确凿的论据证明论点的方法。这种方法的运用既是科学的,又是合乎逻辑的;既是辩证的,又是颠扑不破的。论证的方法是多样的。或先提论点,然后以论据来证明;或先摆论据,然后进行论证,最后得出结论;或两种方法交叉运用。总之,方法不拘一格。

3. 议论的基本形式

议论可分为立论和驳论两种基本形式。立论是从正面提出自己的观点,以事实和道理建立自己的论点,论证它的正确性。驳论是以对方错误的观点作为靶子进行反驳,从而树立自己正确的论点。

(1)立论。立论的方法有例证法、引证法、分析法、对比法和类比法。

例证法是以事实为论据,举例说明的论证方法。毛泽东在《别了,司徒雷登》一文中,列举闻一多不屈服于国民党的暗杀,朱自清"宁可饿死,不领美国的'救济粮'",证明"中国人是有骨气的"这个论点。

引证法是以引证经典性言论、科学定理、谚语、格言为论据,来证明论点的论证方法。

吴晗在《谈骨气》一文中,引用了古今中外的名人名言,证明了"我们中国人是有骨气的"这个论点。

分析法是从剖析事理揭示论点和论据之间的逻辑关系,从而证明论点的论证方法。毛泽东在《中国社会各阶级的分析》一文中,就是运用分析法分析了中国社会各个阶级的状况及其特点。

对比法是以两种事物对比来证明论点的论证方法。对比法有纵向对比和横向对比两种。纵向对比是以过去的事例与现在的事例作比较;横向对比是以两种对立的事例作比较,从比较中证明论点的正确。在《改造我们的学习》的第三部分,把"主观主义的态度"和"马克思列宁主义的态度"作了对比的论述,证明后者的学习态度是正确的。

类比法是以彼事物之理来证明此事物之理的论证方法。其特点,富有形象性,借寓言故事,或打比方说明深奥的道理。如苏轼用"鹬蚌相争,渔人得利"的寓言,让赵王明白燕赵相争,强秦得利的道理。

(2)驳论。驳论的方法有反驳论点、反驳论据和反驳论证三种。

反驳论点是指出对方论点的错误,并进行驳斥。或用确凿事实反驳,或直接剖析错误论点的实质,或树立与对方论点相对立的论点。

反驳论据是揭露对方论据的虚假性,使其论点失去基础而不能成立。

反驳论证是批驳对方论证中的逻辑错误,其要害揭示出论点与论据之间的矛盾。

概括起来,叙述、描写、抒情、说明和议论等表现手法虽各有其特点和作用,但它们在文章或作品中并不是独立存在的。叙述和描写的交织使用;说明和议论的互补使用;抒情和议论也常与叙述描写结合起来前呼后应,都是表现手法上的灵活运用。

第八章　写作内容与形式的关系

　　文章的构成既离不开思想内容，也离不开表现形式。如果没有思想内容，表现形式只是一种抽象的概念或模式；如果没有表现形式，文章内容诸要素只是不确定的一堆素材，形成不了严格意义上的"思想内容"。所以，文章写作必须解决和处理好"言之有物"与"言之有序"，"言之有理"与"顺理成章"的相互关系，即正确的思想内容和完美的表现形式的高度统一。

一、内容决定形式及其形式的反作用

　　万事万物的存在，无不有内容和形式两个方面的构成，而且体现着内容作为主导方面起着决定作用。文章内容与形式的关系也不例外。

　　文章是一定的社会生活通过作者在头脑中的本质认识和形象反映，运用语言及相应的组织结构把它表现出来的产物。因此，文章的内容是作者对社会生活的本质认识，而文章的形式则是这种认识的客观表现。

　　刘勰说："夫情动而言形，理发而文见，盖沿隐以至显，因内而符外者也。"[1]

　　韩愈主张文章要"因事陈词"，"辞事相称"[2]。

　　柳宗元提出："始吾幼且少，为文章以辞为工。"[3]反对"务富文采，不顾事实"[4]。

----

[1] （南朝·梁）刘勰《文心雕龙·体性》。
[2] （唐）韩愈，《进韩平淮西碑文表》。
[3] （唐）柳宗元，《答韦中立书》，《答吴开陵论非国语》。
[4] （唐）柳宗元，《答韦中立书》，《答吴开陵论非国语》。

黑格尔认为:"不是每一个艺术形状都可以表现和体现这些旨趣,都可以把这些旨趣先吸收进来而后再现出去;一定的内容就决定它适合的形式。"①刘勰所言,对内容与形式的先后关系作出明晰的表述;韩愈、柳宗元的主张,已近乎我们今天所说的"内容决定形式"、"内容与形式相统一"的原则;而黑格尔则把内容对形式的决定关系作了充分的强调了。

作为客观存在的社会内容与作为反映形态的文章之间,前者作为内容,后者作为表现这种内容的特定形式,内容在先,内容决定形式,这是符合客观规律的。梁斌在《漫谈〈红旗谱〉的创作》有一段亲身的感受:

> 我感觉不同的时代,有不同的社会生活,因此有与之相适应的语言特点,只有深刻了解时代的社会生活,才能掌握这个时代的语言特点。社会生活变动,虽然基本词汇不动,但部分词汇却在新陈代谢,它会增加一部分,扬弃一部分。我觉得必须掌握新增加的一部分词汇,掌握新的语法特点才能写出一代新人的精神面貌。根据这个想法,《红旗谱》第一、第二两部的语言大致上差不多,到了第三部,要开始增加新词汇,第四部以后,要写敌我斗争和抗日根据地的生活,就必须增加抗日民主根据地的流行语言。只有这样,才能写出抗日民主根据地人民的生活面貌及精神面貌。

随着社会生活的发展变化,文章反映内容的变化,形式也必然相应地随之发生变化。同时,内容与形式的关系还表现在内容通过事物的特征表现出事物本质,形式则只是把内容因素连接组合的内部构造和外在形态。内容支配和决定着形式。我们可以从以下两个方面进

---

①《美学》第一卷,商务印书馆,1979 年版,第 17~18 页。

行印证：

第一，内容决定形式符合写作过程的自身规律。写作是一种自觉的创造性劳动。只有对社会生活有了强烈的感受和深切的理解，才能形成一种有明确目的的写作欲望。当这种欲望物化为文章时，就要选择用什么样的构成方式和表现形式。如鲁迅的《药》，就是一种有明确目的的写作而选择了与《狂人日记》、《祝福》不同的构成方式和表现手法。辛亥革命失败之后，帝国主义和封建势力依然统治着中国，中国人民依然处在政治上受压迫、经济上受掠夺、精神上受残害的悲惨境地。他总结了辛亥革命失败的教训，为了"揭出病苦"，起到疗效的作用，通过夏瑜从事民主主义革命活动而英勇牺牲的事迹，揭露和控诉了封建社会的罪恶，这就是思想内容。这些内容，用小说的体裁，采用明线和暗线两条线索构成故事情节。一条是正面写华老栓买人血馒头给儿子治病，儿子终于死去；一条是侧面写革命民主主义者夏瑜为革命牺牲而不能为人们所理解。故事自如至终围绕"药"展开而延伸，最后将两条线索交织、融合起来，构成一个完整的故事，这就是形式。鲁迅在《〈自选集〉自序》中说："有了小感触，就写些短文，夸大点说，就是散文诗，以后印成一本，谓之野草。得到较整齐的材料，则还是做短篇小说……。"①足见，鲁迅所说的意思，根据内容的质和量，决定体裁的选取。"小感触"写短文，如散文、读后感之类，"较整齐的材料"作短篇小说、中篇小说之类。文章作为作者反映客观事物的成果，文章内容对形式的决定作用，还灌注着作者的审美趣味和个性特征的影响，这种影响从中显现出作者的审美情趣和文章鲜明的独特风格。即使是同一个作者选取同样的题材和体裁也是如此。例如，朱自清的《荷塘月色》和《绿》都是写景抒情的典范散文，其审美情趣和作

---

①《〈自选集〉自序》，《鲁迅全集》第四卷，人民文学出版社，1981 年版，第 348 页。

品风格各具神采。《荷塘月色》描绘的景物,既是朦朦胧胧:"曲曲折折的荷塘上面,弥望的是田田的叶子。叶子出水很高,像亭亭的舞女的裙。"又是清幽柔和:"弯弯的杨柳的稀疏的倩影,却又像是画在荷叶上。塘中的月色并不均匀;但光与影有着和谐的旋律,如梵阿铃上奏着的名曲。"星星点点的荷花,淡淡的月色,脉脉的荷香的画面,交融着作者隐隐约约的而又深沉孤独的哀愁和淡淡的喜悦。而《绿》描写的景物,鲜艳清朗,活泼明快,充满活力:"一带白而发亮的水便呈现于眼前","岩面与草丛都从润湿中透出几分油油的绿意","那溅着的水花,晶莹而多芒","我的心随潭水的绿而摇荡。那醉人的绿呀!我若能裁你为带,我将赠给那轻盈的舞女,她必能临风飘举了。"这些洋溢着勃勃生机的景物,反映了作者对当时国民革命形势高涨,充满勇于进取的激情。

第二,内容决定形式为文章学发展的历史所证实。作为意识形态的文章,是随着社会生活的发展变化而发展变化的。其中内容几乎是随着社会生活同步变化发展的,而形式则比内容稳定得多。这是因为社会生活与文章的形式之间,并不存在反映与被反映的关系,只是二者之间借助于文章内容的中介发生间接的关系。文章形式并不直接随着社会生活的变化而作相对应的变化。从文章学发展史的全过程来考察,内容的变化显然先于形式,并推动着形式随着社会的变化、时代的更替作出某些变更。

五四运动以来,随着革命运动的发展,文学内容发生了突破性的变革。内容的变革带来了文学形式上的变化。文言变为白话;旧体诗演变为新体诗;章回小说演变为新小说;散文领域进一步拓宽;杂文、小品文、报告文学等新体裁进入文学领域。新中国成立后,社会主义改革开放时期,由于文学作品和文章内容的改观,无论文学作品的形式还是文章的形式都有了明显的发展变化。体裁样式、结构创新、语言特色、表现技法等各个方面跨入了全新的时期。

所谓内容决定形式,只是说形式必须适应内容的需要。文章的内容并不限于一种形式来表现,而每一种形式都有其自身的特点和规律,即是说具有相对的独立性。形式不是纯粹的外壳。语言、结构、表现手法都有自身的构成规律,并显示出独立的审美价值。例如《年龄的蕴含》一文的形式就具有自身的特点和相对的独立性。全文如下:

年岁在缓缓地流动,也有相对的定势。年岁多少,是人的基本要素之一,在一定意义上是一个人的精力、能力、学力的集合体。知道具体的岁数,才好恰当地归入幼、青、成、老的行列,作为考虑诸多问题的参数。由于心理的趋向差异,儿童希望变大、老年愿意年轻。少年幼稚,但来日方长,长者成熟,余日有限。前者善于学习、吸收、借鉴,可及早丰满,后者善于锻炼、保健、养生,可延长生命。

有人对人生年龄做了形象思维,大致相宜。0 到 9 岁,初来人世,一切都得依靠父母及他人。10 到 19 岁,"1"像根拐杖,这个年龄段者尚不能独立生活,需依赖"拐杖行走"。20 至 29 岁,"2"的底部平稳,人已能自立了。30 至 39 岁,"3"像人的背部,具有了背负他人的职责。40 至 49 岁,"4"拆开为一张椅子和一根拐杖,表示有为社会和后辈贡献自己的能力。50 至 69 岁,"6"是枝上苹果,人生硕果累累。70 至 79 岁,"7"人生已到悬崖的边缘,尝尽酸甜苦辣。80 至 89 岁,"8"两圆球重叠不稳定,人已失去往昔的活力,90 至 99,"9"像一个升空的气球,带走的是一个"0"。

全文紧紧围绕"年龄"运用比喻的手法阐述其"蕴含"的内涵。从人的幼年、青年、成年到老年的生存规律,形象而生动地对人生年龄的各个阶段作了富有哲理性的描述。作者之所以选用这一新颖独特的表现形式,是因为对"年龄的蕴含"本质内容有着深切的理解。

在文学发展史上,形式的稳定性及其与内容发展的不平衡性,也是形式具有独立性的印证。如先秦诸子散文形成以后,虽然经历了多种不同社会制度的变迁,具体的生活内容发生了巨大的变化,但在对形式的适应性要求上,散文形式并未产生多少变异,即便内容发展到突破原有形式的情况下,形式的变更也是既要适应内容的需要,又要遵循自身的规律在形式系列的继承中发展。历代公文写作就是这种继承发展的体现。

所谓内容决定形式,只是表明内容与形式之间内容是主导方面,它要求形式与之相适应,并不意味着必定就能产生完全对应的形式,因此,形式对内容具有积极的反作用。表现阿 Q 这个人物形象只能是阿 Q 独特的语言;表现孔乙己这个人物形象只能是孔乙己的独特的语言;表现三仙姑这个人物形象只能是三仙姑独特的语言。如果林黛玉说出三仙姑的语言,李逵说出孔乙己的语言,岂不闹成笑话!

一篇文章或一部作品,表现形式的优劣高下,直接影响内容的表达。古今中外的优秀名篇名著,其所以经久不衰,代代相传,不仅在内容上超时空地吸引读者,给人以启迪,而且在于与之相适应的表现形式艺术地发挥了内容固有的积极作用,从而使读者得到了艺术的感染和审美享受。反之,与内容不相适应的形式,常常严重地损害了完美的内容。

二、内容与形式的相互渗透和转化

内容与形式的辩证关系还表现在它们相互之间的互相渗透和转化。

第一,观察层面不同,内容与形式发生相应的转化。无论一篇文章或一部文学作品,语言是形式的因素之一。如果从字、词、句结构这一低层面来考察,文章或作品的语言又是内容。这是因为,语言作为交际和交流思想的工具,写作作为思维的描述工具,这种思维形态的作用同语言中词和句及其句群的作用是相似的。思维和思想躲在语言的背后。思维活动只有借助语言文字这个载体才能"物态化"、"视觉化"。作为文章的物质媒介,只能作为文章内容的载体而存在。如果把一篇文中的语言作为一个特定整体来考察,深入到字、词、句的层面加以观察,那么,这些字、词、句结构就成了显示这篇文章语言的特定内涵的形式因素,而这篇文章的语言就成为一般所称的"言语",即成了相对意义上的内容了。

中国现代文学史上的第一篇白话小说《狂人日记》,采用日记体的形式,用一段序言和十三则日记构成全篇。叙述的方式用第一人称,文中的狂人既是主人公,又是故事的叙述者。狂人的语言完全是迫害狂患者的语言:

易牙蒸了他儿子,给桀纣吃,还是一直从前的事。谁晓得从盘古开天辟地以后,一直到易牙的儿子;从易牙的儿子,一直吃到徐锡林;从徐锡林,又一直吃到狼子村捉住的人。去年城里杀了犯人,还有一个生痨病的人,用馒头蘸血舐。

桀是夏朝的末代君主,纣是商朝的末代君主,易牙与他们都不是同时代人。这是"狂人""语颇错杂无伦次"之处,正是这些语言的"无伦次",造成了相对意义上的内容,即"言语"。

又如,延安文艺座谈会以后,解放区文艺工作者纷纷深入农村和部队,与工农兵相结合,文艺作品从内容到形式发生了巨大的变化。其中语言形式的发展变化是空前的。赵树理的《小二黑结婚》、孙犁的《荷花淀》、周立波的《暴风骤雨》、丁玲的《太阳照在桑干河上》等。《小二黑结婚》讴歌了农民同封建恶霸势力作斗争最终取得的胜利,无论是作者的叙述还是人物的对话,直接展示了作品内容的感情要素:

　　三仙姑前后生过六个孩子,就有五个没有成人,只落了一个女儿,名叫小芹。小芹当两三岁时候,就非常伶俐乖巧,三仙姑的老相好们,这个抱过来说是"我的",那个抱起来说是"我的",后来小芹长到五六岁,知道这不是好话,三仙姑教她说:"谁再这么说,你就说'是你的姑姑'"。说了几回,果然没有人再提了。

　　小芹今年十八了,村里的轻薄人说,比她娘年轻时候好看得多。青年小伙子们,有事没事,总想跟小芹说句话。小芹去洗衣服,马上青年们也都去洗;小芹上山采野菜,马上青年们也都去采。

　　吃饭时候,邻居们端上碗爱到三仙姑那里坐一会,前庄上的人来回一里路,也并不觉得远。这已经是三十年来的老规矩,不过小青年们也这样热心,却是近二三年来才有的事。三仙姑起先还以为自己仍有勾引青年的本领,日子长了,青年们并不真正跟她接近,她才慢慢看出门道来,才知道人家来了为的是小芹。

　　　　　　　　——摘自《小二黑结婚·小芹》

　　无论是作者的叙述还是写人物的对话,都是群众的口头语言。这些语言适合特定的场合,表现人物特殊的身份,平易朴素,生动幽默,内容和形式水乳交融,成为一体。

　　足见,文章的形式主要体现着内容形式的特性。内容的提炼,形式的选用,往往是同步进行的,二者不可分割地有机地结合在一起。正如黑格尔所说,内容正由形式转化而来,形式也正由内容转化而获,二者如水乳交融,互为依存,不可分离。

　　第二,内容与形式的地位和重要性也是互相转化的。互为依存、互相转化,这是矛盾对立统一规律。这一规律同样体现在文章内容与形式的关系上。在写作过程中,作者从生活中获得审美感受形成特定意念才产生写作欲望。在构思过程中,随着主题的提炼和思维活动的深入展开,相应的表现形式也随之产生。在这个过程中,内容处于决定地位;当内容确定之后,如何表现内容选择相应的完美形式,就上升到主要和决定的地位了。以《小偷与贪官》这篇文章为例:

> 据传媒披露,原广东进出口商品检验局党组书记、副局长李军(正厅级)因涉嫌巨额受贿被查处,现已进入法院审理阶段。

> 让人感兴趣的是,这位贪污数额惊人却屡次被评为优秀干部的李副局长之所以最后东窗事发,却应该感谢一群小偷。1998年6月23日,一伙蓄谋已久的梁上君子闯入李军住所,窃走大批财物后逃之夭夭。李军赶回住所后,向有关部门报案隐瞒说财产损失不过万元云云。不料,两个月后,窃贼却主动向公安机关交代出一个惊人的内幕:他们除了从李军处窃得现金人民币和港币各10万元外,还有一张65万元人民币的存折,以及数本价值总计300万元的港币存折。就是说,李家的家私至少在400万元以上。

> 这位李军大人因平日里口口声声表白自己"清正廉明"而多次受到表彰,其斑斑劣迹直到小偷提供线索后才引起有关部门的关注,经纪检部门顺藤摸瓜调查,李军不但索贿27万元,且有巨额财产来历不明,喜欢以"清官"自居的他才最终俯首认罪。

> 像"李军案"这样,腐败分子不是被监察监督部门首先发现查处,也不是因知情人举报而暴露,倒是被小偷率先盯梢,等到他们的巨额家户被盗,有关部门才如梦初醒,原来身边的这些道貌岸然的大老爷们是大贪官!这种由小偷在

反腐败中首先揭掉贪官面纱的现象被群众形象地称为"小偷现象"。

反腐败由小偷打头阵,说起来有点类似于黑色幽默,但却不能否认,不少腐败案中,小偷的"功劳"不可抹杀。典型的案例还不少,原浙江萧山市莫妙荣在拟任市长之前就被群众举报有问题,却继续高升,直到小偷打开了他家的保险柜才被拉下马;吉林前郭县原公安局副局长潘清海,在当地"经营"多年,不可一世,若不是小偷光顾他与情妇合资建设的豪宅,谁敢撕开他的画皮?

由小偷给贪官揭盖子,不但能揭开他们许多少为人知的秘密,而且人赃俱获,令他们抵赖都不可能。原浙江桐乡市市长吴锦嗣,平时最爱跟同事宣讲"当官不为民做主,不如回家卖红薯"的从政之道,可暗地里却热衷于傍大款,捞黑钱,直到小偷将他们的底细"偷"将出来,他才不得不低下"高傲"的头颅。

"小偷现象"如此的多,其实是从另一个角度暴露了一些地方腐败的高发病率。前些年在湖北落网的一个窃贼团伙成员就公开供认:我们专偷基层的机关大院,因为那样的官员聚居区资源丰富,戒备松懈,而且很少报案。

靠小偷去发现贪官的腐败线索,更是让人对个别地方的监察职能部门的作用发挥捏把汗。按说这些年来,党和政府颁布的各种促廉政、反腐败的措施不算少,像《廉政守则》、《领导干部财产收入申报制度》等更是为发现和惩处贪官提供了可操作的法规依据。可让人费解的是,像李军这种家私动辄成百万上千万,家居装修得犹如水晶宫式的蛀虫,他们又是怎样堂而皇之地通过有关部门的财产申报关的呢？

  贪官栽在了小偷手里，既让老百姓为他们最终难逃法网而庆幸，又让人为反腐败斗争的复杂和曲折而感到苦涩……

（作者：辛旺，摘自《工人日报》2000 年 11 月 4 日）

  "小偷"与"贪官"本来没有什么必然的联系，但有了"偷"和"贪"，蕴藏的本质内涵小偷偷贪官成为"小偷现象。"这一现象的出现，作者告诉读者：一是"腐败分子不是被监察监督部门首先发现查处"；二是"暴露了一些地方腐败的高发病率"；三是"又让人为反腐败斗争的复杂和曲折而感到苦涩……"这也许是作者从现实生活反腐败斗争中的感受形成的意念吧！文中夹叙夹议，层层深入剖析，例证与阐述环环入扣；语言时而庄重，时而幽默；类似杂文又不完全是杂文，这种表现形式恰好充分地表现反腐斗争的"复杂和曲折"的内容，其形式也就上升到主要和决定地位了。

  三、内容与形式的高度统一

  文章是作者对客观审美反映的物化形态，它的内容和形式应达到审美的高度统一。这是因为：

  第一，特定审美意识与相应表现方式的统一、内容与形式统一中审美创造个性特征，是内容与形式在审美高度上统一的原则要求。文章内容是有层次的。无论表层、深层，它们都是特定审美意识的组合和结构形态的艺术概括。一方面要求作者在对内容进行提炼、加工时，既要从感性材料的特点出发，另一方面又必须考虑到符合一定表现形式的规范和要求，从而把感性材料改造成为适合于这些形式表现的内容。读者阅读、鉴赏文章作品内容时，从中把握作者审美思维特征的同时，可以加深对文章作品深层内容的理解。

  一般说来，文章风格体现在内容与形式的统一之中，但其中往往偏重于形式。所谓"风格即人"之说,是强调艺术表现形式的最高境界。由此可见,文章内容与形式的辩证统一,显现着作者审美创造的个性特征。

第二,文章的内容与形式的统一是对客观社会生活及其内涵意蕴的艺术体现。文章作品内容的表现,必须借助于语言、结构和各种表达方式。没有精当、鲜明的语言,内容无法表述;没有严谨、合理的结构,构不成文章作品的篇章;缺乏灵活、巧妙的表达方式,文章作品整体风格大为减色。因此,艺术性不仅仅是单一的形式,而且它成为内容与形式互相渗透不可分割的有机结构体,它集中地体现了文章作品内容与形式的审美统一。

第三,深刻、丰富的内容与完美、和谐的形式,是审美价值内在统一的标准。马克思在《致斐·拉萨尔》的信中指出:"在更高得多的程度上用最朴素的形式把最现代的思想表现出来。"①毛泽东《在延安文艺座谈会上的讲话》中对人民的文艺提出明确的要求,他说:"我们的要求则是政治和艺术的统一,内容和形式的统一,革命的政治内容和尽可能完美的艺术形式的统一。"②中外文学的发展进程表明,进步的思想内容与较为完美的艺术形式和谐统一的作品是不多的,而且这种统一是相对而言的。例如,内容较好,形式一般;内容一般,形式讲究;内容反动,形式低下;内容反动,带有某种艺术性。古今中外的优秀作品,都是内容较好,形式也较完美。结合有史以来对文章作品的审视,一切优秀的作品,都在相对意义上实现了深刻、丰富的内容与完美、和谐的形式具有审美价值的内在统一。

---

①《马克思恩格斯选集》第四卷,人民出版社,1972年版,第340页。
②《毛泽东选集》第三卷,人民出版社,1991年版,第871页。

论　文

马克思主义文艺思想历史考察

一、马克思主义以前的文艺思想理论

文艺是反映生活的一种特殊的社会意识形态。所谓"特殊"，是指它与哲学、社会科学等一般意识形态不同，它是以艺术家、作家的审美感受来反映社会生活，它有自己特殊的反映对象和反映方式，因而它是一种审美意识形态。

文艺思想理论是研究文学艺术中反映现实规律的科学。文艺理论作为一门独立的科学，远在上古时代，一定的文艺思想观点就已初步形成，经过世世代代材料的积累，在历史长河中不断斗争发展，丰富创新。马克思主义以前的美学像哲学一样，始终贯穿着唯物主义和唯心主义的斗争。历史上一切进步的美学观点和文艺思想的发展史，就是对文学艺术的科学的唯物主义了解的形成过程。在这个过程中，始终存在着与各种唯心主义的复杂斗争。

最早的文艺思想理论产生在古代东方的中国、印度、埃及和巴比伦。中国古代，先秦以前，诸子百家就有论述。墨子论原始文艺；商君论文艺必须为耕战服务；庄子论真诚才能动人；孔子论文与质；荀子论文理情用，相为内外；韩非论内容与形式的关系；司马迁论作者有感而发；班固论文学创作与政治的关系；韩愈论不平则鸣；柳宗元论文以明道等等。三国两晋时期，曹丕的《典论·论文》是我国文学批评史上第一篇文学专论。陆机的《文赋》在中国文学批评史上第一次较

系统地论述了文学作品的创作过程。至于南梁刘勰的《文心雕龙》则是我国文学批评史上第一部"体大而虑周"①的文学理论专著了。它以儒家思想为核心,从文学史观、创作观、文学批评、文章的体裁与源流等诸方面进行论述。具体描述文学创作活动时,摒弃了经学的抽象说教,表现出朴素的唯物主义文学观,全书对文学创作和文学批评、文学特点和规律提出了精辟的见解。还有钟嵘的《诗品》,唐代司空图的《二十四诗品》、南宋严羽的《沧浪诗话》等等,都是我国古代诗歌评论的专著,在开创文艺批评、发展诗歌理论有着广泛的影响。

古希腊亚里士多德的《诗学》是古代文艺理论的优秀著作,已经具有唯物主义因素的萌芽。亚里士多德的功绩,指出文艺的使命是再现生活,文艺追求着一种认识和教育目的,并提出一般文学作品具有叙事、抒情和戏剧三种类型。当然,亚里士多德的文艺观具有时代的局限,他把唯心主义和唯物主义混淆起来。尽管如此,亚里士多德的《诗学》是有进步意义的。可以说,古希腊的文艺思想理论,是原始朴素唯物主义反对各种唯心主义观点斗争的成果。所以,马克思称亚里士多德为"古代的伟大思想家"。

在中世纪时代,唯心主义和烦琐哲学在文艺理论的美学中占着统治地位。文艺复兴时期以及后来的17、18世纪都是科学的美学发展中的新阶段。进步的文艺理论思想同唯物主义哲学联系着,它在与宗教的世界观和教会的精神统治的斗争中发展。18世纪中叶,德国的狄德罗和莱辛,是西方美学和文学的理论家,他们的美学观点坚持和发展了合符时代潮流的进步文艺思想。俄国的罗蒙诺索夫,是18世纪俄国唯物主义哲学的奠基者,在文艺理论上有着许多重要的见

①章学诚《文史通义·诗话篇》。

解。他在《论诗人的品质》中，肯定诗歌是在诸多科学中最难的一门科学，认为诗人除了天才、想象力之外，还具有广博的哲学和科学的知识，精通所使用的语言，而成为独创的诗人。历史进入19世纪之后，俄国革命民主主义者的别林斯基、车尔尼雪夫斯基、杜勃罗留波夫等人，他们的文艺观点，接近于马克思主义关于艺术的学说，对艺术以及艺术的发展规律的本质认识作出了贡献。别林斯基奠定了俄国科学的唯物主义的美学基础，他给现实主义在俄国的成长、文学转向社会问题，转向人民生活等艺术原则立下了根基。车尔尼雪夫斯基的美学观点，主要表现在《生活与美学》一书中。在这部著作里，全面地表述了自己对艺术的重要观点，抨击了唯心主义美学对艺术与现实关系的解说，批判了"为艺术而艺术"的理论；要求艺术家为劳动大众的利益而改善生活，积极参加生活斗争。杜勃罗留波夫是车尔尼雪夫斯基的亲密战友。他发展了车尔尼雪夫斯基的唯物主义美学原则，他对文学的本质和文学在社会中的作用的看法带有许多辩证成分。他要求作家深入"事物的本质"；要根据"生活"关系分析"道德"关系：要善于在生活现象的多样性中找出其统一性，找出彼此之间相互依赖的关系。车尔尼雪夫斯基和杜勃罗留波夫的美学理论基础和哲学基础都是唯物主义，但既不是马克思主义的辩证唯物主义，也不是费尔巴哈的空想唯物主义，他们对社会现象和自然现象的解释含有辩证的因素，因此，俄国革命民主主义者在唯物主义美学发展中，对于文学艺术理论作出了有价值的贡献，得到了马克思、恩格斯、列宁热情的肯定。

但是，"以前的一切唯物主义——包括费尔巴哈的唯物主义——的主要缺点：对事物、现实、感性，只是从客体的或者直观的形式去理解，而不是把它当作人的感性活动，当作实践去理解，不是从主观方面去理解。所以，结果竟是这样，和唯物主义相反，唯心主义却发展了能动的方面,但只是抽象地发展了"①。诚然,马克思主义以前的许多思想家、文艺家和美学家,对文艺现象的本质和社会作用的解释都不能从人们的社会实践、从整个社会结构上给以科学的回答。唯心主义者把文艺仅仅看成是主观精神的产物,看成是脱离现实生活的神秘的东西。有的说文艺是神的启示,有的说是自我意识的发现,有的说是绝对理念的感性显现。唯物主义者从亚里士多德到车尔尼雪夫斯基等人,提出了文艺是对自然的模仿、生活的再现的观点,但并没有从根本上解决文艺的本质和社会作用问题。直到马克思主义唯物史观的创立之后,在人类历史上第一次作出了科学的回答,才把艺术看作社会现象,看作能帮助人们掌握现实,认识现实的特殊意识形态。

二、马克思主义文艺思想的产生、形成和发展

在简述了马克思主义产生以前的文艺理论发展的概况之后,首先对马克思主义的文艺思想产生的历史背景和理论基础加以考察。

(一)马克思主义文艺思想产生的历史背景和理论基础

马克思主义文艺思想既是运用马克思主义基本原理认识和揭示文艺规律的产物,又是时代的产物,也是人类文艺思想发展的必然结果。正如马克思主义创始人所述:"一切划时代的体系的真正的内容都是由于产生这些体系的那个时期的需要而形成起来的。所有这些体系都是以本国过去的整个发展为基础的,是以阶级关系的历史形式及其政治的、道德的、哲学的以及其他的后果为基础的"。②马克思的文艺思想和美学观点的形成,一方面批判地吸收和改造人类两千多年艺术思想遗产中具有价值的成分;另一方面,马克思亲自参加无

---

①《马克思恩格斯全集》第一卷,人民出版社,1956 年版,第 16、18 页。
②《马克思恩格斯早期著作选》,1965 年俄文版,第 41 页。

产阶级的革命活动,参加艺术实践和美学活动,在总结历史和现实的经验基础上,马克思的文艺思想和美学学说才应运而生。

18世纪末叶,随着资本主义社会矛盾的加剧,无产阶级革命运动和社会主义理论开始出现。19世纪初叶的空想社会主义学说就是这一时期无产阶级运动不成熟理论的表现,但空想社会主义的代表人物对艺术和美学的意见同他们的社会主义理论一样,是一种空洞的幻想。历史进入19世纪30—40年代,无产阶级作为独立的政治势力走上欧洲的历史舞台,也在文化思想上,成为一支独立的生力军,开创了无产阶级运动的新局面。法国里昂丝织工人接连起义;英国宪章运动工人创作的诗歌;德国西里西亚大起义的同时,广泛传播革命歌曲《血腥的屠杀》,这都表现了工人阶级的呼声和愿望,受到马克思的赞赏和关注。青年的马克思以革命家的身份,参加革命实践,走进工人中间,与他们同呼吸,共命运,感受无产阶级革命运动炽热豪情,了解社会现状,及时总结无产阶级在文艺思想领域的历史经验。他在《黑格尔〈哲学批判〉导言》、《1844年经济学哲学手稿》等一系列著作中,表达了"歌颂倔强的、叱咤风云和革命的无产者"[①]的愿望,初步奠定了马克思主义文艺思想和美学原则。当我们简略地考察了马克思的文艺思想产生的历史背景之后,马克思的文艺思想产生的理论基础是什么呢? 马克思主义文艺思想理论的建立,与历史上的思想材料有着批判与继承的关系,"决不在于简单地抛弃这两千多年的全部思想内容,而是要批判它,要从这个暂时的形式中,剥取那些错误的、但为时代和发展过程中本身所不可避免的唯心主义形式中获得的成果"[②]。马克思文艺思想同他整个思想体系一样,他从德国古典哲学、英国古典

---

①《马克思恩格斯全集》第四卷,人民出版社,1956年版,第224页。

②《马克思恩格斯全集》第二十卷,人民出版社,1972年版,第539页。

经济学、法国空想社会主义等思潮中,批判地吸收有关文艺和美学问题的思想材料和进步观点,运用科学的方法论加以处理和改造,注入新思想,赋予新内容,创立马克思主义文艺思想和美学学说。

马克思主义认为,德国古典美学虽然具有唯心主义的性质,但它是马克思主义产生以前美学发展的最高成就,在美学领域中"恢复了辩证法这一最高的思维形式"①,它的基本特征是:一是汇集了古代优秀美学传统;二是以人为中心,探讨艺术、美和美感;三是把审美问题从主客体的关系上和历史发展的角度加以考察。尽管如此,德国古典美学的代表人物,无论是康德还是黑格尔,他们对美学性质的认识,仍然是唯心主义的。康德认为艺术和审美能力是人的天性,是一种超感觉的纯心理因素的反映;黑格尔认为美是"理念的感性显现"②,艺术是绝对理念活动的一定阶段,不谈艺术和美感是现实生活反映的产物,因而不能正确解释美,也不能正确解释美感与艺术跟现实世界的关系。

马克思对古典美学实行了根本性的改造,在继承德国古典美学辩证法基础上,把颠倒了的艺术与现实的美学关系彻底纠正过来,诚如马克思说的:"在他那里,辩证法是倒立着的。必须把它倒过来,以便发现神秘外壳中的合理内核"。③马克思认为人们的社会存在决定人们的社会意识,劳动创造了一切,包括了美、艺术以及审美能力等,从而得出科学的回答:美和艺术,"既不能从它们本身来理解,也不能从所谓人类精神的一般发展来理解"④,只能从社会经济和生活等存在条件找出相应的美学观点和艺术观点,科学奠定了艺术和美的本

---

①《马克思恩格斯全集》第二卷,人民出版社,1956年版,第416页。

②黑格尔《美学》第一卷,商务印书馆,1979年版,第142页。

③《马克思恩格斯选集》第二卷,人民出版社,1972年,第281页。

④《马克思恩格斯全集》第二卷,人民出版社,1956年,第82页。

质以及发展的真正客观原因，解释了艺术和美在发展过程中出现各种曲折、复杂现象的多种主、客观缘由，使得德国古典美学从概念的抽象辩证法被改造成事物的实在的辩证法。显然，马克思从康德——黑格尔——费尔巴哈等人的美学思想中批判地吸收了许多有益的养料和合理的成分，是形成马克思文艺思想的美学体系的重要理论基础之一。

从马克思的文艺思想和美学学说的发展史来看，不仅德国古典美学思想是马克思文艺思想和美学学说的理论基础，而且与英国古典经济学有着渊源的联系。无论是亚当·斯密，还是大卫·李嘉图等经济学家的文艺观和美学观，都成为马克思探讨和研究的对象，为马克思整个美学体系增添了不少新内容。马克思从资本主义社会生产关系下的商品生产、流通分配等规律中同艺术与美学问题找到直接或间接的联系，并从这种联系中利用经济学著作的材料，为马克思的美学思想提供新的论据。例如，关于社会经济对精神文化发展的影响，这一观点是斯密、李嘉图等人在他们的著作中以翔实事例进行过论证，初步揭示了经济因素对文化艺术发展的决定性作用。此外，马克思又从斯密、李嘉图等人考察资本主义商品生产的规律所涉及这一时代艺术和文化生产的某些特征中，抓住艺术家成为生产劳动者的基本界线这个命题，在剩余价值理论的基础上，进一步作出新的科学论断，提出了研究精神生产与物质生产之间联系的新课题。不难看出，从马克思撰著《1844年经济学哲学手稿》开始，到《资本论》的完成，亚当·斯密的上述观点对马克思主义的产生和形成有着直接的影响。

英国古典政治经济学是阶级斗争不断发展时期的产物。当英法资产阶级先后夺取了政权之后，"从那时起，阶级斗争在实践方面和理论方面采取了日益鲜明的和带有威胁性的形式。它敲响了科学的资产阶级经济学的丧钟"①。从此,"古典政治经济学走入了绝境。从这个绝境中找到出路的那个人就是卡尔·马克思"②。

如果说德国古典美学在观点和方法论上给马克思的文艺思想和美学体系以丰富的营养,英国古典经济学在事实和材料上给马克思的文艺思想和美学体系提供了新的论据,那么,法国空想社会主义却给予马克思的文艺思想和美学体系绘制了一幅未来社会的艺术前景和美学理想。尽管德国古典哲学和英国古典经济学对资本主义社会制度进行了某些批判,但它们毕竟还是处在资本主义制度的辩护者的地位。而空想社会主义思想家却大胆地抨击了资本主义时代对艺术和美的摧残,以空幻的形式描绘了人类社会以及文学艺术光辉灿烂的未来。空想社会主义学说是唯物主义的产儿,产生于19世纪法国第一次资产阶级革命胜利和英国进行产业革命的历史时期。一般说来,空想社会主义学说中的美学观点,闪烁着批判资本主义制度,预示未来前景的光芒,其代表人物有圣西门、傅立叶、欧文等人,他们的学说对马克思文艺思想的形成和美学体系的创立有着巨大的影响。其具体内容:一是把艺术看成社会进步和满足人们身心需要的财富。圣西门在《组织者》一文中提出:"人们只有在满足自己的身心需要之后,才能成为幸福的人,而满足这些需要,正是科学、艺术和工艺的唯一宗旨或近乎直接的目的。一切对社会真正有益的工作,都与这三个部门有关,而且只能与他们有关,只有寄生分子和专横的统治者不参与这三个方面的活动。在至今采用的和将来可能采用的一切造福于人类的措施当中,除了直接或间接地促进科学、艺术和工艺既有知识的应用、推广或提高之外,从来没有而且今后也永远不会有什么

---

① 《马克思恩格斯全集》第23卷,人民出版社,1972年版,第17页。
② 《马克思恩格斯全集》第22卷,人民出版社,1972年版,第239页。

其他有益于改善人类命运的办法了。"①二是从历史的角度初步地揭示了美和艺术的发展历史。圣西门看到古代艺术发展的成就,他说:"在发明方面和创造直接影响情感的艺术形象方面,古代各族人民仍然是我们的老师。应该承认,古代各族人民在这方面的成就,至今还没有一个后继者能够超越。"②傅立叶发现资本主义时代艺术必然衰落的趋势,他指出:"在法国如果不是为了商业的利益,那就决不能想出什么,谈出什么,更不能写出什么来了。凡能把交易所价格变动的秘密告知我们的人,就是 19 世纪出类拔萃的天才。诗歌和美术都处在被轻视的状态中了,现在只为那些能告诉我们为什么砂糖价格疲弱,为什么肥皂下跌的人们来修纪念堂。自从哲学把全部热情献给商业的那个时期起,抒情诗神就为这个新科学种了各色各样的花卉。"③三是赞颂人民和劳动者是创造美的力量,对未来社会主义社会的艺术发展寄予美好期望。欧文认为,只有社会主义才能使人的肉体和精神两个方面都得到自由和谐的发展,才能使艺术创造和人的审美能力得到空前的活跃和提高。他说:"新村(即欧文搞的社会主义试验地)所提供的条件将从一切方面鼓励大家,使它们只培育和发扬个性中最优良的一面……在那里,有天才的人绝不会受压抑,而会得到一切帮助。使他们怀着无限喜悦的心情发挥能力,并为人类创造最大福利。"④当然,空想社会主义学说毕竟是乌托邦,正如马克思所指出的:"各乌托邦宗派的创造人虽然在批判现存社会时期明确地描述了社会运动的目的——废除雇佣劳动制度及其一切实行阶级统治的经济条件,但是他们既不能在社会本身中找到改造它的物质条件,也不能

①《圣西门选集》第一卷,商务印书馆,1985 年版,第 242—243 页。
②《圣西门选集》下卷,商务印书馆,1985 年版,第 178 页。
③《傅立叶选集》第一卷,商务印书馆,1979 年版,第 254—255 页。
④《欧文选集》第一卷,商务印书馆,1965 年版,第 204—205 页。

在工人阶级身上找到运动的有组织的力量和对运动所缺乏的历史条件,并且认为宣传这些空想的图景和方案是真正的救世之道。从工人阶级运动成为现实运动的时刻起,各种幻想的乌托邦消失了——这不是因为工人阶级放弃了这些乌托邦主义者追求的目的,而是因为他们找到了实现这一目的现实手段——但是起来代替乌托邦的,是对运动的历史条件的真正理解以及工人阶级的战斗组织的日益积聚力量。"①马克思在工人运动的推动下,批判地继承了空想社会主义者的艺术观和美学观。他以宽阔的视野和深邃的目力,对资本主义时代的美学和艺术规律进行了缜密的考察,直接继承了德国古典哲学、英国古典经济学和法国空想社会主义学说中宝贵的有关艺术和美学遗产,创造性地总结了当年无产阶级和进步力量的艺术和美学活动,从而形成了严谨、科学的、具有时代特征和个性的马克思主义文艺思想理论和美学学说体系。

(二)马克思主义文艺思想的形成过程和发展历程

我们考察马克思主义文艺思想的形成,从发展历程看,大体可分为早期、中期、后期三个历史阶段。早期阶段是马克思接受以黑格尔为代表的古典美学思想到逐渐脱离其唯心主义的影响,开始批判地继承,进而产生文艺新观念的萌芽时期。马克思早期文艺思想起源于歌德、席勒、黑格尔、文克尔曼、海涅和施莱格尔等人,古代各民族的优秀的文学遗产对马克思有着深远的影响。马克思早年就崇敬荷马,喜读柏拉图、莎士比亚和歌德等人的作品。中学时代主要接受吸收文学营养,尚未具有独立的文艺观点和审美能力;在波恩和柏林大学上学期间,偏爱历史、文学。读莱辛的《拉奥孔》、文克尔曼的《艺术史》以及许多文学新作,对诗歌创作和文艺理论产生浓厚的兴趣。他以爱情

①《马克思恩格斯选集》第一卷,人民出版社,1972年版,第452—456页。

生活为题材,写过不少浪漫主义的诗篇,后来,马克思对自己写下的浪漫主义诗作进行了自我批判。1837 年 11 月,马克思给他父亲的信中谈到许多对艺术和美学的看法,表示"潜心于科学和艺术"并表露出对浪漫主义的不满,认为浪漫主义不是纯理想的东西,他说:"一切现实的东西都模糊了,而一切模糊的东西都失去了轮廓,对当代的责难、捉摸不定的模糊的感情,缺乏自然性、全凭空想编造、现有的东西之间完全对立、修辞学上的考虑代替了富于诗意的思想。"1837 年夏季以后,马克思草拟了《克莱安泰斯,或论哲学的起点和必然的发展》对话体文稿,试图把哲学和艺术结合起来。他说:"这种著作,这个月光下抚养大的我的可爱的孩子,像欺诈的海妖一样,把我引入敌人的怀抱。"①从这里不难看出,马克思从不喜欢黑格尔的哲学到诱入"怀抱",特别是对黑格尔的理想和现实的辩证观点颇为赞赏。足见,马克思对浪漫主义的自我批判是以黑格尔的哲学思想为依据的。他从喜爱浪漫主义文学转向黑格尔哲学,并能站在德国古典哲学发展的高峰,从中汲取精华,为自己的思想发展开辟了新的道路。

　　1842 年春,马克思给《德法年鉴》写了《评普鲁士最近的书报检查令》的文章,强调文艺创作的"精神个体性的形式","风格就是人"的观点;四月,在《第六届莱茵省议会的辩论(第一篇论文)》中提出:作家不应该为挣钱而写;六月,在《第 179 号〈科论日报〉社论》中,对古希腊罗马宗教和文化问题上的某些唯心论观点进行了批判;十月,在《第六届莱茵省议会的辩论〈第三篇论文〉》中,对作品的形式与内容的统一作了论述:"如果形式不是内容的形式,那么它就没有任何价值了。"②1843 年 3 月至 8 月,在《〈黑格尔法哲学批判〉导言》中,对悲剧、喜剧

---

①《马克思恩格斯选集》第四十卷,人民出版社,1972 年版,第 9—10 页。
②《马克思恩格斯选集》第四十卷,人民出版社,1972 年版,第 15 页。

等美学理论作了独到的论述。认为"当旧制度本身还相信而且也应当相信自己的合理性的时候,它的历史是悲剧性的"[①],"世界历史形式的最后一个阶段就是喜剧"[②]。就在这一年底,马克思结识了德国著名诗人亨·海涅,并建立了亲密的友谊。海涅在《德法年鉴》上发表的《德国———一个冬天的童话》和《西里西亚纺织工之歌》是在马克思思想影响下产生的。就在这一历史阶段,即 1844 年之前,是马克思从唯心主义文艺观向唯物主义转变的萌芽时期。

马克思文艺思想发展的中期是马克思文艺思想形成的时期。这一时期是以《1844 年经济学哲学手稿》作为开端。《手稿》是研究马克思美学思想的重要文献,论述了异化与美的关系,美与劳动的关系,美感的形成和发展,"自然的文化"和"人化的自然"以及"人也按照美的规律来建造"[③]等问题。1844 年秋,马克思同恩格斯合著的《神圣家族》批判了施蒂纳等人对《巴黎的秘密》的吹捧,提出了文艺创作中的现实主义原则,强调文艺作品中的人物要符合历史真实和艺术真实,人物性格要典型、丰富,符合现实,而《巴黎的秘密》的作者以说教来代替艺术表现,同现实主义背道而驰。同时,反对人性论和唯心主义艺术观。特别反对那种把审美主体和客体截然分开的历史唯心主义美学观。他对"先验论"、"天才论"、"灵感论"这些美学神话进行了批判,阐明了艺术是生活创作主体头脑中能动反映的产物,是一种意识形态的形式。这些论述,为唯物主义美学观展示了新的面貌。诚如弗·梅林所说:"《神圣家族》一书对同时代人似乎没有发生很大的影响。今天的读者很容易把这本书看成一堆熄灭的煤炭,但是如果他有一

①《马克思恩格斯全集》第一卷,人民出版社,1956 年版,第 179 页。
②《马克思恩格斯选集》第一卷,人民出版社,1972 年版,第 5 页。
③《马克思恩格斯全集》第四卷,人民出版社,1956 年版,第 97 页。

双相当敏锐的眼睛，他就会从煤灰中看到许多宝石向他发出永不消失的光辉。"①1845年春，在《关于费尔巴哈的提纲》中，马克思对旧唯物主义进行了彻底的清算。《提纲》对人的思维的客观真理性、人与环境的关系，人的本质，社会生活的本质，哲学的任务等重大问题，都作出了辩证唯物主义的回答，它为马克思主义文艺思想理论奠定了哲学的基石。1845年11月至1846年夏季，马克思与恩格斯又一次合著的《德意志意识形态》，第一次系统地揭示了"经济基础"和"上层建筑"的学说，为文艺学进一步发展提供了科学的理论基础。全书对上层建筑、意识形态受经济基础的决定和制约，意识形态和意识形式失去独立性的外观进行了论证，对文艺创作才能与社会条件的关系进行了考察，对共产主义时代个性、个人独创和自由发展的可能，以及共产主义时代艺术生产的状态进行了诸多的探讨。1848年，马克思在《共产党宣言》中，提出资本主义使诗人、学者变成雇佣劳动者，论证了世界文学的形成是由于生产和消费的世界性特征的出现，各民族的精神产品成了公共财产的原因。50年代，马克思定居伦敦，他酷爱英国文学，"特别热爱莎士比亚，曾专门研究过他的著作，连莎士比亚剧中最不惹人注意的人物他都很熟悉"②。他阅读和研究《唐·吉诃德》，翻译俄国诗人的寓言故事，评论《伊戈尔远征记》，"全诗具有英雄主义和基督教的性质"③。海涅死后，有人贬低"海涅不是诗人"，马克思指出：是在报上"向他的坟墓撒了一泡尿"④。

　　马克思主义文艺思想发展的后期是在唯物史观和剩余价值学说

①德弗·梅林《德国社会民主党史》，生活·读书·新知三联书店，1963年版，第8页。

②《回忆马克思恩格斯》人民出版社1973年版，第4—5页，

③《马克思恩格斯全集》第二十九卷，人民出版社，1972年版，第23页。

④《马克思恩格斯全集》第二十九卷，人民出版社，1972年版，第39页。

基础上成熟起来的。这一时期是以 1857 年的《〈政治经济学批判〉导言》为起点。《导言》是马克思主义文艺思想理论的重要文献,所涉及的问题有诸多方面,关于艺术生产与艺术消费的关系;关于艺术欣赏中的客观制约性和主观能动性的理论;关于理论研究"从抽象上升到具体的方法";关于人类理论的、艺术的、宗教的、实践——精神的掌握世界的方式;以及文艺生产同物质生产发展的不平衡规律等等。1859 年 1 月,马克思在《〈政治经济学批判〉序言》中,对唯物史观作了经典性的表达。他指出,随着经济基础的变革,文艺等上层建筑也或迟或快地发生变革。19 世纪 60 年代,马克思在《资本论》第一卷中,揭示了许多重要的文艺美学原理,他所考察"资本"、"商品"的方法对文艺研究同样具有方法论的意义。书中大量引证和论述的文学家和文学作品有荷马、伊索、塞万提斯、莎士比亚、伏尔泰、维吉尔、歌德、席勒、笛福、巴尔扎克、海涅、狄更斯、狄德罗、阿古罗斯卡、布瓦洛等等。到了 60 年代后期,马克思对巴尔扎克及其《人间喜剧》作过切中的评述:"巴尔扎克不仅是时代的社会历史学家,而且也是一位预言式的人物塑造者,他笔下的人物在路易·菲利普时代还处在胚胎状态,他去世后,这些人物在拿破仑第三时代才得到完全的发展。"[①]70 年代,马克思对俄国革命民主主义者的杜勃罗留波夫和车尔尼雪夫斯基的著作进行阅读和研究。他对杜勃罗留波夫表示:"他作为一个作家,我是把他跟莱辛和狄德罗同样对待的。"[②]他对车尔尼雪夫斯基在学术上的贡献很重视,"想就车尔尼雪夫斯基的生平、个性等写些东西发表,以期在西方引起对他的同情"[③]。马克思虽然出生在德国,

---

①《卢卡契文学论文集》(一),中国社会科学出版社,1980 年版,第 292 页。
②《马克思恩格斯全集》第三十三卷,人民出版社,1972 年,第 318 页。
③《马克思恩格斯全集》第三十三卷,人民出版社,1972 年,第 519 页。

他很喜爱英、法、俄国的优秀文学作品。1873 年 10 月,他给奥古斯蒂的信中表示:"我十分偏爱优秀的德国、英国和俄国的小说家。"①1881年至 1882 年,马克思在逝世前两年,对摩尔根《古代社会》一书做了研究,对古代歌谣与历史传说、编年史的关系进行评论外,还考察了艺术的产生以及荷马诗、希腊悲剧反映的古代社会生活状况。这个时期,马克思从政治经济学的角度,以创立的剩余价值理论为基石,对人类的艺术和美学问题进行新的审视和考察,全面分析了资本主义时代艺术产生的种种规律,使马克思主义文艺思想理论在形成中成熟起来。马克思主义文艺思想发展进程中的各个阶段,试作如下概括性的描述:

马克思主义文艺思想产生、形成的三个时期

早期——萌芽期

从浪漫主义——黑格尔主义——费尔巴哈人本主义到逐渐脱离其影响,开始转向唯物主义新文艺观,这种新文艺观还处在萌芽时期。

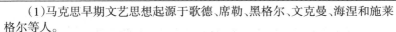

(1)马克思早期文艺思想起源于歌德、席勒、黑格尔、文克曼、海涅和施莱格尔等人。

(2)古代各民族的优秀文学遗产对马克思有着深远的影响。早年崇敬荷马,喜读柏拉图、莎士比亚和歌德等人的作品。

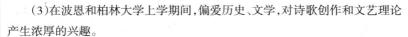

(3)在波恩和柏林大学上学期间,偏爱历史、文学,对诗歌创作和文艺理论产生浓厚的兴趣。

(4)在《克莱安泰斯,或论哲学的起点和必然的发展》中,试图把哲学和艺术结合起来。

①《马克思恩格斯全集》第三十四卷,人民出版社,1972 年,第 329 页。

(5)在《评普鲁士最近的书报检查令》中,强调文艺创作的"精神个体性的形式","风格就是人"的观点。

(6)在《第六届莱茵省议会的辩论》的第一、三两篇论文中,提出作家不应为挣钱而写作,论述了它的内容和形式的统一。

(7)《〈在黑格尔法哲学批判〉导言》中,对悲、喜剧等文学理论作了精辟的论述。

中期——形成期

以《1844 年经济学哲学手稿》为开端,创立了历史唯物主义学说,从此,建立在历史唯物主义基础上的马克思主义文艺思想确立起来,进入了形成时期。

---

(8)《手稿》基本完成了对黑格尔哲学的批判,标志着马克思主义文艺思想发展史上确立了一块界碑。

(9)在《神圣家族》里,马克思坚持了唯物主义反映论的文艺和美学观点,提倡现实主义创作原则。

---

(10)在《关于费尔巴哈的提纲》中,马克思对旧唯物主义进行了彻底的清算,发展了唯物主义美学观的能动方面。论述了人和环境关系上的辩证观点。

(11)在《德意志意识形态》中,马克思第一次全面而透彻地论述了唯物史观,第一次指明发展同社会生产力和生产关系发展的内在联系和辩证关系,为文艺学进一步发展提供了科学的理论基础。

（12）在《共产党宣言》中，以及其后五十年代的其他有关文章中，提出随着世界市场的产生将出现"世界文学"的问题；强调艺术创作的现实主义真实性；赞赏批判现实主义作品的高度认识价值；批判各种小资产阶级美学观和艺术趣味。

后期——成熟期

以《〈政治经济学批判〉导言》为起点，创立了剩余价值理论，从政治经济学视角进一步考察人类艺术和美学，全面分析了资本主义时代艺术生产的诸种规律之后，马克思主义文艺思想进入了成熟时期。

（13）在《导言》中，马克思提出"物质生产的发展同艺术生产的不平衡"的理论，提出"艺术对象创造出懂得艺术的具有审美能力的大众"的观点，提出人类用艺术的宗教的，实践精神和理论的四种专有方式掌握世界的观点。

（14）在《资本论》中，马克思对人类的活动过程进行了高度的概括，通过对古典经济学说中有关美学问题的批判，创造性地揭示了精神生产（包括艺术生产）同物质生产的关系及其自身的规律，揭示了艺术生产的特征，创造了"艺术生产"的完整理论。

（15）晚年，马克思一直关注着艺术和美学问题，一方面阅读大量英、法、俄国小说，评论作家作品；一方面研究了大量的文化史和摩尔根的《古代社会》，为他的文艺思想和美学思想作了进一步丰富工作。

三、结语

综上所述，马克思的文艺观，从浪漫主义——黑格尔主义——费尔巴哈人文主义,之后,经过研究国民经济,研究人类劳动过程和人类历史,并参加革命运动和接触更多的社会经济、政治以及意识形态领域,然后从旧唯物主义美学观飞跃到历史唯物主义和辩证唯物主义文艺观,其间经历了近半个世纪的发展过程。

我们从马克思主义文艺思想的发展过程中发现,马克思的文艺思想观点的形成和发展同他的世界观的进展是相符的,但与他在经济学、哲学等领域的思想发展阶段不尽相同。同时也发现,马克思主义文艺思想的发展具有两个显著的特点:一是马克思是从全方位的视角根据无产阶级革命斗争的需要考察文艺和美学问题,把文艺和美学当作无产阶级革命的战斗武器,把文艺和美学上的一场变革作为无产阶级改造世界这一神圣历史使命的一个组成部分。其次,马克思的文艺思想和美学观点同他政治学思想紧密地联系在一起,而且,通过在政治经济学领域中诸多问题的考察和研究,从中导出不断产生逐步深化对文艺和美学问题的论述和研究。这正是马克思研究文艺和美学领域中具有特色的标志之一。

我们从马克思、恩格斯共同创建的马克思主义文艺思想理论中发现,贯穿在文艺思想理论的红线是唯物史观,并进行了创造性的应用,解决和回答了19世纪资产阶级文艺家在文艺思想领域里不能解决和回答的许多复杂的问题。这些问题是:以辩证唯物主义和历史唯物主义的观点回答了文艺的本质和特征;阐明了艺术的起源和发展,艺术在社会生活中的地位和作用,艺术生产与物质生产的不平衡规律,倾向性和真实性,艺术性相统一,以及现实主义理论等问题;论述了人性的具体内容及其历史发展,关于人们掌握世界的不同方式,文艺史和批判地继承文化遗产,以及共产主义艺术等问题;论证了资本主义生产同某些精神生产部门的矛盾,以及悲、喜剧等问题;提出对人道主义新的评价标准以及工人阶级政党向文学中的资产阶级思潮进行斗争等问题；研究和探讨了人的认识能力的无限性和有限性、真理和谬误、善和恶的问题。

马克思的文艺思想理论正如他的全部学说一样，对人类作出了两大贡献：一是艺术和审美作为社会意识形态的诸种理论，即是建立了由生产力——生产关系——上层建筑——意识形态（包括艺术在内）的学说；二是马克思阐明了人类历史从原始社会——资本主义社会——共产主义社会（包括社会主义社会在内）艺术发展的特征和规律。这两大发现正是对人类关于美和艺术发展史上的伟大贡献。前者指明了美和艺术在人类史上任何一个时期的地位和特征，后者揭示了美和艺术在人类史上某一特定时期的地位和特征。这就从纵向和横向两个方面揭示了美和艺术运动的规律。

（原载《甘肃社会科学》1992 年第 3 期。）

马克思主义文艺批评的理论原则

一、马克思主义文艺批评的理论基础和基本原则

文艺批评是对一定文艺现象的认识和评价，它是以文艺欣赏为基础的一种科学活动，既是文艺斗争同时又是思想斗争的一种方法。因而它具有社会批评的性质。

1. 马克思主义文艺批评的理论基础

马克思主义文艺批评是运用马克思主义的基本理论、基本方法，对文艺作品进行科学的实事求是的评论、评价、鉴别，它是文艺作品进入社会所产生的社会影响的必然反映，也是运用马克思主义基本理论和基本方法，对文艺创作进行理论分析和理论总结的必然过程。马克思主义文艺批评承担推动文艺创作朝着正确的方向发展和提高读者文艺鉴赏能力的双重任务。马克思主义文艺批评，对于创作者来说，应该是公正的天平，锐利的解剖刀，知心的净友；对于读者来说，应该是指示方向的路标，循循善诱的良师益友。

马克思主义文艺批评的理论基础是辩证唯物主义认识的反映论和历史唯物主义的意识形态论。

根据马克思主义辩证唯物主义认识论的反映论，文艺是人类社会生活在作家头脑中的反映的产物。马克思主义文艺批评在评论、评价、鉴别文艺作品时，既要审视作品是反映什么样的社会生活，以及如何反映的，也要审视作家反映这一社会生活时的主观意识、目的和

艺术手段,也就是说,必须把作品所反映的特定社会生活的客观方面与特定的作家的思想感情的主观方面统一起来进行考察，然后才能得出真假、善恶,美丑的结论,才能对作品的主观意图和客观效果作出有分寸的合乎实际的结论。

　　根据马克思主义历史唯物主义意识形态论，文艺是一种特殊的意识形式,是上层建筑的组成部分之一,它必然反映经济基础,并作用于经济基础。这种反映或者是直接的,或者是曲折的,或者是正确的,或者是歪曲的:这种作用,或者是积极的,或者是消极的。马克思主义文艺批评就是要在肯定文艺的意识形态性的基础上，对文艺作品从意识形态的高度加以审视，考察它作为上层建筑和经济基础的关系,同时,肯定文艺这一意识形态的特殊性——即审美的特性,必须从审美的方面予以评价。事实上,绝对客观的文艺批评在世界上是不存在的。批评者的主观意识与感情总会渗透入文艺批评之中,也只有这样才使马克思主义文艺批评体现出文艺批评家个人的风格而不致千篇一律,千人一面。

　　2. 马克思主义文艺批评的基本原则

　　马克思主义文艺批评的基本原则，即是高度的革命性和严格的科学性相结合的原则。马克思主义文艺批评是无产阶级的文艺观和方法论的体现;是无产阶级在文艺界进行战斗的思想武器,它公然声明是为无产阶级的利益服务的。马克思主义文艺批评的高度的革命性,首先在于它的鲜明的阶级性。面对五光十色的文学现象,马克思主义文艺批评家,必须以无产阶级的利益为最高原则,鉴别、评价,区分香花、毒草,或者给予赞扬,或者加以揭露;或者予以批评,或者欣赏:或者借鉴,或者摈弃;爱憎之情必须分明。马克思主义文艺批评的高度革命性,还在于它的历史进步性。对于产生于封建社会或资本主义社会的文艺作品，马克思主义文艺批评总是站在历史唯物主义的高度,从是否正确地反映历史的真实面貌,是否正确地反映人民的意志与愿望,能否推动历史向前发展加以考察,然后给予恰如其分的评价。即便是作家站在封建主义或资本主义立场上创作的文艺作品,也要科学地去发现其中有益于人民,有利于历史进步的因素,给予应有的肯定。恩格斯对巴尔扎克及其作品的评价,列宁对于列夫·托尔斯泰及其作品的评价,以及毛泽东对《红楼梦》的评价就是最好的例证。马克思主义文艺批评,是以马克思主义辩证唯物主义认识论和历史唯物主义科学论和科学方法为理论基础的,是老老实实的学问,必须遵循实事求是的原则。马克思主义文艺批评的严格的科学性,在于这种文艺批评必须从文艺作品的实际出发。既考虑作品的客观实际,也考虑作家的主观思想;既考虑作品的时代特点,也考虑作品的本身的具体特点;既考虑作家主观的写作意图,也考虑作品的社会客观效果。马克思主义文艺批评严格的科学性,还在于对作品思想内容和艺术形式的评价和评论,不仅要恰当地进行定性的分析,而且要进行恰当的定量的分析,尤其要抓住其总的倾向、本质、主流,确定批评的基本态度,是基本上予以肯定,还是基本上予以否定。对于文艺作品的评价和评论,始终要遵循唯物辩证法的科学原则,全面考察作品的诸多方面,仔细分辨其正确方面与错误方面,继承方面与创新方面。对中有错,抑或错中有对,继而对与错相纠结,难解难分,种种情况,具体分析,正确对待。对于文艺作品的艺术方面的评价和评论,更应根据其不同思想内容,不同风格流派,辨析其异同,以创新出新为着眼点,从历史的和美学的高度,予以科学的分析。只有从作家作品的实际出发,实事求是地立足于严格的科学态度的文艺批评,才能为作者和读者心悦诚服,从而推动社会主义文艺的健康发展。

二、马克思主义文艺批评的历史观点和美学观点

1. 马克思主义文艺批评的历史观点和美学观点的提出

早在 1846 年底至 1847 年初,恩格斯在《诗歌和散文中的德国社会主义》一文中,就卡尔·格律恩对歌德诗歌的批评,提出了:"我们决不是从道德的、党派的观点来责备歌德,而只是从美学和历史的观点来责备他;我们并不起用道德的,政治的或'人的'尺度来衡量他。"①以后,在 1859 年 5 月 18 日,恩格斯在《致斐·拉萨尔》的信中指出:"我是从美学观点和历史观点,以非常高的、即最高的标准来衡量您的作品的。"②这里明确地提出了马克思主义文艺批评的"尺度"、"最高的标准",即美学观点和历史观点。

2. 马克思主义文艺批评的历史观点

1883 年,恩格斯在他著名的《在马克思墓前的讲话》中高度概括地指出:"正像达尔文发现有机界的发展规律一样,马克思发现了人类历史的发展规律,即历来为繁茂芜杂的意识形态所掩盖着的一个简单事实:人们首先必须吃、喝、住、穿,然后才能从事政治、科学、艺术、宗教等等;所以直接的物质的生活资料的生产,因而一个民族或一个时代的一定的经济发展阶段,便构成为基础,人们的国家制度、法的观点、艺术以至宗教观念,就是从这个基础上发展起来的,因而,它必须由这个基础来解释,而不是像过去那样做得相反。"③这个马克思主义历史唯物主义的基本原理,即基础与上层建筑的关系的观点,确定地阐明了文艺作为一种意识形态,是竖立在一定的经济基础之

---

①《马克思恩格斯选集》第四卷,人民出版社,1972 年版,第 257 页。
②《马克思恩格斯选集》第四卷,人民出版社,1972 年版,第 347 页。
③《马克思恩格斯选集》第三卷,人民出版社,1972 年版,第 574 页。

上的上层建筑，任何作家艺术家的创作都不能不受他所生存的社会物质生活条件的制约，都不能不是一定的社会历史的产物。文艺批评对于文艺现象的解释，就不能不遵循这一基本原理。这就是马克思主义文艺批评的历史观点。

恩格斯在他的论文《诗歌和散文中的社会主义》中，首次运用"美学的历史的观点"批判格律恩的"人的观点"。恩格斯认为"歌德在德国文学中的出现是由这个历史结构安排好了的"①。"歌德有时非常伟大，有时极为渺小；有时是叛逆的、爱嘲笑的、鄙视世界的天才；有时则是谨小慎微，事事知足、胸襟狭隘的庸人。"②歌德及其作品的两重性，正是当时的社会历史的产物。恩格斯对巴尔扎克的评价，是马克思主义文艺批评的历史观点的一个很好的例证。恩格斯在 1888 年 4 月初《致玛·哈克奈斯》的信中指出："他（巴尔扎克）在《人间喜剧》里给我们提供了一部法国'社会'，特别是巴黎'上流社会'的卓越的现实主义历史……他汇集了法国社会的全部历史。"③恩格斯还指出："他（巴尔扎克）的伟大的作品是对上流社会必然崩溃的一曲无尽的挽歌，他的全部同情都在注定要灭亡的那个阶级方面。"④巴尔扎克"不得不违反自己的阶级同情和政治偏见"⑤，尖锐嘲笑、辛辣讽刺"那些贵族男女"，而"毫不掩饰地""赞赏"他政治上的"死对头"、"代表人民群众的""共和党英雄们"。

1859 年 5 月 18 日，恩格斯在《致斐·拉萨尔》的信中，对拉萨尔

①《马克思恩格斯全集》第四卷，人民出版社，1958 年版，第 254 页。
②《马克思恩格斯全集》第四卷，人民出版社，1958 年版，第 6 页。
③《马克思恩格斯选集》第四卷，人民出版社，1972 年版，第 462—463 页。
④《马克思恩格斯选集》第四卷，人民出版社，1972 年版，第 462—463 页。
⑤《马克思恩格斯选集》第四卷，人民出版社，1972 年版，第 462—463 页。

的剧本《济金根》进行了评论,指出剧本中的主要人物:"是一定的阶级和倾向的代表,因而也是他们时代的一定思想的代表,他们的动机不是从琐碎的个人欲望中,而是从他们所处的历史潮流中得来的。"①同时肯定了拉萨尔"以鲜明的笔调"描述了"历史内容"——"当时的运动的两个方面。"恩格斯在指出《济金根》的错误时,也都是从当时的社会历史情况出发,认为拉萨尔"忽略了""历史的必然要求和这个要求的实际上不可能实现之间的悲剧性冲突"②。这显然是我们理解马克思主义文艺批评的历史观点的一个典型例证,也是理解这一历史观点的一把钥匙。

在马克思主义文艺批评的这一"最高标准"中,"历史观点"与"美学观点"相比较,"历史观点"无疑是主要的,处于主导地位的,但是,又总是和"美学观点"结合在一起的。恩格斯对《济金根》中主要人物的评论就是"美学观点"和"历史观点"的结合。

3. 马克思主义文艺批评的美学观点

什么是马克思主义文艺批评的美学观点?首先,我们可以从马克思《1844 年经济学——哲学手稿》中找到答案。马克思在《手稿》中明确指出:"劳动创造了美。""人也按照美的规律来建造的。"③马克思主义文艺批评的美学观点,就是要按照"美的规律"来评价、评论作品。正如恩格斯在同一《手稿》中所说的,作为批评者,"如果你想得到艺术的享受,你本身就必须是一个有艺术修养的人"。这就是说,要有"感受音乐的耳朵、感受形式美的眼睛。""五官感觉的形成是以往全

---

①《马克思恩格斯选集》第四卷,人民出版社,1972 年版,第 344—346 页。
②《马克思恩格斯选集》第四卷,人民出版社,1972 年版,第 344—346 页。
③《马克思恩格斯选集》第四十二卷,人民出版社,1972 年版,第 97 页。

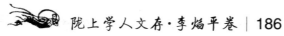

部世界史的产物。"从这里,我们可以理解到"美学观点"与"历史观点"之间的相互的紧密联系,前者是以后者为前提的。

什么是马克思主义文艺批评的美学观点,还要从马克思和恩格斯对拉萨尔的剧本《济金根》的评论中找答案。马克思称赞《济金根》"结构和情节""比任何现代剧本都高明"①。同时指出:"应该把你的韵律安排得更艺术一些"②;"最大的缺点就是席勒式地把个人变成时代精神的单纯的传声筒"③;"在性格的描写方面看不到什么特殊的东西。"④在细节方面,"有些地方""让人物过多地回忆自己"⑤;济金根"被描写得太抽象了"⑥等等。恩格斯也指出,"情节的巧妙安排和剧本的从头到尾的戏剧性使我惊叹不已"⑦,"在韵律方面您确实给了自己一些自由","对话写得生动活泼"等等。恩格斯特别提到"人物的性格描绘",而且明确提出"一个人的性格不仅表现在他做什么,而且表现在他怎样做,"要求"把各个人物用更加对立的方式彼此区别得更加鲜明些。"马克思、恩格斯在这里正是从"美学观点",从形式上评论《济金根》。"美学观点"可以理解为包容艺术形式中情节结构、人物性格、语言韵律等诸因素的综合整体。1885 年 11 月 26 日,恩格斯在《致敏·考茨基》的信中说:"我认为倾向应当从场面和情节中自然而然地流露出来。"⑧在《致玛·哈克奈斯》的信中,在肯定了《城市姑娘》

①《马克思恩格斯选集》第四卷,人民出版社,1972 年版,第 339—341 页。
②《马克思恩格斯选集》第四卷,人民出版社,1972 年版,第 339—341 页。
③《马克思恩格斯选集》第四卷,人民出版社,1972 年版,第 339—341 页。
④《马克思恩格斯选集》第四卷,人民出版社,1972 年版,第 339—341 页。
⑤《马克思恩格斯选集》第四卷,人民出版社,1972 年版,第 341 页。
⑥《马克思恩格斯选集》第四卷,人民出版社,1972 年版,第 341 页。
⑦《马克思恩格斯选集》第四卷,人民出版社,1972 年版,第 343 页。
⑧《马克思恩格斯选集》第四卷,人民出版社,1972 年版,第 343 页。

所使用的简单朴素、不加修饰的手法后说:"现实主义的意思是,除了细节的真实外,还要真实地再现典型环境中的典型人物。"①关于场面、情节、细节、典型、环境、典型人物等的论述,正是马克思主义文艺批评的美学观点的具体体现。

三、马克思主义文艺批评的标准和方法

1. 列宁的党性原则

1905 年 11 月,列宁发表了《党的组织和党的出版物》一文,提出"文学应当成为党的文学"。并强调了"无产阶级的党的事业的文学部分,不能同无产阶级的党的事业的其他部分刻板地等同起来"②。但同时强调"文学事业应当成为有组织的、统一的社会民主党的工作的一个组成部分"③。文学是党的事业,是整个党的事业的一部分,这是列宁的党性原则。列宁要求:"它要用社会主义无产阶级的经验和生气勃勃的工作去丰富人类革命思想的最新成就,它要使过去的经验(从空想的社会主义发展而成的科学社会主义)和现存的经验(工人同志们当前的斗争)之间经常发生相互作用。"1908 年 2 月 7 日,列宁《给阿·马·高尔基》的信中提出:"把文学批评连同党的工作,同领导全党的工作更紧密地联系起来。"④正是从这一党性原则出发,列宁在托尔斯泰八十诞辰及逝世后写的一系列论托尔斯泰的文章中,称列夫·托尔斯泰"是俄国革命的镜子"。深刻地剖析了托尔斯泰的矛盾和软弱性,指出他的矛盾是"十九世纪最后三十几年俄国实际生活所处的矛

①《马克思恩格斯选集》第四卷,人民出版社,1972 年版,第 454 页。

②《马克思恩格斯选集》第四卷,人民出版社,1972 年版,第 462 页。

③《列宁全集》第一卷,人民出版社,1975 年版,第 647—648 页。

④《列宁全集》第一卷,人民出版社,1975 年版,第 647—648 页。

盾条件的表现"①。指出:"托尔斯泰的思想是我国农民起义的弱点和缺陷的一面镜子,是宗法式农村的软弱和善于经营的农夫,迟钝胆小的反映。"②列宁期待的是:"在斯托雷平的教训影响之下,在革命社会民主党人坚持不渝的鼓动之下,不仅从社会主义的无产阶级中,甚至从民主主义的农民群众中,它必然会涌现出锻炼的愈来愈好、重犯我国托尔斯泰主义历史罪过愈来愈少的战士。"③依照列宁的观点,对"托尔斯泰观点中的矛盾,不应该从现代工人运动和现代社会主义的角度去评价(这样评价当然是必要的,然而是不够的),而应该从那种对正在兴起的资本主义的抗议,对群众破产和丧失土地的抗议(俄国有宗法式的农村,就一定会有这种抗议)的角度去评价"④。列宁的结论是,"只有从社会民主主义无产阶级的观点出发,才能对托尔斯泰作出正确的评价"。列宁对列夫·托尔斯泰的评论,是马克思主义文艺批评贯彻党性原则的典范。

列宁在为纪念欧仁·鲍狄埃逝世25周年而作的《欧仁·鲍狄埃》一文中,称《国际歌》是"全世界无产阶级的歌",称赞欧仁·鲍狄埃"是一位最伟大的用歌为工具的宣传家"⑤。列宁深情地写道:"一个有觉悟的工人,不管他来到哪个国家,不管命运把他抛到哪里,不管他怎样感到自己是异邦人,言语不通,举目无亲,远离祖国——他都可以凭《国际歌》的熟悉的曲调,给自己找到同志和朋友。"⑥从国际意义上

①《列宁全集》第三十四卷,人民出版社,1975年版,第387页。
②《列宁全集》第二卷,人民出版社,1975年版,第371—374页。
③《列宁全集》第二卷,人民出版社,1975年版,第371—374页。
④《列宁全集》第二卷,人民出版社,1975年版,第371页。
⑤《列宁全集》第二卷,人民出版社,1975年版,第371页。
⑥《列宁全集》第二卷,人民出版社,1975年版,第435页。

说,列宁说《国际歌》是鲍狄埃"在自己的身后留下了一个非人工所能建造的真正的纪念碑"①。列宁对鲍狄埃及《国际歌》的高度评价,正是马克思主义党性原则的集中表现。

列宁对高尔基的长篇小说《母亲》的评价,也是马克思主义文艺批评的范例。列宁欣喜地称赞《母亲》是一本对俄国工人运动"非常及时的书",称赞"高尔基同志用他的伟大的艺术作品把自己同俄国和全世界的工人运动结合得太牢固了"。当高尔基倾向"造神说"时,列宁毫不客气地对他进行严肃批评和热情帮助。由此可以看出,列宁对高尔基及其作品的赞扬或批评都是遵循着文艺批评的党性原则。列宁也从党性原则出发,高度评价了俄国民主主义文学家和批评家赫尔岑、车尔尼雪夫斯基。十月革命刚刚胜利不久,为巩固革命而战斗的 1919 年,在百忙中为约翰里德的《震撼世界的十天》作序,"衷心地将这部著作推荐给各国工人"。"因为它就那些对于理解什么是无产阶级革命,什么是无产阶级专政具有极端重要意义的事件,作了真实的、异常生动的描述"②。

列宁的文艺批评,诚然也是遵循马克思主义文艺批评的历史观点和美学观点的。他对列夫·托尔斯泰及其他作家的评论是最好的例证。列宁的党性原则,正是马克思主义文艺批评的历史观点的具体应用。列宁对文学艺术作品的评价,不但遵循马克思主义文艺批评的"历史观点",而且总是把历史观点和美学观点结合起来。克鲁普斯卡娅在《列宁和车尔尼雪夫斯基》一文中说:"弗拉基米尔·伊里奇阅读文学作品,研究文学,喜爱文学。……他是把社会问题的看法和从艺术上反映现实这两者结合起来的。"克鲁普斯卡娅在《列宁和高尔基》

①《列宁全集》第二卷,人民出版社,1975 年版,第 434—435 页。
②《列宁全集》第二卷,人民出版社,1975 年版,第 434—435 页。

一文中又说:"伊里奇非常熟悉俄国文学,他把它看成是认识生活的一种工具。艺术作品愈是完整、全面而又深刻地反映生活,就愈是纯朴,也就愈为列宁所重视。"

2. 毛泽东的政治标准和艺术标准的统一

毛泽东《在延安文艺座谈会上的讲话》明确提出:"文艺批评有两个标准:一个是政治标准,一个是艺术标准。"对此作了概括的阐述:"任何阶级社会中的任何阶级,总是以政治标准放在第一位,以艺术标准放在第二位的。"①"我们的要求则是政治和艺术的统一,内容和形式的统一,革命的政治内容和尽可能完美的艺术形式的统一。"②"我们不但否认抽象的绝对不变的政治标准,也否认抽象的绝对不变的艺术标准,各个阶级社会中阶级都有不同的政治标准和不同的艺术标准。"③在这些问题论述中一方面肯定了文艺批评标准的历史具体性,一方面肯定了文艺批评的倾向性。同时又指出文艺批评的指导原则:"我们的文艺批评是不要宗派主义的,在团结抗日的大原则下,我们应该容许包含各种各色政治态度的文艺作品存在;但是我们的批评又是坚持原则立场的,对于一切包含反民族、反科学、反大众和反共的观点的文艺作品必须给以严格的批判和驳斥。"④提出既要团结的愿望出发,不要搞宗派,又要对错误观点、错误倾向进行严肃认真的批判。所有这些论述,无可置辩地坚持了马克思主义文艺批评的指导原则。

对待历史上一切文艺作品,"它必须首先检查它们对待人民的态

---

① 《毛泽东选集》第三卷,人民出版社,1991年版,第825—826页。
② 《毛泽东选集》第三卷,人民出版社,1991年版,第825—826页。
③ 《毛泽东选集》第三卷,人民出版社,1991年版,第825—826页。
④ 《毛泽东选集》第三卷,人民出版社,1991年版,第825—826页。

度如何,在历史上有无进步意义,而分别采取不同态度"①。"有些政治上根本反动的东西,也可能有某种艺术性。内容愈反动的作品而又愈带艺术性,就愈能毒害人民,就愈应该排斥"②。当然,"缺乏艺术性的艺术品,无论政治上怎样进步,也是没有力量的"③。"我们的批评,也应该容许各色艺术品的自由竞争,但是按照艺术科学的标准给以正确的批判,使较低级的艺术逐渐提高成为较高级的艺术,使不适合广大群众斗争要求的艺术改变到适合广大群众要求的艺术"④。"艺术的基本原理有其共同性,但表现形式要多样化,要有民族形式和民族风格"⑤。"艺术离不了人民的习惯、感情以至语言,离不了民族的历史发展"⑥。"为群众所欢迎和标新立异,越多越好,不要雷同"⑦。社会主义的内容,民族的形式,在政治方面是如此,在艺术方面也是此。毛泽东文艺批评的政治标准和艺术标准是统一的,紧密结合的。政治和艺术的统一,内容和形式的统一,社会主义的政治内容和民族艺术形式的统一。所有这些论述,发展和丰富了马克思主义文艺批评的理论。

3.邓小平的社会效益原则

早在 59 年前,毛泽东《在延安文艺座谈会上的讲话》论述了"动机"与"效果"的问题,阐明好的"效果",即"受人民群众欢迎"和"对人民群众有益"两个方面。邓小平继承和发展了毛泽东关于"效果"论这一思想,认为新时期文艺批评必须注重社会效益原则。1979 年 10 月

---

① 《毛泽东选集》第三卷,人民出版社,1991 年版,第 825—826 页。
② 《毛泽东选集》第三卷,人民出版社,1991 年版,第 825—826 页。
③ 《毛泽东选集》第三卷,人民出版社,1991 年版,第 826 页。
④ 《毛泽东选集》第三卷,人民出版社,1991 年版,第 826 页。
⑤ 《毛泽东著作选读》(下),人民出版社,1964 年版,第 754、746、750 页。
⑥ 《毛泽东著作选读》(下),人民出版社,1964 年版,第 754、746、750 页。
⑦ 《毛泽东著作选读》(下),人民出版社,1964 年版,第 754、746、750 页。

30日,邓小平《在中国文学艺术工作者第四次代表大会上的祝辞》中要求文艺工作者:"要始终不渝地面向广大群众,在艺术上精益求精,力戒粗制滥造,认真严肃地考虑自己作品的社会效果,力求把最好的精神食粮贡献给人民。"邓小平文艺批评的社会效益原则,实质上是毛泽东文艺批评政治标准与艺术标准统一的集中体现和综合运用。社会效益原则要求:"我们的社会主义文艺,要通过有血有肉、生动感人的艺术形象,真实地反映丰富的社会生活,反映人们在各种社会关系中的本质,表现时代前进的要求和历史发展的趋势,并且努力用社会主义思想教育人民,给他们以积极进取、奋发图强的精神。"①邓小平这段话,从马克思主义文艺批评的"美学观点"与"历史观点"出发,鲜明地包含政治和艺术两个方面的要求,充分体现了马克思主义文艺批评的党性原则。正是以社会效益为最高准则,邓小平严厉批评了电影文学剧本《苦恋》。他指出:"《太阳和人》,就是根据剧本《苦恋》拍摄的电影……无论作者的动机如何,看过以后,只能使人得出这样的印象:共产党不好,社会主义制度不好。这样丑化社会主义制度,作者的党性到哪里去了呢? 有人说这部电影艺术水平比较高,但是正因为这样,它的毒害也就会更大。"②邓小平还针对国内的情况严肃提出,"近一两年内,通过不同渠道运进了一些黄色、下流、淫秽、丑恶的照片、影片、书刊等,败坏了我们的社会风气,腐蚀我们的一些青年和干部"③。所以,邓小平明确提出:"思想战线不能搞精神污染。"严厉批评一些人对党中央提出的文艺为人民服务,为社会主义服务的口号表示淡漠,他们都热心于写阴暗的、灰色的、以至胡编乱造、歪曲革命的

①《邓小平文选》(1975—1982),人民出版社,1983年版,第182页。

②《邓小平文选》(1975—1982),人民出版社,1983年版,第346页。

③《邓小平文选》(1975—1982),人民出版社,1983年版,第346页。

历史和现实的东西,有些人大肆鼓吹西方的所谓现代派思潮,公开宣扬文学艺术的最高目的就是"表现自我",或者宣传抽象的人性、人道主义,认为所谓社会主义条件下人的异化应当成为创作的主题,个别作品还宣传色情。当资产阶级自由化思潮泛滥的时候,邓小平一针见血地指出:"搞资产阶级自由化就是走资本主义道路。"及时予以批判,对清除资产阶级自由化思潮对我国当代社会主义文艺的影响发挥了重大作用,捍卫了社会主义文艺阵地。所有上述思想理论原则,充分体现了邓小平社会效益原则的战斗性。

4. 马克思主义文艺批评的方法

马克思主义文艺批评的方法,综合起来主要有下述各点:

(1)人民是唯一的判断者

马克思说:"人民历来就是作家'够资格'和'不够资格'的唯一判断者。"①毛泽东在《关于正确处理人民内部矛盾的问题》中作过论述:"我们要同群众一起来学会谨慎地辨别香花和毒草,并且一起来用正确的方法同毒草作斗争。"又说:"戏唱得好坏,还是归观众评定的。"邓小平《在中国文学艺术工作者第四次代表大会上的祝辞》中,重申马克思和毛泽东的这一思想,他说:"作品的思想成就和艺术成就,应当由人民评定。"②"人民是文艺的服务对象,我们的文艺属于人民。马克思主义文艺批评,最重要的方法,就是要把文艺作品交给人民去评判。"

(2)检验作品的客观效果

马克思《致马·马·柯瓦列夫斯基》的信中提出:"对一个著作家来

①《马克思恩格斯全集》第一卷,人民出版社,1956年版,第90页。
②《邓小平文选》(1975—1982),人民出版社,1983年版,第184页。

说，把某个作者实际上提供的东西和只是他自认为提供的东西区分开来，是十分必要的。"①恩格斯说："判断一个人当然不是看他的声明，而是看他的行为；不是看他自称如何如何，而是看他做些什么和实际是怎样一个人。"②毛泽东《在延安文艺座谈会上的讲话》中提出社会实践及其效果是检验主观愿望的标准："检验一个作家的主观愿望即其动机是否正确，是否善良，不是看他的宣言，而是看他的行为（主要是作品）在社会大众中产生的效果。"③"为大众的动机……被大众欢迎，对大众有益的效果。"邓小平针对1987年前后文艺作品中的倾向，强调指出："一些同志应当看看他们的错误言论，有害作品、低级表演在人民、在青年中间产生了什么影响、什么后果嘛。"马克思主义文艺批评的方法，首先就是要检验作品的社会效果。从读者、观众的反映，从社会舆论的反馈去把握评价的分寸和方向。

（3）以作品为依据，划清两种界限

马克思在《〈黑格尔法哲学批判〉导言》一文中指出："理论只要彻底，就能说服人。所谓彻底，就是抓住事物的根本。"④毛泽东说："我们看问题一定不要忘记划清两种界限：革命和反革命的界限，成绩和缺点的界限。"列宁说："判断哲学家，不应当根据他们本人所挂的招牌，而应当根据他们实际上怎样解决根本的理论问题、他们同什么人携手并进。"⑤分析的方法，是马克思主义文艺批评的基本方法。不仅作质的分析，辨析其主流、本质，分清两种界限，而且要作定量的分析，

①《马克思恩格斯全集》第三十四卷，人民出版社，1972年版，第343页。

②《马克思恩格斯选集》第一卷，人民出版社，1972年版，第579页。

③《毛泽东选集》第三卷，人民出版社，1991年版，第825页。

④《马克思恩格斯选集》第一卷，人民出版社，1972年版，第9页。

⑤《列宁选集》第二卷，人民出版社，1975年版，第221页。

该肯定几分,肯定几分,错误有多少就指出多少;既不绝对的肯定,也不绝对的否定;既不抽象的肯定,也不抽象的否定。以作品为依据,从作品内容出发,在马克思主义文艺批评原则指导下,不主观臆造,不无限上纲,不猜测推论。

(4)从分析比较中进行鉴别

恩格斯曾经指出:"任何一个人在文学上的价值都不是由他自己决定的,而只是同整体的比较中决定的。"①列宁在《评经济浪漫主义》一文中也指出:"判断历史的功绩,不是根据历史活动家没有提供现代所要求的东西,而是根据他们比他们的前辈提供了新的东西。"②毛泽东指出:"有比较才能鉴别。有鉴别,有斗争,才能发展。""真的、善的、美的东西总是在同假的、恶的、丑的东西相比较而存在,相斗争而发展的。"比较的方法,也是马克思主义文艺批评的基本方法之一。对文艺作品的评价、评论、鉴别都需要采取比较的方法。纵的比较,有古今的比较,历史的比较,与后期作品的比较;横的比较,有中外的比较,不同流派风格的比较。

(5)讨论、争鸣的方法

作家前期作品不同题材的作品,不同作家的世界观和创作方法的比较等等。

毛泽东指出:"对于科学上、艺术上的是非,应当保持慎重态度,提倡自由讨论,不要轻率地作结论。""艺术上不同的形式和风格可以自由发展,科学上不同的学派可以自由争论。""艺术和科学中的是非问题,应当通过艺术界科学界的自由讨论去解决,通过艺术和科学的

---

①《马克思恩格斯全集》第一卷,人民出版社,1961 年版,第 523—524 页。

②《列宁全集》第二卷,人民出版社,1975 年版,第 150 页。

实践去解决。"讨论、争鸣,既容许批评,也容许反批评。"在我们的社会里,革命的战斗的批评和反批评,是揭露矛盾,发展科学、艺术,做好各项工作的好方法。"这样,各种不同意见辩论的结果,就能使真理发展。因此,邓小平在《祝辞》中强调:"在文艺队伍内部,在各种类、各流派的文艺工作之间,在从事创作与从事文艺批评的同志之间,在文艺家与广大读者之间,都有提倡同志式的、友好的讨论,提倡摆事实、讲道理。允许批评,允许反批评;要坚持真理,修正错误。"①"在文艺创作、文艺批评领域的行政命令必须废止。"②历史的教训告诉我们,"只有采取讨论的方法,批评的方法,说理的方法,才能真正发展正确的意见,克服错误的意见,才能真正解决问题"。社会主义的文艺批评,也只有坚持自由讨论、平等争鸣的方法,才能在文艺批评问题上避免失误,才能使文艺批评真正成为推动社会主义文艺事业发展的巨大动力,才有社会主义文艺的繁荣和发展。

(选自《马克思文艺思想研究》,成都大学出版社,1993 年 6 月)

---

① 《邓小平文选》(1975—1982)人民出版社,1983 年版,第 184—185 页。
② 《邓小平文选》(1975—1982)人民出版社,1983 年版,第 184—185 页。

文艺同人民的血肉联系

文艺与人民的关系是文艺理论研究中一个重要问题。它同文艺与生活、文艺与时代、文艺与政治等有着密切的联系。马克思主义认为，人类历史是人民群众创造的。从根本上说，"人民只有人民才是创造历史的动力"。人民群众既是物质财富的创造者，又是精神财富的创造者；人民群众既是历史的"剧作者"，又是历史的"剧中人"。因此，人民群众是一切文化和一切思想的创造者。离开了人民群众就离开了根。对待人民群众的态度如何，是区别马克思主义者与非马克思主义者的分水岭。

马克思主义创始人及其继承者，运用辩证唯物主义和历史唯物主义的世界观和方法论，科学地阐明了文艺与人民的关系。

一、文艺与人民的历史考察

文艺与人民的关系，自文艺产生以来一直存在着。文艺从人民生活中来，文艺又回到人民生活中去。郭沫若说："文艺从它滥觞的一天起本来就是人民的，无论那一个民族的古老文艺，不管是史诗、传说、神话，都是人民大众的东西。"①邓小平高度概括地总结了文艺发展的

---

① 《郭沫若文集》，人民出版社，1959 年版，第 224—225 页。

历史,深刻描述了文艺与人民的关系:"人民需要艺术,艺术更需要人民。"①中外文艺史上,凡是优秀的文艺作品,总是直接或间接地、程度不同地从各种不同方式与人民群众保持某种联系,反映他们的生活,表现他们的感情,描写他们的业绩。非无产阶级的文艺家和理论家,他们虽然受当时历史条件的局限和思想的局限,都不可能从创作上和理论上从根本上解决文艺与人民的关系问题,但是,有些具有民主思想或进步思想的作家和艺术家在特定情况下,也能同人民群众发生联系,同甘共苦,反映人民群众的疾苦和愿望。自马克思主义创始人创立辩证唯物主义和历史唯物主义之后,从哲学的基点上为解决文艺与人民的关系提供了理论基石。马克思主义认为,人民群众是人类社会物质文明和精神文明的创造者,文艺是精神文明的重要组成部分,文艺为人民服务,文艺成为人民群众自己的文艺这是理所当然的。然而,解决文艺与人民的关系,既是一个理论问题,又是一个实践问题。这个实践就是人民群众自己的文艺运动实践,有了这个文艺运动的实践才能有真正人民自己的文艺作品、文艺理论。关键在于理论与实践的结合。因为文艺为谁服务就是某种世界观的具体表现。在马克思和恩格斯所处的年代,由于人民群众在政治上和经济上处于受奴役的地位,真正人民群众自己的文艺运动还只是处于萌芽状态。因此,马克思主义创始人从投身无产阶级革命运动开始,十分热忱地关注文艺同人民群众的血肉联系,文艺如何表现无产阶级的觉悟和斗争,文艺如何描写无产阶级新人,文艺如何为无产阶级革命事业服务。早在 19 世纪 40 年代,马克思、恩格斯就以炽热的感情赞扬工人群众在起义斗争中创作的诗歌和革命歌曲,团结和帮助一些同情工人运动和倾向革命的作家,引导他们参加工人运动。在马恩的帮助

---

① 《邓小平论文艺》人民出版社,1989 年版,第 8 页。

下,海涅、赫尔维格、弗莱里格拉特等作家都写过不少宣传社会主义思想、充满战斗激情的作品,在马恩直接影响和帮助下成长起来的无产阶级诗人格奥尔格·维尔特,他的诗作较能真实地反映工人阶级的生活和斗争,因为"亲眼看到过工人群众的状况是什么样子",并在"工人群众中间交了很多朋友"①。诚然,在马克思和恩格斯所处的时代,无产阶级文艺还处于萌芽阶段,更没有形成自己的作家队伍,帮助和引导进步的作家艺术家参加无产阶级革命队伍,鼓励他们更好"赋诗吟唱",为无产阶级革命事业服务,不仅是现实革命斗争的需要,也是建设无产阶级文艺所必需的。1893 年,恩格斯在《共产党宣言》意大利文版序言中指出:"封建的中世纪的终结和现代资本主义纪元的开端,是以一位大人物为标志的。这位人物就是意大利人但丁,他是中世纪的最后一位诗人,同时又是新时代的最初一位诗人。现在也如一千三百年间那样,新的历史纪元正在到来。意大利是否会给我们一个新的但丁来宣告这个无产阶级新纪元的诞生呢?"②历史是最好的见证,十三年后,恩格斯这一预见终于实现了。伟大的高尔基——无产阶级的但丁,1906 年发表了划时代的长篇小说《母亲》。在这部作品中,历史地真实地反映了俄国无产阶级的觉醒和抗争,在世界文学史上第一次创造了革命工人的光辉形象,开无产阶级文学创作的先河。实践证明作为一个进步的文艺家、革命的文艺家,只有在马克思主义思想指引下,投身于火热的革命斗争实践,同人民群众保持血肉的联系,才能更好地发挥自己的艺术才智,并把自己锻炼成坚定的无产阶级战士。高尔基如此,鲁迅也如此,所有的革命作家都是如此。

---

①《马克思恩格斯论艺术》(四),人民文学出版社,1960 年版,第 129 页。
②《马克思恩格斯选集》第一卷,人民出版社,1972 年版,第 249 页。

1905 年,列宁在《党的组织和党的出版物》中明确提出无产阶级写作事业要"同真正先进的,彻底革命的阶级的运动汇合起来"。这一思想是对马克思主义文艺思想在新的实践中的继承和发展,是基于对文艺这种上层建筑现象的科学认识,以及俄国无产阶级革命运动发展对文艺的必然要求。同时,这一思想还表现在列宁当时对《国际歌》及其作者的评述,对高尔基小说《母亲》的关注和评价上。1907 年,列宁在伦敦召开的党的第五次代表大会上,向高尔基谈了他对小说《母亲》的看法,列宁认为《母亲》是"一本非常及时的书"。这个赞语说明《母亲》这部小说有益于提高工人群众的革命觉悟,能够号召无产阶级自觉地投入革命斗争,鼓舞无产阶级坚定革命斗争意志,成功地实践了列宁的文艺为千千万万劳动人民服务的思想,是教育无产阶级进行革命斗争的一部生动的教科书,对无产阶级的革命斗争起到了推波助澜的作用。1913 年,列宁为纪念国际歌的作者逝世 25 周年写的《欧仁·鲍狄埃》一文中,称"他(鲍狄埃)是一位最伟大的用歌为工具的宣传家"①,列宁对鲍狄埃用诗歌为无产阶级革命斗争服务,给予充分的肯定。列宁说:"从 1840 年起,他就用自己的战斗歌曲对法国生活中所发生的一切巨大事件作出反应,唤醒落后的人们的觉悟,号召工人团结一致,鞭笞法国的资产阶级和资产阶级政府。"②并在文中深刻分析了鲍狄埃深入工人群众,同工人群众多方面的血肉联系,随着革命斗争和文艺事业的发展,列宁的上述思想又得到不断充实和发展。1920 年,蔡特金同列宁初次见面时,列宁对艺术问题有段谈话:"艺术是属于人民的。它必须在广大劳动群众的底层有其最深厚的根基。它必须为这些群众所了解和爱好。它必须结合这些群众

---

①《列宁论文学与艺术》,人民文学出版社,1960 年版,第 335 页。
②《列宁论文学与艺术》,人民文学出版社,1960 年版,第 335 页。

的感情,思想和意志,并提高它们。它必须在群众中间唤起艺术家,并使他们得到发展。"①列宁这一思想,充分体现了马克思主义关于文艺与人民关系的历史唯物主义的命题和见解。

　　文艺与人民的关系问题,也是毛泽东文艺思想的核心内容之一。毛泽东根据中国无产阶级文艺运动的具体实践加以发展,并使之中国化,进行创造性地运用,无论在《新民主主义论》,还是在《在延安文艺座谈会上的讲话》都有过论述。他说:"我们的文学艺术都是为人民大众的,首先是为工农兵的,为工农兵而创作,为工农兵所利用的。"②这是毛泽东根据当时的具体情况为我们制定的革命现实主义的首要原则,也是贯穿于《讲话》通篇的一条思想红线,围绕这条红线,阐明文艺必须向人民普及,以及普及与提高的辩证关系,指明文艺工作者与人民群众相结合是文艺创作的方向,要求"一切这些同志(指文艺工作者)都应该和在群众中做文艺普及工作的同志们发生密切的联系,一方面帮助他们,指导他们,一方面又向他们学习,从他们吸收由群众中来的养料,把自己充实起来,丰富起来,使自己的专门不致成为脱离群众、脱离实际,毫无内容、毫无生气的空中楼阁"③。毛泽东以人民大众的根本利益为出发点,继承并发展了列宁的"艺术属于人民"的思想,防止作家脱离人民群众的主观唯心主义的思想倾向和孤芳自赏,单纯表现自我的文艺倾向,解决好文艺创作与人民群众的关系。这些精辟的论述阐明了无产阶级文艺与人民大众的血肉联系,并得出结论:"真正人民的文艺,才是无产阶级的文艺",而"真正人民大众的东西,现在一定是无产阶级领导的。"全面科学地回答了无产阶

---

①蔡特金《回忆列宁》,《列宁论文学与艺术》(二),人民文学出版社,第912页。
②《毛泽东选集》第三卷,人民出版社,1991年版,第820—821页。
③《毛泽东选集》第三卷,人民出版社,1991年版,第820—821页。

级文艺及其与广大人民群众相结合的本质特征。

在新时期,邓小平对文艺与人民的关系,结合社会主义建设时期文艺发展的要求作了高度概括的论述,他说:"要教育人民,必须自己先受教育。要给人民以营养,必须自己先吸收营养。由谁来教育文艺工作者,给他们以营养呢?马克思主义的回答只能是:人民。人民是文艺工作者的母亲。一切进步文艺工作者的艺术生命,就在于他们同人民之间的血肉联系,忘记、忽略或者割断这种联系,艺术生命就会枯竭。"①如此高度概括、精辟论述文艺与人民的血肉联系,在马克思主义文艺思想史上是第一次。

文艺与人民的联系在我国有着优良传统。从"五四"到中华人民共和国成立之后,马克思列宁主义、毛泽东思想有关文艺与人民关系的论述,无论在理论认识上,还是在文艺创作实践中,对我国广大文艺工作者来说,似乎是解决了的问题。但实际情况表明,在社会主义新的历史时期,从理论和实践上正确处理文艺与人民的关系并未完全解决。在"文革"及其以前的一个阶段,存在着文艺脱离人民的倾向,"文革"期间发展到极高峰。1957年,一批反映人民群众要求和现实生活的作品打成"反党反社会主义"的"毒草",粉饰太平,回避矛盾、不思人民苦难的作品视为"香花"。"文化大革命"期间,林彪、"四人帮"先后提倡的"造神文艺"和"阴谋文艺"不仅是非人民的文艺,而且是十足的反人民的文艺。文艺向非人民和反人民方向蜕变,是因为政治上的"左"倾错误。"左"倾错误在本质上是脱离人民的,为错误的"左"倾政治服务的文艺,必然是脱离人民的文艺。林彪、"四人帮"反革命极"左"路线的文艺是反人民性质的文艺,不可避免地殃害了

---

①《邓小平论文艺》,人民文学出版社,1989年版,第7—8页。

人民。

　　粉碎"四人帮"以后，文艺重新回到人民的怀抱。一批新老作家重新走向文艺舞台，文艺作品真实地反映了人民群众"十年浩劫"中所经受的苦难，并展现出在苦难中可歌可泣的英勇事迹，出现了揭露"文化大革命"的"伤痕文学"。接着，出现了审视社会主义历史曲折，并反映出人民群众对这种曲折沉思的"反思文学"。稍后，出现了针砭现实、表达人民群众要求变革，促进四个现代化建设的"改革文学"，以及描写中越边界反击战，国防现代化建设的"军事文学"和深切表现乡土韵调风俗的"乡土文学"等等。从总体上说，"二为"方向和"双百"方针规定了社会主义文学的基本性质，文艺作品具有鲜明的时代感，显示出文艺与生活、文艺与人民的切近和时代意识的浓化，呈现出以社会主义性质为主旋律的题材；主题、风格、流派等方面的多样化。但是，1986年以后，在实际工作中，由于意识形态领域，对民族文化、民族历史、民族现实的合理性缺乏深邃的认识和理解，当国外创作，理论流派介绍所剩无几，而中西历史文化背景的巨大差别充分暴露时，少数文艺家滑进"自我表现"的邪路，彷徨消沉，追求自我实现，表现"一切为我"的人生，提倡与人民群众思想感情相反的"自我表现"，淡化社会历史，提倡原始文化，淡化政治，不表现伦理观念。这些所谓新潮对我国十年文艺创作影响极大。此外，性文学、"玩文学"等对文坛冲击也不可低估，作为人生观的整体表现在文艺创作上的思想倒退达到不能扼制的程度，导致资产阶级自由化思潮在意识形态领域内泛滥成灾，于是，出现了1989年的一场政治风波。这场风波之后，党中央关于加强党与人民群众密切联系的历史性决定，不仅为党政机关和广大干部加强和改善同人民群众的关系作出了具体的规定，而且为我国广大文艺工作者认真切实地解决好这个问题指明了正确的方向。

二、文艺为最广大的人民群众服务

马克思列宁主义、毛泽东思想对于艺术与人民关系的论述是以对历史唯物主义理解为依据的。人类的全部历史乃是劳动群众的历史,人民的历史,文学艺术作为整个文化的一部分,便和人民群众的历史创造有着有机的联系。只不过由于历史条件的不同,自然地域的不同,民族特点的不同,文艺和人民的关系表现为各种不同形式。

第一,人民群众自己的文艺创作构成艺术上人民性的基础,它在不同发展阶段起着不同的作用。在阶级对抗的社会条件下,凡是能够流传后世的优秀作品,其艺术价值总是同某一具体历史条件下具有进步意义的社会力量相关联的,总是以某种方式反映着人民群众自己的要求和思想的。如但丁、莎士比亚、巴尔扎克、列夫·托尔斯泰、车尔尼雪夫斯基;在我国,如屈原、杜甫、柳宗元、关汉卿、施耐庵等。在这些作家的作品中,不仅同情被压迫群众,而且在自己的作品中成为劳动阶级思想的直接表现者。

第二,作家、艺术家虽然不是劳动者利益的直接和率直的表现者,而他仍然是由人民生活、人民反对压迫者的斗争中吸取自己创作的内容并以自己的作品在精神上使人民得到利益,促进了人民进步的发展。如俄国贵族文化中产生的普希金,中国封建文化中产生的曹雪芹。

第三,在社会主义社会条件下,艺术全部属于人民所有,直接表现了人民的思想和愿望,并且成为千百万人精神上全面发展的强大手段。但是,一旦作家、艺术家"为艺术而艺术",走向远离生活、脱离人民的创作道路,其结果必然是文艺创作的彻底蜕化,为人民群众所唾弃。

　　文艺为无产阶级革命事业服务,为广大劳动人民服务,是马克思主义创始人的一贯思想和原则。

　　首先,文艺要"歌颂倔强的,叱咤风云和革命的无产者"。这是马克思主义创始人在文学史上第一次明确提出的新观点。1846年,恩格斯在《诗歌和散文中的德国社会主义》一文中表明他同"真正的社会主义"作家在文学的歌颂对象上的根本分歧。恩格斯要求革命的文艺,不仅把无产阶级作为描写的对象,而且更为重要的要把它作为一个已经觉醒了的、勇于为争取自身解放和开创历史未来而斗争的强大的革命阶级来歌颂。到了80年代,恩格斯的这一思想在给玛·哈克奈斯的信中得到了更为明确的表达和发挥。他在批评中指出哈克奈斯的《城市姑娘》根本缺点的同时,阐述了他的一个重要观点:像哈克奈斯这样仅仅以同情的态度去描写工人阶级的生活,一般地揭示工人阶级和资产阶级之间的对立,这是进步的资产阶级和小资产阶级也能做到的,只有正确地表现工人阶级所处的历史地位以及他们为推动历史发展而进行的革命斗争,才是无产阶级文学的根本标志。

　　其次,提出从现实革命发展中描写现实,揭示社会生活的本质和历史发展趋向。马克思主义认为,世间一切事物"没有任何东西是不动的和不变的,而一切都在运动、变化、产生和消失"[①]。一般来说,旧的现实主义作家往往局限于一些表面、个别生活真实,对事物在一定历史条件下的发展变化看不到,甚至把那些已经丧失现实性的东西当作真实来描写。这种现实主义卢那察尔斯基称为"静止的现实主义,否定的现实主义"[②]。恩格斯对《城市姑娘》的批评正是指出哈克奈斯是以静止的、落后的眼光来描写工人群众,看不到半个多世纪以来

---

　　①《马克思恩格斯全集》第二十卷,人民出版社,1971年版,第23页。
　　②(苏)卢那察尔斯基《论文学》人民文学出版社,1978年版,第53页。

工人运动的发展。社会主义现实主义作家是在现实的革命发展中真实地、历史地和具体地描写现实,从现实的革命发展中观察生活、表现生活。这是在无产阶级世界观指导下的现实主义区别于旧的现实主义的基本特征。恩格斯指出:"在发展的进程中,以前的一切现实的东西都会成为不现实的,都会丧失自己的必然性、自己存在的权利、自己的合理性;一种新的,富有生命力的现实的东西就会起来代替正在衰亡的现实的东西。"①恩格斯所说的"一种新的,富有生命力的现实的东西"就是在革命斗争实践中成长起来的无产阶级新人的形象。在描写新的革命英雄人物的问题上,马克思、恩格斯一贯反对脱离具体的历史条件和社会实践而把人物过于理想化的超凡绝俗的"英雄",而应历史地、具体地写出他们怎样在革命实践中"抛掉自己身上一切陈旧的肮脏的东西",培养新的意识和新的品质。

第三,无产阶级的文艺要向工人群众宣传和灌输社会主义思想。马克思主义认为,文学艺术这种特殊的意识形态是一种不可忽视的精神力量,它以艺术形象所特有的感染力作用于人们的思想感情,给人以启发教育,从而产生广泛的社会效果。恩格斯谈到德国现实主义画家许布纳尔的一幅反映工人生活的绘画作品时作出较高的评价:"从宣传社会主义这个角度来看,这幅画所起的作用要比一百本小册子大得多。他画的是一群向厂主交亚麻布的西里西亚织工,画面异常有力地把冷酷的富有和绝望的穷困作了鲜明的对比……这幅画在德国好几个城市里展览过,当然给不少人灌输了社会的思想。"②恩格斯的这一评述,说明艺术家提供的生动艺术形象易于工人群众理解和

①《马克思恩格斯选集》第四卷,人民出版社,1972年版,第212页。
②《马克思恩格斯全集》第二卷,人民出版社,1956年版,第589—590页。

接受,其社会教育作用是其他任何意识形态形式不能代替的。

列宁认为,文艺是属于人民的,是为劳动人民服务的,"不是为饱食终日的贵妇人服务,不是为百无聊赖、胖得发愁的'几万上等人'服务,而是为千千万万劳动人民,为这些国家精华,国家的力量,国家的未来服务"①。列宁一方面强调文艺为千千万万劳动人民服务的无产阶级性质,一方面揭露资产阶级的伪善行为。他指出:"我们社会主义者揭露这种伪善行为,揭掉这种假招牌,不是为了要有非阶级的文学和艺术(这只有在社会主义的没有阶级的社会中才有可能),而是为了要用真正自由的,公开同无产阶级相联系的写作。"②列宁针对资产阶级鼓吹超阶级、超党派的"创作的绝对自由"的言论进行了驳斥和揭露,指出绝对自由的言论"不过是一种伪善而已",是资产阶级或者说是无政府主义的空话。人们生活在社会中却要离开社会而自由,这只是梦呓而已。

列宁提出文艺是属于人民的,这是由无产阶级的利益和革命的需要决定的。人类历史的发展是以物质资料的生产作为基础,生产力的发展以及生产力同生产关系之间的矛盾,在阶级社会中所表现这一矛盾的阶级斗争,才是历史发展的动力。列宁所处的时代,无产阶级在政治历史舞台上开始显现出较为强大的力量,文艺表现人民群众,为人民群众服务已成为时代的要求。列宁提出文艺为千千万万劳动人民服务,不仅解决了当时俄国无产阶级由于斗争形势的变化而在文艺上的新任务,而且在马克思主义文艺思想发展历史上第一次解决了文艺为人民服务的新课题。

列宁提出文艺是属于人民的,集中表现在为无产阶级革命事业

①《马、恩、列、斯论文艺》,人民文学出版社 1980 年版,第 166、165 页。
②《马、恩、列、斯论文艺》,人民文学出版社 1980 年版,第 166、165 页。

服务。为了捍卫本阶级的利益,历史上任何一个阶级总是自觉不自觉地运用文艺作为战斗武器。欧仁·鲍狄埃的《国际歌》就是为无产阶级解放事业而战斗的武器,是响彻全世界的无产阶级战歌。这首伟大的无产阶级的歌,诞生在巴黎公社战斗的日子里。正如列宁所说:"公社被镇压了……但是鲍狄埃的《国际歌》却把它的思想传遍了全世界,在今天公社比任何时候都更有活力。"①足见,为无产阶级革命事业服务,这是社会主义文艺的首要任务。

毛泽东根据中国的实际情况,直接继承并发展了列宁的"艺术属于人民"的文艺思想。《在延安文艺座谈会上的讲话》把文艺为人民大众、首先为工农兵服务,归结成"为人民大众的根本原则"。在毛泽东看来,为人民群众服务是解决全部革命文艺问题的出发点和归宿点,是全部问题的核心。以这个核心为出发点,他在总结"五四"以来革命文艺运动的经验教训的基础上,对文艺与革命、文艺与生活、普及与提高、作家改造世界观、深入工农兵、歌颂与暴露等一系列问题进行了论述,其基本观点围绕着文艺必须为广大群众服务这一个轴心。根据当时中国革命战争的具体环境,毛泽东把文艺为人民大众服务与文艺为无产阶级革命斗争服务二者统一起来。要求人民的作家必须站在人民大众的立场上创作文艺作品,用自己的作品"作为团结人民、教育人民、打击敌人、消灭敌人的有力的武器,帮助人民同心同德地和敌人作斗争"②。在毛泽东看来,文艺为无产阶级革命斗争服务,为当时的革命战争服务,实质上就是为人民服务。

实践反复证明,文艺与人民的血肉联系,是无产阶级文艺的生命,是人民文艺工作者的生命。保持这种联系,社会主义文艺就会繁

①《列宁论文学艺术》人民文学出版社,1960 年版,第 335 页。

②《毛泽东选集》第三卷,人民出版社,1991 年版,第 805 页。

荣发展,割断这种联系,社会主义文艺就会停滞倒退,直至发生质的蜕变。

三、坚持和新的群众的时代相结合

　　早在 19 世纪 30—40 年代,马克思主义创始人把文艺与人民群众相结合的问题看作文艺史上的一件大事,并且十分关注。当欧洲某些现实主义作家把下层人民生活、命运写进作品时,恩格斯及时指出"在小说的性质方面发生了一个彻底的革命"。到了 80 年代末,他要求进步作家描写工人阶级的火热斗争,表现他们的喜怒哀乐,描写工人群众"为恢复自己做人的地位"而作出不懈努力。他宣称:文学应该自觉地同工人阶级,人民群众的现实斗争结合起来。1918 年十月革命胜利后不久,列宁发表了《论我们报纸的性质》一文,号召新闻工作者和文艺家"多接近生活,多注意工农群众怎样在日常工作中实际地建设新事物"[①]。接着,在 1919 年 7 月给阿·马·高尔基的一封信中,劝高尔基走出彼得堡,到实际生活中去,"到农村或外地的工厂（或前线)去,去观察人们怎样以新的方式建设生活"[②]。其主导思想倡导革命的文艺家必须到群众的火热的斗争中去,必须深入人民群众,不断从人民群众中吸取丰富的文学艺术的原始材料,深切感应时代的脉搏和群众的时代相结合。

　　毛泽东对文艺家必须深入生活,投身到人民群众的伟大斗争的论述,更为深化、完整。他在《讲话》里号召"中国的革命的文学家艺术家,有出息的文学家艺术家,必须到群众中去,必须长期地无条件地全心全意地到工农兵群众中去,到火热的斗争中去,到唯一的最广大

　　[①]《列宁选集》第二卷,人民出版社,1975 年版,第 83 页。
　　[②]《列宁选集》第四卷,人民出版社,1975 年版,第 61 页。

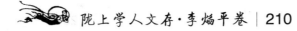

最丰富的源泉中去,观察、体验、研究、分析一切人,一切阶级,一切群众,一切生动的生活形式和斗争形式,一切文学和艺术的原始材料,然后才有可能进入创作过程"①。强调革命文艺工作者"必须和新的群众的时代相结合"。在这个号召下,许多文艺工作者纷纷下农村,去部队,同工农兵同吃同住同生活,经过文艺工作者的辛勤劳动,革命根据地的文艺出现了新的气象,为群众喜闻乐见的文艺作品,如《白毛女》、《王贵与李香香》、《李有才板话》相继产生,展示了新文学史上前所未有的"新的人物,新的世界",对当时的革命群众斗争起到了积极的鼓舞作用,对新民主主义文化的发展产生了深远的影响。

新中国成立后,社会生活与人民群众精神面貌发生了深刻变化,文艺所反映的生活领域与时代风貌更为宽广,文艺的服务对象扩大了,文艺队伍也壮大了。广大文艺工作者通过马克思主义学习,大部分文艺工作者的立场,世界观和思想感情,发生了根本的变化。"文革"前十七年,出现了一大批反映社会主义改造和建设的优秀文艺作品,塑造了一系列感人至深的品格高尚美好的人物形象。这些作品以昂扬的格调,赞颂了人民大众建设社会主义的热情,宣扬了共产主义的道德风尚和生活理想,对群众进行了集体主义、社会主义和共产主义的思想教育。

历史进入了社会主义新时期,随着改革开放进程的加快,人民群众的精神面貌与"文革"前后相比同样发生了变化。但是,社会主义新时期的文艺仍然"必须和新的群众的时代相结合"。

当党和国家的工作重点转移以后,社会主义现代化建设全面展开,而文艺创作对四个现代化建设的现实和斗争反映还不充分,体现社会主义性质的文艺,振兴中华的时代精神,突出社会主义主旋律的

---

①《毛泽东选集》第三卷,人民出版社,1991年版,第817—818页。

文艺作品尚不能满足人民和时代的需要。新时期以来,反映新时期的新斗争,新人物的作品虽然不断出现,其中也有佳作,但为新时期的人民群众所喜闻乐见的健康向上的作品不多, 文艺创作中脱离生活而生编硬造的错误倾向成为时髦。特别是在开放的同时,西方资产阶级的腐朽思想,诸如利己主义、虚无主义,市侩哲学等乘机而入。反映在文艺创作中, 有些作家离开历史唯物主义观点观察社会, 评价生活,把我们在改革开放中的某些弊病写成不可救药。有些作品宣扬抽象的人性,或者宣扬超社会的所谓"爱";有的作品无限地表现"自我",散布虚无、颓废、没落的情绪;有的作品庸俗、低级、醉心于性文学创作;有些作品背离了"二为"方向,脱离了时代和人民的需求。所有这些情况, 同社会主义文艺的性质格格不入, 且产生了极坏的影响。

1990 年至 1991 年是我国政治生活的一个重要阶段。广大文艺工作者通过积极的思想调整,进入良好的创作状态,走出庭院,投入改革开放的第一线,深入生活,同群众相结合,越来越得到广大文艺工作者的重视和理解, 许多领导部门也为文艺工作者深入生活积极创造条件,依靠文学创作所取得的可喜成绩,对当前整个文学事业的繁荣和健康发展起到了领先的作用。1990 至 1991 年度全国优秀报告文学获奖的《无极之路》、《沂蒙九章》等 8 部长篇报告文学和 25 篇中短篇报告文学作品,几乎反映了社会生活的各个方面,特别是反映改革开放、"四化"建设为内容的主旋律占有很大比重,具有强烈的时代精神,给人们以奋发向上的精神力量。广播电影电视部 1991 年优秀影片奖,获优秀故事片奖的《大决战》、《周恩来》、《开天辟地》等影片, 达到国家级的银幕巨制水平, 在中国电影史上具有划时代的意义。运用全景式、整体化手法,宏大壮阔地展现历史事件的全貌和重大战役奇观的《大决战》;明散点式、情绪化结构,全面细腻地表现周总理伟大人格力量的《周恩来》;"以人携史"为结构,把人物作为影片中心来统率历史事实的《开天辟地》。这批巨片,电影评论家给予了高度的评价,认为"是中国电影史上的华丽篇章,是中国当代文化的一笔宝贵财富"①。进入世纪之交,无论小说、影视作品,又出现一批优秀作品,如历史小说《曾国藩》、王蒙新作"季节"系列长篇小说、电视剧《苍天在上》、《生死抉择》等,为21世纪文化的发展和创新提供了新的文化品位。足见,社会主义文艺的繁荣,存在于广大文艺工作者深入生活、与人民群众建立水乳交融关系的自觉性和积极性的提高之中,存在于广大文艺工作者投身人民母亲怀抱,植根时代生活沃土的广度和深度的扩展之中。随着时代的前进与发展,在新形势下,要求广大文艺工作者在新时代的更高水平上,在和新的群众时代相结合的过程中,仍然要解决好"一个为群众的问题和一个如何为群众的问题"。正如毛泽东50多年前所指出的:"不解决这两个问题,或这两个问题解决得不适当,就会使得我们的文艺工作者和自己的环境、任务不协调,就使得我们的文艺工作者从外部到内部碰到一连串的问题。"②这个基本思想依然是社会主义文艺与新的时代相结合的指导原则。

坚持和新的群众的时代相结合,文艺工作者在改造客观世界的同时,不断地改造自己的主观世界,这是毛泽东的一贯思想。他在《讲话》中强调文艺家必须通过深入工农兵群众的斗争生活,通过学习社会和学习马克思列宁主义,"经过长期的甚至是痛苦的磨炼"把立足点"移到工农兵这方面来,移到无产阶级方面来",在思想感情上"和群众打成一片"。这些思想在当时是十分正确的。

---

①《文艺报》1992年4月25日,第16期。
②《毛泽东选集》第二卷,人民出版社,1991年版,第810页。

革命的文艺是为最广大的人民群众服务，革命文艺的艺术源泉是人民群众的斗争生活，社会主义文艺的艺术源泉也是人民群众建设社会主义过程中的社会生活。无疑，人民群众的生活，包括革命斗争，生产斗争和科学实验是社会主义文艺描写的重要对象，社会主义的文艺必须表现人民的思想感情、理想愿望和要求，了解他们，做他们的知心朋友，与他们相结合，做他们的代言人。同时，文艺工作者作为教育者，作为人类灵魂工程师，就不能不有一个首先受教育、自我问题。不能不有一个首先向人民群众学习，与人民同呼吸共命运的问题。只有这样，才能真正在思想上解决文艺为什么人的问题，写出人民群众所喜爱的作品。实践证明，毛泽东关于文艺工作者在改造客观世界的同时改造自己的主观世界的思想，是毛泽东文艺思想的一条重要的科学原则，同样没有过时，我们必须坚持。但是，在肯定上述科学原则的基本观点的同时，毛泽东在他的晚年对待知识分子问题上，包括文艺工作者，离开了他一贯对待知识分子的方针政策，造成严重的失误。我们现在学习毛泽东关于文艺工作者改造思想，改造主观世界这条基本原则时，不能把他针对当时文艺工作者的特殊情况所作的具体要求（如要求文艺工作者进行从一个阶级到另一个阶级的根本改造等）当作教条，而是运用这个原则的基本精神指导研究今天的新情况，解决新问题。社会主义文艺工作者当然永远有一个和人民群众相结合，在思想感情上和他们打成一片的问题，永远有一个改造自己的主观世界的问题。对于文艺工作者来说，改造主观世界，从改造认识能力来说，一是学习马克思主义，掌握辩证唯物论和历史唯物论的认识方法和认识途径。二是提高艺术素养，提高艺术的感受生活、概括生活、把握和表现生活的能力。从改造主观世界和客观世界的关系来说，则主要使自己的认识具有经得起实践检验的客观真理性。改造客观世界和主观世界的关系上，实践是一个桥梁，包括了改造人的

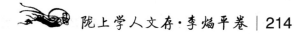

实践结构。对于艺术家来说,参加人民群众的三大实践,但艺术实践不可忽视。因此,认识生活的过程(指深入生活)和表现生活的过程(创作过程)都包括在艺术实践之中,则艺术家的改造主观世界和客观世界的关系,自然也包括了对艺术实践的提高与改造。

(选自《马克思主义文艺思想研究》1993 年 6 月)

邓小平《祝辞》是当代马克思主义
文艺思想的伟大文献
——纪念邓小平《祝辞》发表 20 周年

邓小平文艺思想与他的政治思想、经济思想一样，构成指导建设
具有中国特色社会主义和改革开放的理论纲领。邓小平的《祝辞》，在
本质上与马克思主义文艺思想、毛泽东文艺思想同属一个科学理论
体系，它是中国化的当代马克思主义文艺思想，创造性地丰富和发展
了马克思主义文艺思想理论，指明了有中国特色社会主义文艺发展
的方向。

一、提出新时期文艺总方针

自《在延安文艺座谈会上的讲话》发表以来的几十年间，我们一
直沿用"文艺从属于政治，文艺为政治服务"这个提法。1979 年 10 月，
邓小平《在中国文学艺术工作者第四次代表大会上的祝辞》提出"文
艺为人民服务，为社会主义服务"，取代了"文艺为政治服务。""二为"
的提出，是党领导文艺工作几十年来的经验总结和理论概括，是党在
社会主义初级阶段坚持和长期稳定地发展我国文艺事业的总方针。
它正确地规定了文艺的服务对象和文艺的指导方针，高度概括了文
艺工作的总任务和根本目的，从而确定了有中国特色的社会主义文
艺的性质。"为人民服务"是指为广大的工人、农民、士兵、知识分子、
干部和一切拥护社会主义、热爱祖国的人服务；"为社会主义服务"就

是为社会主义的经济、政治、文化、军事等各项事业的根本需要服务。目前,主要是为社会主义现代化建设和改革开放的需要服务,为建设高度的社会主义精神文明和物质文明服务。"文艺为工农兵服务"、"文艺为无产阶级政治服务"的口号,曾在历史上起过积极的作用。之所以不再沿用,第一,当今我国社会阶级结构和经济结构发生变化,知识分子已是工人阶级的一部分,工农兵已经不能代替全体人民。第二,政治本身不能成为我们的目的,我们的政治归根结底是为大多数人谋利益的手段,不能为政治而文艺,文艺的目的,只能是为人民的利益。第三,文艺不等于政治,不能要求文艺从属于政治,更不能要求文艺从属于临时的、具体的直接的政治任务。邓小平根据我国社会主义事业建设客观形势发生的变化,全面审视了党的文艺方针政策,作出符合科学、切合实际和文艺规律的调整和修正,旨在解放文艺生产力,发展和繁荣我国社会主义文艺事业。

二、确立文艺在新时期的地位和作用

邓小平理论的一个重要内容,把社会主义文化建设提升到社会主义发展的本质要求高度,并从精神文明建设的角度确立文艺事业在社会主义建设中的地位和作用。《祝辞》指出:"我们要在建设高度的物质文明的同时,提高全民族的科学文化水平,发展高尚的丰富多彩的文化生活,建设高度的社会主义精神文明。"《祝辞》所说的提高科学文化水平的范围,强调是"全民族的";发展人民文化生活的内容,应是"高尚的丰富多彩的";精神文明建设的标准,必须是"高度的"。因此,他要求文艺工作者在崇高的文化事业中,在文艺发展的广阔天地里,"不论是对于满足人民精神生活多方面的需要,对于培养社会主义新人,对于提高整个社会的思想、文化、道德水平,文化工作都负有其他部门所不能代替的重要责任"。党的十五大报告坚持邓小平关于文化建设和精神文明建设的重要思想作了精辟的论述:"有中国特色社会主义文化,就其主要内容来说,同改革开放以来我们一贯倡导的社会主义精神文明是一致的。文化相对于经济、政治而言。精神文明相对于物质文明而言。只有经济、政治、文化协调发展,只有两个文明都搞好,才是有中国特色社会主义。"作为意识形态的文艺,无论在引导人民积极进取,还是教育人民奋发图强,在精神文明建设中应该发挥积极的作用。

三、强调文艺与人民的血肉联系

文艺与人民的关系,自文艺产生以来一直存在着。早在 19 世纪30 年代,马克思主义创始人把文艺与人民的关系看作文艺史上的一件大事,并且十分关注。列宁早在 20 年代提出了"艺术属于人民"的观点,40 年代毛泽东号召一切文艺工作者都"必须和新的群众的时代相结合"。邓小平针对新时期我国社会主义建设和文艺发展的现状,继承和发展了列宁和毛泽东的这一思想,在《祝辞》中深刻阐明了文艺与人民的血肉联系,他希望"文艺工作者中间有越来越多的同志成为名副其实的人类灵魂工程师。要教育人民,必须自己先受教育。要给人民以营养,必须自己先吸收营养"。由谁来教育文艺工作者,由谁给他们以营养,《祝辞》的回答只能是人民。"人民是文艺工作者的母亲。一切进步文艺工作者的艺术生命,就在于他们同人民之间的血肉联系。忘记、忽略或割断这种联系,艺术生命就会枯竭"。历史的正反两个方面证明,文艺与人民的血肉联系,是社会主义文艺的生命,是人民文艺工作者的生命,繁荣和发展社会主义文艺事业,必须解决好文艺与人民的联系。那种脱离人民群众搞"自我表现"的所谓"文艺精英"只能走进死胡同。只有置身于人民群众之中,同人民生活共呼吸,保持血肉联系,才能获得永不枯竭的创作源泉。

四、明确精神生产要以社会效益为最高准则

所谓精神生产的社会效益，是指文艺作品的内容和艺术价值对广大读者、观众的影响。《祝辞》要求"对人民负责的文艺工作者，要始终不渝地面向广大群众，在艺术上精益求精，力戒粗制滥造，认真严肃地考虑自己作品的社会效果，力求把最好的精神食粮献给人民"。这最好的精神食粮就是塑造实现四个现代化的建设者在改革开放中的新形象，揭示改革者乐于奉献、勇于开拓的精神风貌。通过有血有肉、生动感人形象，真实地反映新时代丰富的社会生活，反映人们在各种关系的本质，表现时代前进的要求和历史发展的趋势，满腔热情地讴歌党和人民创造历史的丰功伟绩，有利于社会主义现代化建设和改革开放事业，有利于激发人们的奋发进取精神，有利于陶冶人们的道德情操，保证我国文艺的社会主义性质，正确把握我国社会主义文艺方向。

在市场经济大潮的冲击下，作家、艺术家要讲艺术良心，要时刻不忘自身肩负的历史使命，做利在当代、功在千秋的善事。文艺评论家要珍惜自己手中的笔，要积极开展健康的文艺评论，敢于反对那种淡漠"二为"方向，远离群众实践的倾向，敢于反对那种迎合低级趣味、一切向钱看的倾向，为子孙后代创造一片净土。

五、指明党领导文艺工作的指导原则

在解决新时期文艺工作新的问题中，《祝辞》回答了党应当如何领导好文艺的问题。"党对文艺工作的领导，不是发号施令，不是要求文学艺术从属于临时的、具体的直接的政治任务，而是根据文学艺术的特征和发展规律，帮助文艺工作者获得条件来不断繁荣文学艺术事业，提高文学艺术水平，创作出无愧于我们伟大人民、伟大时代的

优秀的文学艺术作品和表演艺术成果"。明确提出党领导文艺工作的宗旨和原则：一是"要善于学习掌握和运用毛泽东思想的体系来指导我们各项工作"；二是必须"根据文学艺术的特征和发展规律"来领导文艺，"提倡领导者同文艺工作者平等地交换意见"；三是"衙门作风必须抛弃"，"文艺批评领域的行政命令必须废止"；四是加强宏观指导，"坚持正确的政治方向"，写什么和怎样写，"不要横加干涉"。

通篇《祝辞》从改革的特定时空出发，实事求是地解决了文艺工作中的主要矛盾；从解决艺术生产力出发，创造创作的良好环境，促进社会主义文学艺术的繁荣；从实践的观点和历史的观点出发，肯定"作品的思想成就和艺术成就，应当由人民群众来评定"。总之，邓小平的《祝辞》，在马克思主义文艺思想史上写下了光辉灿烂的篇章，对指导有中国特色的社会主义文化建设和当代文艺创作和发展，具有特殊的现实意义以及独特的理论价值和美学价值。

（本文在 1999 年 4 月"共和国社会主义文学艺术 50 周年研讨会"作为交流论文。获中国艺术研究院一等奖）

领导干部要有文史素养

记得五十年代到六十年代，中央党校为理论班学员设过历史和文艺专业。那时文史界的权威郭沫若、翦伯赞、吴晗、吕振羽、邓广铭以及周扬、田汉、何其芳等都在中央党校讲过课。最近，江泽民总书记在省部级主要领导干部金融研究班上强调领导干部要学习历史。他说："一名领导干部不善于从历史中吸取营养，不可能成为高明的领导者"，他要求"全党同志一定要认真学习中华民族的历史。"这也是新时代对党政领导干部提高全面素质的要求。

一、基础理论与文史素养

本来，学习基础理与学习文史知识不是对立的，而是相辅相成的。没有较为丰富的文史知识，没有一定的文化素养，要学好马克思主义理论是很难的。马克思主义经典作家的一些论著，本身也是历史著作，是分析总结历史事件的结论，提示社会发展规律的科学。马克思的《波拿巴政变记》，毛泽东的《新民主主义论》都是史论结合的不朽著作。在他们的著作中，引用了不少文学作品和神话中的人物，引用许多文学作品中的精彩语言。马克思在《资本论》各卷中达 156 处。其中包括希腊神话，英、德、法各国文学巨匠的作品，《圣经》、民歌、民间故事等。有的引为例证，如《资本论》第三卷引述了巴尔扎克《农民》中的故事，生动而深刻地说明高利贷者如何使小农越来越深地陷入高利贷的蜘蛛网中。李卜克内西在《回忆马克思》一文中说："马克思是个严格的修辞家——他常常花很多时间来力求找到所需要的词句。"运用拟人的修辞手法，把极为抽象的事物当作人来描写，活画出了"资本"的肖像："资本就是从头到脚每个毛孔都渗透着血污来到世间的。"在《资本论》各卷中，比喻、比拟、双关等修辞手法的成功运用，不仅增强了表达效果，有的还深化了内容，提示了事物的本质。在《资本论》第一卷中，马克思用英国戏剧大师莎士比亚的剧本《亨利四世》前篇中的酒店女店主"快嘴桂嫂"作比喻，"商品的价值对象性不同于快嘴桂嫂，你不知道它怎么办"。意思是说，无论人们怎样翻来覆去地看商品，还是看不见、摸不着价值。因为，在莎士比亚剧中，快嘴桂嫂自己说过："我是从来不会藏头盖脸的"，人们可以清楚地见到她的本来面目。读者没有必要的文学修养，要正确理解这个句子蕴含的内容实质就有困难，查《资本论》注释也不能解决问题。可见，读者的文史知识水平，无疑会对掌握理论的深度起决定作用。

毛泽东同志不仅是伟大的马克思主义理论家，而且是伟大诗人、语言巨匠、文章高手。他的深厚广博的中国文化素养使他的著作充满着民族气派。以《毛泽东选集》而言，其中引用中国古典名著，神话故事中的人物、语言，共计二百多条，其中包括：五经四书、诸子百家、《史记》、《汉书》、《资治通鉴》、《昭明文选》、韩愈、柳宗元散文、《水浒传》、《西游记》、《聊斋志异》、宋元词曲及《山海经》等神话寓言、民间俚语。有的甚至全文引录，如《曹刿论战》、《愚公移山》（语译）。不仅在书信中经常使用文言，而且《选集》中有些篇章全文用文言写成，如《向国民党的十点要求》等。在《邓小平文选》中，引用中外文学典故、语言也有三十处以上。如果我们的党政干部，认真研究现状，既有必要的文学素养，又有较多的历史知识，通晓经典理论，就有可能真正成为一个理论与实践相结合的马克思主义者，而不是一个教条主义者。

二、精神文明与文史素养

中华民族自古以来重视文史。《古文观止》既是精粹文章的汇集，又是历史的总结：司马迁的《史记》更是文史结合的光辉典范。用文学形式，谈历史经验教训，很有思想性，百读不厌。在没有马克思主义以前，古人就是用文史结合的好文章教育人，提高人们的思想境界，陶冶人们的道德情操。学习继承民族历史文化所体现的民族优良传统，从总结历史文化中认识和把握社会发展规律，顺应历史潮流，从历史文化中借鉴历史，发展本民族与世界其他民族创造优秀文明成果。尤其是许多中国古典名著的思想精华值得充分利用，用来提高党政干部的道德情操，引来作为党性锻炼的借鉴，激励我们坚决反对不正之风。"先天下之忧而忧，后天下之乐而乐"的高尚襟怀，"醉里挑灯看剑"的爱国举动；诸葛武侯对国事的忠贞，王安石对改革的执着，苏武的忠于国家民族……文史画廊中众多中华民族优秀人物的形象，给人留下铭心刻骨的印象。就是戏曲等普及的文艺形式，也能给人以启迪。《七品芝麻官》中的唱词："当官不与民作主，不如回家卖红薯"就曾传诵一时，深深刻入许多干部的脑海。党政干部学习文史知识，并不是单纯地增长文化知识，了解一点历史，而是在领导精神文明建设，培养"四有"新人方面有着积极的作用。一个人，如果他的文史素养很高，即使没有读过马克思的书，他仍有可能是一个远见卓识的人。

三、写作能力与文史素养

通过机构改革，党政领导干部大部分有了大专以上学历。自己就是"秀才"出身，还好意思事事依赖秘书？许多重要文件应该亲自动手起草。请示报告、工作总结、调查报告、指示批复，凡能自己动笔的，都应该自己动手。秘书们起草的文件,也应该亲自过目,动笔修改。一个具有相当文化素养的党政领导干部,还可以自己动手写通讯、评论、社论。我们不说列宁在填写党证时,自己在职业一栏填上"政论家",也不说毛泽东留给我们篇篇新闻、政论,大家知道马克思、恩格斯、列宁都写过精粹的新闻通讯。无论过去或现在,省部级领导人中就有不少大手笔。如田家英、邓拓、李锐、高占祥等,以及曾在福建和贵州任省委书记的项南、苏钢等,他们在报刊上发表了许多有见地的重要文章和调查报告。项南写了罕见的短小精悍的社论《有些案件为什么长期处理不下去?》,全文仅 145 个字,文笔犀利,发人深省;苏钢根据农村调查所得,写了通讯报道《振兴山区农业经济的先行者》。县、区、乡党政领导干部中当然也不乏"笔杆子",但今天毕竟还不多。假如所有经过党校或行政学院培训过的党政领导干部都有一定的写作能力,不仅将推动四化建设的各项工作,而且将有助于党风的根本好转。

对于写作的更高的要求,《文心雕龙·神思》提出:"积学以储宝,酌理以富才,研阅以穷照,驯致以绎辞。"掌握丰富的知识,认识事物的发展规律,研究与阅历波澜壮阔的生活,熟练地运用语言来表达,刘勰从这四个方面概括了写作前应有的准备,都直接、间接和语言学习分不开。在国外,写作被确认为"信息传递"的基础学科,写作是国家公务员的基本功,是全面训练思维能力的最佳途径。国外这些做法,对培养国家各个领域的领导干部的写作能力值得借鉴。

四、专业能力与文史素养

人们学习科技业务知识,除了需要一定的数理化基础知识外,首先需要一定的汉语阅读理解能力。我国老一辈科学家钱学森、茅以升、竺可桢、华罗庚、苏步青等,他们不仅有高深的学术造诣,而且写得手好文章。数学家苏步青教授说:"我小时候爱好文学,阅读了不少古诗古文,懂得一点古文的语法,这不仅提高了阅读古文的能力,而且在行文中也能做到语言简练。"我国社会长期以来重理轻文,造成许多人知识不全面,理工科人才掌握祖国语言、运用祖国语言的能力较差,影响了吸收新知识和总结科研经验和成果。不久前,一位中央领导同志在接见中央党校结业学员时指出,我们两千多万干部两个东西都缺乏:一个是现代化知识不够,社会科学知识不够;二是实际知识也不够,实践经验、感性的东西不够,理性的东西、书本知识也不够。经常认真读书,经常深入实际,应该成为当前对干部的两条很重要的要求。中央领导同志要求我们认真读书,既包括认真读社会科学的书,也包括认真读科技业务的书。我们正面临着新技术革命的新时期,电子计算机、遗传工程、激光技术、核技术、航天技术、海洋工程等,新鲜事物纷至沓来,应接不暇,作为党政主要领导干部,深入研习这些新技术是不可能的,但必须懂得它的 ABC。这就要求具备相应的阅读、理解、吸收能力,首先是要有一定的语文基础知识和基本技能。

五、自学能力与文史素养

邓小平指出:"教育要面向现代化,面向世界,面向未来。"各级党校和各级行政学院培训的对象,年龄大都在三十五岁左右,他们不仅要胜任现职工作,而且要能得到进一步的发展,要在不太长的时间,努力达到"三个面向"。恩格斯说:"成为统治阶级的无产阶级,不仅要掌握政治机器,而且要掌握全部社会生产,这里需要的绝不是响亮的口号,而是丰富的知识。"为了给他们准备足够的条件,加强马克思主义、邓小平理论的教学是主要的,但绝不可以忽视具有一定层次的文史教学。知识更新成为必然趋势,终身教育,已被全世界所重视。近年来美国一些研究机构调查结果表明,社会阅读量日在增加,阅读仍然是人们获取信息和知识的主要手段。总的趋势是文字读物作为更敏锐、更深刻和更专业化的传播手段，向着更高水平发展。国外读者选购读物的标准已转向那些能够提供急需信息的书籍，希望从书中得到有关处于变革中社会的全部信息。周培源教授在《自学成才要有文史知识》一文中指出："如果没有掌握我国的语文知识、基本写作技能，缺乏历史、地理等应有常识，他就不能算作有相当文化素养的中国人。"苏步青教授为《干部文史百科辞典》题词："认真学好文史知识，才能当上称职的干部。"

　　未来办公室自动化，文件传真，口述电传打字将广泛应用，汉字信息处理的研究，未来的机关工作，对文史运用能力的要求将更高、更迫切。

　　（原载《光明日报》1999 年 3 月 8 日，入选《中华新论·全国优秀科技理论研究成果信息库》）

论和谐文化的本质特征

文化是社会现实在观念形态中的存在方式，是人类社会活动的表现和产物；文化是国家的精神品牌，是一个民族的根。中华文化的精髓是中华民族的根脉。人与人之间的"和为贵"，人与自然之间的"天人合一"是其和谐文化最高的理想境界。在当代，构建和谐文化是建设和谐社会的重要任务，是中国特色社会主义先进文化的重要组成部分，是贯彻党的十七届六中全会关于文化体制改革发展和繁荣社会主义文化事业，建设"文化强国"的题中之义。

和谐文化是崇尚和谐理念，体现和谐精神，坚持和实行互助合作、团结稳定的社会准则，它以价值取向行为为导向，倡导和奉行民主法制、公平正义、诚信友爱、充满活力、安定有序、人与自然和谐相处的社会主义和谐理论为内核的文化形态和文化性质。既包括思想观念、价值体系、行为规范，又包含文化产品、社会风尚、制度体制等多种存在方式。其本质特征可概括为：

一、以马克思主义世界观为指导，提倡社会和谐理念，倡导和奉行民主法制

一种新的文化现象的出现总是伴随着一种新的世界观。"五四"新文化运动的兴起，伴随着民主、科学思想的出现；意大利文艺的复兴，伴随着人文主义思想的传播。无论哪个时代的文艺家，他的作品必然要反映出对这个时代的社会、人生的看法和判断，表现出文艺家

的思想感情和愿望。文艺家的这种创作观,自觉或不自觉地受到一定的世界观的制约并作为指导。萨特作为文艺家也是按照他的存在主义观察生活进行创作。足见,古今中外任何一个文艺家的创作不可能没有世界观的指导,也不可能不要世界观的指导,实际上是不要自己所拒绝的那种世界观的指导。构建中国特色的社会主义和谐文化,从总体上来说是以马克思主义世界观作为指导,但并不是要求每个文化工作者必须是马克思主义者,只是要求我们的文化工作者所从事的文化活动和文艺家的创作有利于社会主义和谐社会。

　　和谐文化崇尚和谐理念,体现科学民主精神。科学与民主是社会发展的两翼,缺一不可。古往今来,凡是缺失科学与民主的专制体制,都逃不出"其兴也勃焉,其亡也忽焉"的历史周期律。溯其源是没有民主,没有人敢讲真话;没有人敢讲真话,就难能有科学决策;没有科学决策,哪有什么社会发展?历史教训已经足以证明:科学与民主缺位,中国现代化的进程推迟了 20 年。科学与民主,为构建和谐社会创造必要的条件。同样,科学民主体制的构建有赖于和谐文化的孕育,有了科学民主体制才能管住任何人,才能令任何人都无权超越法制行事,制衡个人专断的权力,全体人民才会切切实实地享受到长治久安的和谐盛事。

二、以提高全民素质和全面发展作为和谐文化建设的根本任务和价值取向,推动社会全面协调可持续发展

　　中国特色社会主义,是马克思主义与中国实践相结合,深入落实科学发展观的社会主义,是使广大人民群众得到实惠,逐步实现共同富裕的社会主义,是把人民的利益和人的全面发展作为准则的社会主义。全面发展的主体因素是人。人的素质,是一个民族文化生态、文化水准的整体问题,也是时代、阶级、文化、家庭教育等等在一个人、

一代人身上的总和。在构建社会主义和谐社会的进程中,必须把提高社会生产力的水平建立在人的整体素质增强上。在当今世界经济社会发展的激烈竞争中,提高国民整体素质,成为发展中最活跃、最有潜力的人力资本,是构建社会主义和谐文化题中之义。民主政治、思想自由、人文精神、市场经济、人权观念、价值体系、道德风尚、思想舆论等等,是构成现代文明的基石和标志,是巩固和发展和谐文化的思想道德基础。只有良好的思想舆论氛围,才能针砭时弊、弘扬正气,反映人民心声,疏导公众情绪,丰富社会主义和谐文化生活。而我国国民科学文化素质落后于经济社会发展的状况还没有从根本上改变。当今中国教育虽然是历史上空前庞大、空前繁荣的时期,但也是空前荒芜、空前贬值的时期,因为没有培养出来"五四"健将、共产主义运动的英雄,以及昔日北大、清华、西南联大的杰出人才。在教育质量下滑、人文教育缺失的情况下,反而造就了缺乏素质、"没有知识的知识分子"。制定政策与贯彻政策之间,提出目标与实践之间,常常拉开差距。诚然,精神文明建设既要提高人们科学文化水准,培育和造就人的全面发展,促进人们的思想、观念、作风发生深刻变革,以适应现代化建设与和谐社会发展的需要,又要使人们在变幻多端的世界风云中始终保持奋发向上的社会主义精神风貌,把社会主义和谐文化融入市场经济各个层面和全部过程,引导全社会树立正确的世界观、人生观、价值观,推动社会全面协调可持续发展。

三、以公平正义、团结诚信、安定有序的社会准则,公民参与社会管理与监督

胡锦涛总书记在十七大报告中指出:"人民民主是社会主义的生命。"构建社会主义和谐社会,进行政治改革,实行民主管理,是健全社会公平公正、诚信友爱、充满活力的管理机制。这种民主制度,既让

公民参与管理,又对政府权力实行监督。打破旧的机构模式,制约个人权力,社会和谐才有保障。人民监督政府及其官员,是人类政治文明建设的共同结晶。作为服务型的政府,政府信息要在一定范围内公开,公开办事制度,公开政府工作的透明度。自由表达和交流思想,也是公民的一项基本权利。政府做到不借助行政强制手段,而凭借自由讨论,宣传真理,保护真理,保持政府行为的公平公正,以此作为民众对政府的信任和爱戴。

在我国的历史上,公权力长期得不到有效的监督。绝对权力绝对垄断,绝对垄断绝对腐败。近年来,贪污、浪费和官商勾结下的巧取豪夺,侵犯公众财产屡禁不止。在有特权存在的地方,就不可能有实质性的公众参与、群众监督,也就不可能有真正意义上的社会公平公正、诚信友爱、安定团结、充满活力的社会和谐局面。确保权力正确行使,权力必须在阳光下运行,已是广大人民群众共同的心愿。建立和健全决策权、执行权和监督权,尊重和保护人权,根据宪法全体公民行使平等参与、平等发展的权利,就比较有效地缓和各种社会矛盾,化解社会生活中的戾气,有助于社会秩序的稳定,社会关系的和谐,达成社会相对的动态平衡,公平分享经济繁荣成果和政治文明成果。这是构建和谐文化的基石,是实现和谐社会的根本保证。

四、以人民性为主体与个体性相结合,坚持不懈地树立与时俱进的新文化观

以人民性为主体与个体性相结合,就是作家、艺术家和广大文艺工作者把个人的艺术追求同人民群众的需要相结合,同改革开放的需要相结合,与时代的发展相结合。文艺是个体创造,有时与人民性一致,有时与人民性不一致。解决这一矛盾,将个体性寓于人民性之中,或将人民性寓于个体性之中,二者结合起来。独特创造,喜闻乐

见,阳春白雪,满足人民中的一部分喜欢人民性大于个体,一部分爱好个体性大于人民性的作品的要求。如果单单满足人们的娱乐需要,那是远远不够的,必须满足人们更高层次的审美和教育需求,只有这样才能充分发挥和谐文化的教育作用。

坚持不懈地树立与时俱进的新的文化观,关注"文化民生",不"曲高和寡"自我陶醉。构建和谐文化观念要以爱国主义为核心的民族精神和以改革创新为核心的时代精神树立中国特色社会主义共同理想。文化是一个国家、一个民族全面振兴的一面旗帜。文化的原则性、现代性和共享性都联系在一起的。历史发展的动力是科技、经济、政治、文化的综合因素的进步。观念要更新就要借鉴历史,借鉴历史就要反思历史,反思历史就要尊重历史,尊重历史就要顺应时代潮流、与时俱进,这是科学发展观在文化观念上的体现。诚然,和谐文化发展的前进方向只能在民族优秀传统文化的基础上吸收各种外来文化精华开拓创新。当前,"泡沫学术"和"利欲文化"广泛流行,假学术研究之名,行一己之私的浅薄文人虚假取代诚信,把"恶搞"当创新,歪解、颠覆历史名人和经典著作。孔子被贬为"怀抱理想,在现实世界找不到精神家园"的"丧家之犬";李白被描绘为一个"大唐第一古惑仔";让贾宝玉和林黛玉身着欧洲宫廷服装共读《西厢记》;让小乔和曹操、周瑜玩三角恋。博大精深的古典名著被这样的"名家"、"大腕"打着创新的旗号加以亵渎。这些偏离学术研究基本规范的"新解",追逐短暂名利而陷于"恶搞"泥潭的创新,给世界带去的是对中国优秀文化认同秩序的破坏。在产业化的追逐中,中国文化不能让欣赏成为追逐,让高尚成为低俗。因此,只有在坚持创新和谐文化,充分表现时代精神、时代格调、突出主旋律、发扬民族风格的同时,必须抵制"泡沫文化"的"歪解"和"利欲文化"的"恶搞",才能正确把握先进文化前进的方向。

五、以改革开放为动力，促进经济发展与文化共同繁荣，形成二者同步发展的格局

和谐文化是支撑社会经济、发展生产力的不懈源泉，是促进经济社会发展与稳定具有不可或缺的推动作用。随着经济发展和对外开放的扩大，近年来相继举办的云南民族艺术节，深圳、珠海国际艺术节，洛阳牡丹花卉节，黄山国际旅游节等等。都是"文化搭台，经贸唱戏"，形成经济与文化同台"演出"的新格局。以深圳为例，当今的深圳，既是经济对外开放的窗口，也是中外文化交汇点，得到国内外的高度关注。从深圳改革开放所取得实践经验证明，物质文明与精神文明建设是相辅相成的，是构建社会主义和谐文化的内核。从构建和谐社会的现实出发，时代的要求，人民的愿望，经济越是高速发展，越是要求提高人们的文化品位和整体素质。

无论过去、现在和将来，文化与经济是相互渗透，相互交融，相互促进的。经济发展带动文化繁荣，先进文化推动经济发展，相互作用，相辅相成。放眼世界，当代市场的经济竞争，表面看来是科技竞争，其实就是文化竞争。经济发达的地区，文化相对发展，相对繁荣。说到底，经济发展的差异就是文化的差异；经济落后就是文化落后，社会危急就是文化危急。因此，在经济改革的进程中，加快文化建设的步伐，推进文化改革的进程势在必行。一方面巩固和发展健康的文化市场，既要看到同其他市场相同的共性，又要发挥和把握好它的特性。另一方面，制定和完善经济政策和文化法规建设，为文化体制改革提供可靠依据。在相互作用、相互影响下逐步形成经济与文化同步发展的新格局，促进我国小康社会早日实现，推动和谐社会全面进步。

六、以广大人民群众为主体,建设和发展城乡和社区文化,人人共享和谐社会成果

以人为本应是以人的权利为核心,以人的发展为中心。以社会为本应是以人的需要为宗旨,以人的持续、人类社会持续为最高原则。人民是构建和谐社会的主体,是落实科学发展观的主体,是创造精神文明和物质财富的主体。"为人民服务,为社会主义服务"是社会主义和谐文化的目的,也是服务的对象。"为人民服务"是目的,因为社会主义文化工作不能脱离人民群众;"为社会主义服务"是目的,因为社会主义的本质规定了我国文化的性质。中国特色社会主义的先进文化区别于其他文化的本质特征就在于它的方向和性质,以什么样的世界观、价值观、道德观作为指导,是为谁服务。

我国文化建设和文化发展,不论在城乡和区域之间,还是群体和个体之间,都存在着不够平衡、不够协调的问题。这些问题在构建和谐社会的进程中需要破解,统筹安排,科学发展,从根本上解决长期以来存在的文化资源分布恋城不恋乡、文化服务就高不就低、文化消费顾富不顾穷的顽症。建设城乡文化和社区文化的目的使人人维护和谐,共享和谐。城乡和谐、社区和谐在"和谐社会"这个宏大理想之下具有十分重要的战略意义。城乡社区的文化生活在"和谐社会"里直接关系到每个公民,他们是构建和谐文化最活跃、最有潜力的主体。加快城乡社区文化建设,促进和谐文化发展繁荣,推动社会和谐进步,是观察整个社会和谐程度最直观的"窗口"。"百姓点灯,政府唱戏",共同参与已成为新时代的要求,也是城乡社区人民共同的愿望。因此,构建和谐社会文化政府必须引入"民众共同参与",而且紧紧抓住城乡社区文化这个群体,建立利益的均衡机制和利益表达对话机制,扩大公民参与社会治理的空间,使公民在参与社会文化活动中不断化解各种社会矛盾,建立新的和谐关系,奏响"人人有责,文化共享"的旋律。

七、以发展公益性文化事业作为全体人民文化权益保障,坚持把社会效益放在首位

文化生产的社会效益,是指文艺作品的思想内容和艺术价值对广大读者、观众的影响。这种影响既包括思想政治宣传对政治工作的鼓动作用,发挥教育功能增长知识对发展科学技术和经济的促进作用,又包括伦理道德教化对提高道德修养和法制建设的推动作用,以及发挥艺术感染力陶冶情操、美化生活的审美作用等等。文艺作品的经济效益与社会效益存在着既一致又不一致的辩证关系。思想性和艺术性结合得比较好的文艺作品,会受到广大群众的喜爱,社会效益和经济效益都好,体现了二者的一致性。有些庸俗作品,思想艺术性都不高,但迎合了部分人的低级趣味,畅销流行;有些作品思想性艺术性虽较强,但发行量、上座率都上不去,这就出现社会效益和经济效益的矛盾。此外,进入文化市场的商品,既是精神产品又是劳动产品,在产生社会效益的同时,又具有商品的属性。这是因为价值规律在文化产品中起作用,迫使人们树立市场观念、经营观念、竞争观念和效益观念。但是,不是所有的文化产品都具有商品属性,也不完全受价值规律的制约。事实上,文化产品的艺术价值与它的交换价值之间存在着很大的差异。舒伯特的《摇篮曲》只换得一盘土豆烧牛肉;歌词《十五的月亮》仅付稿酬16元。故而在反对"一切向钱看",强调把社会效益作为首位的同时,还必须将社会效益和经济效益结合起来,稳步而又健康地发展和繁荣社会主义先进文化事业。

八、以人与自然和谐相处的社会理念为内核的文化观念,维护生态平衡,共同生存共同发展

人与自然在对抗的过程中,人是生态系统中一个链环,人与蓝天白云、山川河流、一草一木,相互生存,息息相关。人是自然万物中的一个协调者和创造者,人的本身通过自我调节,不断改善与自然万物的关系,从而创造美好和谐的平衡世界,这是全人类共同承担的历史重任。

地球在宇宙间基本上是一个封闭系统。地球生态系统有一定的吐故纳新、自我修复的能力,在它的能力范围之内排放废物和垃圾,它可以消化接受,持续运行,超出它的能力,就会损害大地生态系统,破坏生态平衡,引发生态灾难。人类生存发展是一个有机的整体文化,一旦整体的平衡被打破,人类社会与自然环境和谐失调,就会造成无休止的自然灾害。

我国的自然生态系统是很脆弱的。长期以来的农耕文化将黄河流域的植被破坏殆尽,严重的水土流失使黄河文明终于跨越了其生态临界点。由于近年来镇乡企业的大规模发展,本来局限于城市的污染迅速向农村扩展、蔓延,形成了举国环境恶化的态势。以邻为壑罔顾民生的环境污染和资源破坏,侵害的是中华民族及其后代的生存权和发展权。

从人与自然、人与社会、人与文化、人与其自身发展的全部关系来看,拯救人类面临的生态危机,仅仅依赖于科学技术的进步是不够的。如果忽略了人的内在因素即精神因素,忽略了生态危机向人的精神空间的侵蚀与蔓延就很难走出生态困境。因为生存的极限不在于地球的自然生态环境,而在于人的内心,在于人类对于自然生态环境,在于对自己生活态度、生存方式的选择。

　　发展要讲"生态文明",发展必须围绕"生存"而发展,必须围绕人与自然和谐相处而发展,不允许以任何理由和借口破坏生态、破坏环境成为统率经济、政治、文化、思想的核心理念。这是人类社会发展不可逾越的自然规律。

　　综上所述,构建和谐社会,以人为本,多元发展,创建和谐共融的文化作为基石,用最佳的人文精神教育、提高全民成为全面自由发展的"社会人",从而实现人与自我和谐,人与人和谐,人与社会和谐,人与自然和谐。

(原载《甘肃理论学刊》2012 年第 1 期)

走向世界的汉语言文字

一

随着人类社会的进步,新兴科学的发展,人们对语言本质的认识不断深化。语言,既是人类最重要的交际工具,又是人类最重要的思维工具,也是人类在长期语言实践活动创造并用来传递、接受、处理、储存信息的一个高度复杂的音义结合的信息系统。它是一个多层次、多角度、纵横交错的立体网络系统。它与心理学、生理学、社会学、教育学、文艺学、美学、逻辑学、修辞学、思维科学、认识科学、信息科学等各个学科都有着千丝万缕的联系。在当代,语言学依然是一门先导学科。

从微观上说,语言是构成文章的基本要素。在这个范围内,它的职能是准确有效地交流思想,传递信息。一篇文章,或一部著作的思想内容、组织结构,只有通过语言才能表达出来。

语言是一种社会现象。因为在人类社会出现之前,语言还没有产生。语言是从劳动中和人类社会一起产生的,随着社会的产生而产生,随着社会的发展而发展。社会之外,无所谓语言。因此,语言是人类社会的产物,是使人类从动物界划分出来的重要的标志,这是语言对于社会的依附性。

语言是人类最重要的交际工具。人们利用它来彼此交际,交流思想,达到互相了解。语言在人类社会生活中的特殊作用毋庸置疑。没有语言就没有思想交流，没有思想交流，就不能调整人们的共同行动，社会生产不可能发展，社会就会停滞。因此，语言的生命比任何一个基础或上层建筑都要长得多，这是社会对于语言的特殊需要。

语言是思想的直接现实，思想是思维活动的成果。语言和思维不可分割，相互依存。人们的思维活动是以取得真知灼见为准则。梦幻、胡思乱想都不能说是思维。思维是人脑对于客观事物概括地间接地反映过程。概括地反映事物，是思维的第一个特征；间接地反映事物，是思维的另一个特征。感觉和知觉是思维过程的基础，是完成思维过程的材料。有了概括地和间接地反映事物的过程，才有可能使我们认识事物的本质，才能使我们创造各种学科，才能使人成为现实的主人。因此，语言是思维的材料基础，是思维的表达形式；而思维是语言的表达对象，是语言的物质内容；语言的结构规律是语法，具有民族性；思维的活动规律是逻辑，没有民族性；语言的单位是词、词组、句子，只是客观事物的假定标志，跟客观事物没有直接的、必然的联系；思维的单位是概念、判断和推理，跟客观事物有直接的、必然的联系。语言的产生由于社会的需要，并为社会所共有。语言不是个人现象，而是全民的集体财产。诚然，社会的语言在于个人的语言表达之中，个人的语言表达是根据约定俗成的社会语言规律进行的，但并不排斥语言运用的个人特点。作家作品的语言独特风格，正是运用语言的个人特点的集中表现。

语言只是表达思想的符号，没有阶级性，但是，人们、各社会集团、各阶级对于语言远不是漠不关心的。他们极力利用语言为自己的利益服务，把自己的特殊词汇、特殊术语、特殊用语，强加到语言中去，使全民语言带上一定的阶级色彩。以汉语为例，旧社会上层分子所用的"令堂"、"令郎"，会道门使用的黑话，"文革"期间"四人帮"所用的"民主派"、"走资派"等特殊习惯用语即是。尽管如此，也不能改变语言的全民性质。

语言是一个体系，是由声音和意义两部分组成的。声音是语言的形式——语音，意义是语言的内容——语义。语言又是由词汇和语法两部分组成的，词汇是语言的建筑材料，语法是语言的结构规则。因此，语音、词汇、语法是语言的三个要素，它们相互关联，相互制约，共同构成语言的整体。

二

汉语是汉民族的语言，历史悠久，中国文字如果从商代算起，距今也有3500多年。现代汉语随着汉族社会的发展从古代汉语发展而来的，1899年在河南安阳小屯发现的甲骨文，证明3000多年前的汉字和现代汉字有很紧密的联系。汉语的发展变化随着社会发展经历过若干历史年代。春秋战国时代，在"言语异声、文字异形"的情况下，出现了"书同文"的局面；到了汉代，由先秦口头文学转向书面文学，产生了《史记》和乐府，出现了汉代的"通语"；到了魏晋南北朝，统一的书面语言对维护汉语的统一也起了一定的积极作用，南北朝民歌和五言诗的出现，创造了新的语言风格；到了隋唐宋时代，盛唐诗歌的灿烂，晚唐古文运动的兴起，唐代以后出现渐近的口语书面语言；到了元明清时代，金元的杂剧，明清的小说，以北方话为基础，为现代汉语的基础方言创造了条件；五四运动以后，文言的统治地位被动摇，白话文逐渐成了汉语的书面共同语；中华人民共和国成立，白话文进一步统一规范，给现代汉语确立了统一的标准。

民族共同语的形成是语言随着社会的统一而统一的结果。一个民族在政治、经济、文化达到高度统一之后，东西南北中，人们交往频繁，社会需要共同语充当交际工具。1955年，中国科学院召开了现代汉语规范问题学术会议，国务院确定现代汉民族共同语是"以北京语音为标准音,以北方话为基础方言,以典范的现代白话文著作为语法规范的普通话",向全国推广,成为我国各民族之间的交际工具。

各民族的语言都有自己的特点,这是各民族在长期的语言实践中形成和发展起来的。汉语言作为汉语符号的汉字在表现中国文学独特风格方面其特点尤为明显。大致可概括为:1.汉字属表意文字体系。表音和表意两大文字体系开始都是象形的,经过漫长历史的演变,世界各国许多民族的文字已经表音化。汉字至今还以表意为主。除"假借"、"转注"、"形声"等方式具有表音的成分外,"象形"、"指事"、"会意"等方式都是表意性的。这是汉字构成方式的特点。由于汉字具有表意性特征,容易引起某种具体的意象,构成了文字中一种独特的审美效果。2.单个汉字都有独立的意义,形与义都可以灵活组合。表现在中国诗歌的音节变化上具有一套独特的规律,造成外观上整齐对称的形式美。

3.汉字不是音素文字,而是音节文字,一个汉字就是一个音节。4.汉语中单音词多,大多一个单字就是一个词,音、义、形成一个灵活的组织体,是构造双音词、创造新词的基础。5."四声"是汉语独有的四种声调,这是用来区别不同的字词及其含义的特殊方式。古代分平、上、去、入;现代分阴平、阳平、上声、去声。无论古体诗或近体诗,利用四声变化在诗歌中造成节奏鲜明、抑扬顿挫的艺术效果。6.汉语的语音是由一定数目的、能够辨明词义的音位组成的,音位的结合和变化是有规律的。汉语词汇里的词,它们相互间的联系,也是有规律的。有的词义相同,如"洋芋"—"土豆";有的词义相反,如"伟大"—"渺小";有的词义不同而声音相同,如"公事"—"攻势"。这就从词义上形成了同义词、反义词、同音词的对立。还有,有的词是从古代汉语保存下来的,如"耳";有的词是从方言里吸收进来的,如"搞";有的词是从外来语音译过来的,如"沙发";有的词是新造的,如"现代化"。这

就从词的来源上形成了古语词、方言词、外来词、新造词的对立,汉语的语法也是一个完整的体系。在汉语里,由于词的构成有着各种方式,因而形成了各种构词方式对立。7. 现代汉语是分析性语言,语序和虚词是表达语法意义的主要手段。在汉语句子里,词和词之间的语法关系主要靠词序来表示,词的形态变化极少。词的排列次序一般比较固定,主语在谓语前,宾语在动词谓语后,定语、状语在中心语前,补语在中心语后。词序不同,表达的意思也一样。用变动词序方法,精当地表示各种不同的语法关系,构成各种不同的句式,这是汉语语法最显著的特点。8. 量词丰富,虚词多样,也是汉语语法另一个特点。

三

汉语言文字历史悠久,是世界上最古老的语言文字之一,也是当今世界上十大语言文字体系之一,又是联合国的六种工作语言之一(另有英语、法语、俄语、西班牙语、阿拉伯语),在世界语言中有着极为重要的地位,在国际交往中发挥着巨大的作用。从历史上来看,秦汉以后,东方和西方各国与中国往来日渐频繁。在过去的很长一段时间汉语从世界许多民族语言中音译不少外来词丰富汉语词汇。同样,世界许多民族语言也从汉语里吸收了不少词汇。日本、朝鲜、越南等国的语言,十分明显地受到汉语的影响。汉字传入日本已有一千多年的历史。据日本近年来对一般书报刊物的抽样调查,日本实际使用汉字多达 4500 多个。目前,日本政府要求各小学六年级毕业生掌握996 个汉字,初中生掌握《常用汉字表》中的全部汉字,会写 1000 字以上。现在,日本上汉语课的学生超过 10 万人。在泰国,1983 年泰国政府批准泰国各兼教华文的小学用简体汉字教学。在新加坡,现在收入的简化字有 2238 个,与我国简化字完全相同,曾任新加坡总理的李光耀提倡说"普通话"。近年来,德国掀起了"汉语热",许多大学都新开设了汉学系、中文系,甚至不少高级中学也为学生开设了汉语选修课。在澳大利亚,汉语为第一外国语,政府拨专款1500万元加强中小学亚洲语言的教学。在美国,将近200所高等学校创办了汉语专业,有的高校还设立了中文系。据报道,进修汉语的大学生达数万人。自1992年起,纽约市教育局作出决定:将汉语列为所有初中、高中和大学正式教授的第二种外语。目前,世界上有40多个国家开设汉语课或中文系,在校学生约有15万多人。为了满足世界各国人民学习汉语的愿望,一方面中国政府每年接收130多个国家短期留学和长期留学的外国学生,其人数逐年增多;另一方面应国外的邀请,中国政府每年派一定数量的汉语教师出国讲学。1987年成立的"世界汉语教学学会"已拥有近30个国家和地区的会员达700多人。

电子计算机的发明和使用,汉字输入电脑难题的突破,给汉字走向21世纪添上新的翅膀,给现代汉语走向世界开辟了更加广阔的空间。"二笔输入法"输入技术,比"五笔字型"笔画的输入技术学习更为简便。"二笔输入法"具有规范、易学、快速等特点。适合不同年龄层次的各阶层人士应用。它的三大特点,既符合中国教育信息化要求,又有利于计算机教育"从娃娃抓起",可与小学一年级的语文教学同步进行,有利于辅助学生正音、正行,提高组词造句能力,提高素质水平。"二笔输入法"已获六项国家专利奖。"中文联想汉卡"出现以后,大大提高了汉字输入速度。实践证明,常用汉字频率高的文件,平均击键在两次以下就能输入一个汉字;即使难度大的科技论文,输入一个汉字平均击键也在三下。显而易见,与西方拼音文字相比,每输一字增效一倍。因此,英国科技发明报道专家麦克·普鲁斯先生从汉字语音这个特点出发,他认为汉语将成为声控计算机的第一语言。早在1989年,《人民日报·海外版》载文,也明确认定:"未来世界的第一语言将是汉语。"我们可以自豪地说,汉语言文字是中华民族文明智慧的结晶,汉语言文字是中华文明艺术宝库中的瑰宝,汉语言文字是中华文明走向世界的桥梁。汉语言文字的传播已遍及五大洲,中国人走到哪里,汉语言文字就传播到哪里。在同世界各国交往中,汉语言文字对中国文化的传播和世界文化的发展不断地作出贡献。

(原载《干部文史百科辞典·语言篇》,浙江教育出版社,1992 年)

模糊语言论纲

一、模糊概念的理论依据

矛盾普遍存在于客观世界中,模糊性亦寓于万物运动之中。按照矛盾的规律,一切矛盾的过程都存在着量变到质变的过程。当质变尚未完成的时候,物质的属性就是模糊的质变的完成,旧的模糊性消失了,新的模糊性又出现了,循环往复。大千世界就是在模糊与清晰的矛盾之中发展的。

模糊性这一概念是从数学、控制论、逻辑学中引到语言学中来的。1965 年,美国伯克利的加利福尼亚大学电机工程和电子学研究实验室查德教授在《信息和控制》杂志上发表了《模糊集合》的论文,最先提出模糊的概念与理论。主要论点是:在现实物质世界中所遇到的客体,经常没有精确的界限,凡是不能精确划定范围的"类别"或"性质"的客体,在人的思维中,特别是在模式识别、信息传递和抽象中起着很重要的作用。大千世界的模糊性反映在人的大脑之中,产生了概念上思维上的模糊性。一方面,由于人的思想往往不能全面精确地反映客观,这就常使人脑的模糊性和不确定性大于客观模糊性。又因为人类还具有自己的伦理、道德、意识、情操,这又使得这一人文领域的模糊性变得更为复杂。另一方面,人可以巧妙地利用自己建立起来的模糊概念进行判断、思维、推理和控制,可以完成那些现代先进机器设备所不能理解也不能完成的工作。因此,人的辨认能力具有模糊性。这一理论,控制论的创始人维纳在查德以前就注意到了。他认为,人胜过任何最完善的机器。譬如,人们几乎可以同样的辨认胖子和瘦子、美丽和丑陋、男人和女人,而机器还不能做这些事情。所以,维纳说,人具有"运用界限不明确的概念的能力"。①美国加利福尼亚大学计算机科学系教授哥根认为:人对自然语言的理解其本质也是模糊的,有时,不合乎语法的句子仍能为人们所理解,同样可充当交际手段,如人们常说:"今天演电影"、"打扫打扫卫生"。这类句子显然不合乎语法,人们却能理解,所以哥根的结论是:"语言理论的模糊本质是以语义为基础的,语义比句法结构更为重要。"语言的模糊性质很早就引起了某些语言学家的注意,苏联语言学家谢尔巴说过:"在语言(语音、语法和词汇)中,明确的只是极端的情况,过渡的现象在其本源中。即说话人的意识中原本是游移不定的。正是这些模糊的、游移不定的现象应更多地引起语言学家的注意。"②即1957年,英国著名的语言学家琼斯对语言的模糊性质提出了精辟的见解。她说:"我们大家(包括那些追求精确无误的人)在说话和写作时常常使用不精确的、含糊的、难于下定义的术语和原则。这并不妨碍我们所用的词都是非常有用的,而且确实是必不可少的。"③许多语言学家都感到语言中的词缀与词、复合词与派生词、单句和复句,以及这一词类与那一词类之间的明确界限有时难以划分。1972年,在美国纽约举行的一次关于词典学的国际讨论会上,美国著名的生成语义学者拉克夫作了一个在词汇方面运用模糊理论的报告。他提出"模糊集合"的理论,与会的语言学家给予高度的评价,指出在语法中,模糊性即将成为一个主要的研究领域。

---

①②③转引自伍铁平:《模糊语言初探》,《外国语》1979年第5期。

　　世间万物之间的关系是错综复杂的,现实中的现象,人脑中的概念,并不都是清晰的、准确的,许多概念的本身就是模糊的、多义的、不确定的。反映客观世界的语言,不可能在任何时候,任何情境下都是一律的清晰、准确、直截、干脆。依靠客体的本来事实,只有在说写之中。该准确时准确,该模糊时模糊。

　　实际上,不论在日常生活、交际往来的语言中,还是在写作、艺术语言中,模糊语言的特殊功能是精确语言不可代替的。如果消除词汇的模糊性,就会使语言变得贫乏,使交际和表达受到限制,就违反了语言社会现象和语言发展规律。语言的模糊性也是随着语言的发展而发展的。语言不仅就其断代而言具有模糊性,就其历代而言,在某些方面,模糊的性质还在继续发展。某些原本界限分明的概念也演变为模糊概念。以汉语为例:"小车",《现代汉语词典》注释:"①指手推车。②指汽车中的小轿车。"显然,第一个义项的解释是区别于"牛拉"或"马拉的车"。自有了汽车之后,"小车"的第一个义项逐渐在语言交际中消失了,几乎没有人把"手推车"称"小车"了。第二个义项中,"汽车中的小轿车"已经变成了模糊的概念。因为"汽车中的小轿车"的种类、形体、型号很多。譬如说,小到什么程度,没有一个严格的界限,"小车"的第二个义项也模糊了。又如"勾当"这个词,在宋元时是指"办事"和"事情"两种意思。宋元之后,"勾当"一词只剩下"事情"的意思;现在词义又缩小到仅指"坏的事情"。词义的转移过程,就寓含着模糊性。譬如文学语言作为一种中介性质的符号,它要转换成为一种视觉形象、听觉形象和心理形象。这样由语言描写的文学形象本身就具有间接性和转换性。读者可以从各种不同的角度和侧面去加以体味和鉴赏。文学语言中的"言外之意"、"象外之旨",造成了题义不确定性,主题的多义性,这种现象既是语言学的模糊性,也是文艺学的模糊性。

二、模糊与精确的辩证关系

人们一向认为,精确是语言表达的基本要求。在已往的语言研究中,只承认语言的精确性、明晰性,不承认它的模糊性、不确定性。但是,语言模糊性是客观存在的,因为人们的思想总是无限的、具体的、复杂的。用来表达思想的语言却总是有限的、一般的,两者之间便存在着无限与有限,个别与一般的矛盾。同时,人的思维感情体系,信息交流所赖以存在的语言本身也不是十全十美的词语,句式的类型也是有限的。有时,还充满着歧义与模糊义。客观事物间,除了"非此即彼",又在适当的地方存在"亦此亦彼"。"非此即彼"是语言的精确性形态;"亦此亦彼"是语言的模糊性形态。模糊性思维是人们认识事物的精确性与模糊性关系的辩证思考,是对那些没有"绝对分明"和"固定不变"的边界轮廓的整体抽象。因此,模糊语言的本质特征就是一个"模糊度"的问题。认识事物的"度"就是事物发展变化的中介过程。在模糊语言中要注意把握"模糊度",正是克服人们思维中的绝对概念。加强对事物认识的灵活性,从而体现了人们认识的模糊性与精确性的辩证统一,揭示了语言的模糊性与精确性的辩证关系。

在语言表达中,绝对的精确实际上是做不到的。况且,不是任何地点、时间、事件所必须需要的。在修辞活动中,有时候模糊比精确的效果更好。例如:

> 汽车驶进山区的公路,从车窗向外望去,山坡满是碗口粗的杉树。

"碗口粗"在这里不仅用得得体,而且用得形象。如果写成"长满直径 20 厘米的杉树",似乎用语"精确",而实际上与题旨情理相悖。如果作为应用文体中的法规条令。如"私自砍伐碗口粗的杉树者,每棵罚款 50 元。""碗口粗",在这里用得很不得体,只能说:"砍伐 10 年生杉树者,每棵罚款 50 元。"

在语言表达中,模糊语言是不可避免的,也是必不可少的。折绕、婉曲、含蓄、象征、暗示、双关、简约、概括等辞格的运用,说明模糊语言既能取得最佳的表达效果,又能产生审美的艺术魅力。当年,周恩来总理在欢迎尼克松总统的宴会上的祝酒词里有个句群, 就是这种最佳表达效果的范例:

> 美国人民是伟大的人民,中国人民是伟大的人民,我们
> 两国人民一向是友好的。由于大家知道的原因,两国人民之
> 间的来往中断了二十多年。

这"大家知道的原因",说得折绕、含蓄,运用婉曲辞格,既表达了我们的原则立场,又不损害宴会上的友好气氛。

按照语言自身的规律,在说写之中,该精确时精确,该模糊时模糊,精确与模糊不能相互替代。以表时为例,有时必须精确,有时需要模糊。精确表述时,为了突出某一时间的重要,或是为了增强内容的真实感,详尽地交代事件发生于某年某月某日甚至几时几分。古今中外都有此类例子:

(1)康熙七年 6 月 17 日戌刻,地大震。

(2)3 月 14 日下午两点三刻, 当代最伟大的思想家停止思想了。

上述两例,都是突出时间的具体、准确。因为无论是康熙年间的大地震,还是马克思的逝世,都是具有纪念意义的重要时刻。模糊表时时,是为了表达内容的需要。笼统地交代事件大略发生的时间。例如:

(1)永和九年,岁在癸丑,暮春之初,会于会稽山阴之兰亭。

(2)正是樱花盛开的季节。

例(1)为了表达内容的需要,大略交代一下时间。例(2)用物候表时法显示时间的变化,"樱花盛开"正是三月。

精确与模糊是语言中的一对矛盾,是修辞现象对立面的两端,各依一定条件相互转化。精确能表现平实、清晰、周密、显豁的美,与折绕、委婉、含蓄、象征、暗示、双关的美一起,组成矛盾对立统一的美。

三、模糊语言的类型

1. 词语的模糊性

词语的模糊性,是指该词所表述的概念的外延是不明确的,没有一个准确的范围和界限。其概念是抽象的、概括的、多义的,甚至概念本身就是模糊的。在现代汉语的词类中,无论实词和虚词,其中不少的词具有模糊性。

(1)数词的模糊性。在人们日常言语或诗文中,用数词构成的成语比比皆是。如"半途而废"、"一线希望"、"三心二意"、"四分五裂"、"六神无主"、"七上八下"、"九霄云外"、"神气十足"、"百炼成钢"、"千山万水"、"亿万斯年"等等。上述各数词在特定的成语结构中,都蕴含着模糊性。即使是量词,有些所表达的"量"并不定量,而是模糊的。你能说出"这点意思"的"点"究竟是多少呢?

(2)虚词的模糊性。虚词概念本身的抽象性决定了词义的模糊性。仅以副词为例,凡是表时间、程度、范围、语气的副词,其概念都是模糊的。像表时间的"忽然",表程度的"很",表范围的"都",表语气的"简直"等等。这些副词,在模糊语言学中称为"模糊算子",这些模糊算子在对模糊概念进行定量刻画的基础上,可以对从属函数进行某种运算。《孔乙己》的结尾,在模糊之中给以弹性的判断:"大约孔乙己的确死了。"死于何时、何地、因何而死,小说并不说明,而是用"大约"一词冠以全句,一个"的确"加以肯定,扩大了词义的内涵,构成词义的模糊。

（3）同音词的模糊性。其特点：音同形同，或音同形异，音同形同而意义不同。只有分别用在确定的语句里才能表达出确定的意义。以"别"为例：

别——别了，我的母校！

别——别上奖章！

别——别迟到了。

别——别有风味。

足见，"别"这个同音词的概念外延至少有四个义项，如果离开具体的语境，其词义是模糊的、不确定的。

音同形同的另一类同音词，还可构成修辞上的双关，这实质是模糊语言的一种表达手段。

例如：

我失骄杨君失柳，杨柳轻扬直上重霄九。

"杨"、"柳"是指烈士杨开慧和柳直荀，表写杨花柳絮轻轻飘扬，实写杨、柳烈士忠魂升天，永垂不朽。

也有用谐音构成双关，表现幽默、诙谐，造成指桑说槐的色彩。例如：

黄浦江上有座桥，江桥腐朽已动摇。

江桥摇，眼看要垮掉。

请指示：是拆还是烧？

"江、桥、摇"是"江（江青）、桥（张春桥）、摇（姚文元）"的谐音。谐音的模糊性质，其潜在意义，妙语双关。

（4）反义词的模糊性。反义词所表达出来的意义上的矛盾对立，往往就是客观事物矛盾对立的反映。有的反义词所反映事物本身既是相互对立的，又是相互联系的，在这种"对立"和"联系"中，寓于着模糊性。例如"白"和"黑"是相反的,但不"白"却不一定是黑,不"黑"也不一定是"白",它们之间还有"灰"或其他第三种颜色存在。正因为是相对的反义,所以这种反义并不是固定不变的。"不变"蕴含模糊性,本质上蕴藉着模糊语言变量定义。

(5)同义词的模糊性。同义词是"意义相同或相近的一组词"。"相近"就是一个模糊概念,但这个定义是正确的,没有"相近"这个概念的表述是不能完全概括同义词的范围的。一般说来,同义词在意义和用法上都是"同中有异",或"大同小异"。"求同"是它的模糊性;"辨异"是它的精确性。如"轻视"与"蔑视"的共性是看不起之意;其个性,"蔑视"的含义比"轻视"重。"突然"与"猛然"的共性都有动作变化快,出人意料的意思;其个性"突然"是形容词,可作状语、谓语、定语、宾语,"猛然"是副词,只能作状语。上述两组词里所讲的"共性"就是同义词寓含的模糊性,所说的"个性",就是选择同义词表述的精确性。

(6)多义词的模糊性。有些词存在着互相联系的几个不同的意义,这些词叫多义词。多义词的模糊性质与词义的发展变化密切相关。多义词的几个意义之中有一个基本意义,在这个基本意义上可转化成其他意义。例如"放"这个动词,基本义是"解除束缚",如"把俘虏放回去";由这个意义推演出"放任"之意,如"放声歌唱";进而推演出"发出"、"扩展"的意思,如"放出阵阵的清香"。又出现"弄倒"、"搁置"的意思。"上山放树";"先放一放"。等等。可以看出,"放"这个动词后来的意义是在基础义上经过推演发展而产生的。"推演发展"的过程,就是打破概念界限,变成模糊概念的过程。词的比喻义也是借用一个词的基本义来比喻另一种事物而产生的新义。

2. 语义的模糊性

词义的模糊性,是指有些词组或句子,从每个词看,词义是明确的;从整句来看,语义所指是个模糊概念。我们可以从语义学和语用学的角度加以考察。

(1)从语言表达中的语流意义来考察

语流意义,指的是在特定的上下文中,由于受到上文或下文的影响,词语或句子所产生的特定意义。例如:

　　a. 你一句。

　　b. 我一句。

　　c. 你一句,我一句,越说越高兴。

例 a 指"你说一句话",例 b 指"我说一句话",两句都是单句。例 c 却不是"你说一句话+我说一句话"的意思,而是"我们大家七嘴八舌,许多人说了许多话"之意,这是一个复句,这个意义是两个语流意义单位相互制约而产生的。

(2)从言语行为来考察

言语行为包括说话行为,语内表现行为和话语媒介行为。说话行为泛指说出有意义的话语, 语内表现行为指说话人产生的言语行为的目的,话语媒介行为指某一言语行为取得的效果。例如:"他累了"这句话,说出这一句话即是一言语行为,然后考虑到说话的人、时、地等因素,可以推断出说话人的目的是在提出别人与"他"中止某种活动(或娱乐、或交谈、或工作、或学习等等),还是说话人觉察到"他"有困惑的表现需要休息。假如是前者,那么"提示"就是包含在这个话语中的一个具体行为——"中止某种活动";假如是"提示",是后者,使得听话人安排"他"去"休息"。在这里,不论"中止某种活动"还是"休息",则以说话人"提示"为媒介而产生的行为。

(3)从语言风格来考察

在当代作家的作品中,运用意识流的表现手法,导致语言风格新的变化,出现了新的句式,新的修辞方式,呈现着新的语言美感和美质,从王蒙的作品中仅举一例:

自由市场、百货公司、香港电子石英表、豫剧《卷席筒》、羊肉泡馍、醪糟蛋花、三接头皮鞋。三片瓦帽子、包产到组、收购大葱、中医治癌、差额选举、结婚筵席……

这种词语新的组合方式，是意识流结构在语言上的表现形式，是模糊语言中一种新的发展，其修辞色彩是语言风格的一种创新。其特征，是并行的语言结构用潜在意念使词语交叉错叠起来，组成纵横交错的蛛网，形成发散式的辐合结构，语义既多，又有一个完整意念贯穿其中，每个句群的整体是通过多义、多元、立体综合来实现的。

四、模糊语言的艺术魅力

模糊语言之所以在文章中使语词呈现一种动人的艺术魅力，是因为它超脱常律，适应题旨情境，描写物候，妙用正反虚实，以模糊写清晰。

1. 超脱常律

超脱常律是在语词应用中超脱寻常语法、逻辑的一般规律。近代与当代学者对"红杏枝头春意闹"这一名句中的"闹"字各有不同的解释，显示"闹"的含蕴模糊、朦胧。清代评论家李渔对"闹"的"殊难解释"，"争斗有声之谓'闹'，桃李'争春'则有之；红杏'闹春'予实未之见也。"①刘熙载释之以"触著"："宋景文'红杏枝头春意闹'，'闹'字，触著之字也。"②王国维释之以"境界"："红杏枝头春意闹，著一'闹'字，而境界全出。"③钱锺书释之以"通感"："方中通说'闹'字'形容其杏之红'，还不够确切；应当说：'形容其花之盛（繁）'，'闹'字是把事

---

①《李笠翁全集·卷八·窥词管见》。
②《艺概》，上海古籍出版社，1979 年版，第 121 页。
③《人间词话》。

物的无声的姿态说成好像有声的波动，仿佛在视觉里获得了听觉的感受。"

综诸家所论,意在揭开这"超脱常律"的奥秘。从词义角度考察,看似用得无理,实则入乎情理,给人"出乎意外"、又"入人意中";从美感角度考察,著一"闹"字,意境全活,杏花烂漫;春意盎然,绘声绘色,五官感觉相同挪移。"闹"字的模糊性和朦胧性恰好意蕴着美感的艺术魅力。

2. 适应题旨情境

题旨情境是一而一、一而二的观念。说写中利用具体的主客观环境和上下文环境,通过这种融合一体的语境使语言成分产生特殊的语义上的变化,并求助于题旨内涵。以毛泽东同志说的三句话为例:

其一:我们必须继承一切优秀的文学艺术遗产,批判地吸收其中一切有益的东西,作为此时此地的人民生活中的文学艺术原料创造作品时的借鉴。

其二:我讲了个"古今中外法",就是:屁股坐在中国的现在,一手伸向古代,一手伸向外国。

其三:古为今用,洋为中用。

这三句话的中心思想就是处理好借鉴古代的文化遗产与创造当代中国新文化的联系,但这一中心思想的三种说法,却又要适应题旨情境和不同文体。第一句精确,无歧义,适用于指导性文件;第二句通俗,形象生动,适用于向大众讲演;第三句凝练、概括、常用作政策方针。

3. 描写物候

描写物候不直接点出季节或时间。脍炙人口的物候歌就是劳动人民在生产实践中总结出来的:

一九二九不出手;

三九四九冰上走；

五九六九沿河看柳；

七九河升，八九燕来；

九九加一九，耕牛遍地走。

通过物候描写，艺术地表现时序的到来或更新传递时间和美学信息，这是诗文中常见的一种表达手段。例如：

竹外桃花三两枝，春江水暖鸭先知。

"竹外桃花"和"春江水暖"都是阳春三月的时候。从视觉、嗅觉、触觉写出春暖花开的季节，唤起联想，深化意蕴。

4. 妙用正反虚实

所谓"正反虚实"，是指数词的模糊意义在语言中具有比喻、夸张的修辞功能。历代文学家很喜欢运用数词进行高度的艺术概括，使作品产生极其生动、形象的语言魅力。如：

千里莺啼绿映红，水村山郭酒旗风。

南朝四百八十寺，多少楼台烟雨中。

"千里"并非诗中的确数，而是诗人心驰神往的想象，泛指广阔江南美景，非"千里"这个模糊词不能表达诗人凭吊古迹，千古兴亡的无限感慨。正是诗人浓缩千里于尺幅的写法。明代杨慎把"千里"改成"十里"，因此闹成笑话。"四百八十寺"，是强调数量之多，有虚有实，虚虚实实。"多少楼台烟雨中"，这一精彩着笔，更增加了一种朦胧迷离的色彩。这种实词虚指亦虚亦实的修辞运用，在唐诗中不乏其例。

在政治性文体中，同样有着其他词类无法替代的表意和表情的作用。例如：

"他们看见那些受人尊敬的小财东。往往垂着一尺长的涎水。"

有时，语法大师们匠心独运，幻化莫测。虚指和实指结合运用：

两个黄鹂鸣翠柳,一行白鹭上青天。

窗含西岭千秋雪,门泊东吴万里船。

全诗共用四个数量词,两个实指,两个是虚指;一写愉悦之情,一抒开阔之怀;虚实相映,衔接巧妙,浑然一体。这种模糊语义把诗意诗境引向了深阔天地,其美感底蕴深邃、丰厚。

5. 以模糊写清晰

在文学作品里,作者为了塑造完美的形象,本可描写得清晰、明朗,却有意表现得朦胧、模糊,往往用一种矛盾的笔触写出。不具体言其"真",而是用模糊的语言状其"幻",宋玉在《登徒子好色赋》中描写的美人就是一例:"增一分则太长,减一分则太短。施粉则太白,施朱则太赤。"似真似幻,美人的形象只能由读者的想象去填补。

五、结语

1. 由于词语是音、形、义三者的统一体,它通过中介的方式来表现物象和情景,具有很大的灵活性。反映客观世界要准确,既要精确语言,也要模糊语言,两种语言各有所长,各有所短,各有各的用处。

2. 语言的模糊性要与语言的晦涩含混严格区别开来,它具有相对的可知性。模糊中有清晰,多义中有一定界限,不确定中有确定性。模糊语言的本质特征,就是这种同又不同的结构质变律决定的,这个结构质变律即是"模糊度"。

3. 语言中的模糊现象并非是语言中的主体,不同的文体选择,使用侧重各有不同,不同的说写任务有不同目的,不同的流派有不同的美学情趣和语言风格。有的作家擅长"白描",以准确明快、直率真切为风格;有的作家擅长"油画",以色彩斑斓,折绕含蓄为风格。准确、明晰是语言美的一种形态,模糊、朦胧也是语言美的一种形态,二者不可互相替代,也不可偏废。

4.模糊语言学是研究自然语言中模糊多义现象,作为科学,模糊语言本身在概念用词和论述时必须准确严密,因为语言中的模糊性应该具有审美的特性,它同科学理论中的概念不能完全等同。总之,我们研究语言的模糊性,不能把模糊性普遍化、绝对化,必须讲求科学化、规范化。

(原载《兰州大学学报》1998 年语言文学专辑)

中外文学发展述略

　　中国文学就是中华民族的文学。中华民族的文学是以汉民族文学为主干的各民族文学的共同体。它以特殊的内容、特殊的形式和特殊的风格构成了自己的特色，在世界文学之林中与其他民族文学异轨同奔。作为与汉文学相对称的中国少数民族文学，同汉族文学相互补充，相互交融。因此，中国文学表现出极大的丰富性和多层次性。

一

　　在文字诞生以前，中国文学就已经产生。中国最早的神话传说，充满奇情异彩，它是浪漫主义的源头，对后世文学有极大的影响。诸如《山海经》、《淮南子》等保存的神话传说，能同世界上最优秀的神话传说媲美。《诗经》是中国文学中最早的一部诗歌总集，产生于西周初年至春秋中叶，集中305篇作品，代表2500年前约500多年间的诗歌创作。楚辞是在楚地民歌基础上兴起的一种新诗体，以屈原为代表。《诗经》中的"国风"和以《离骚》为代表的楚辞，是中国文学史上最早出现的两个巍然矗立的高峰，是中国诗歌的两个典范，故以"风骚"并称。汉魏六朝的乐府，带着民间文学特有的风格，对乐府诗体的发展产生了深远的影响，《陌上桑》、《孔雀东南飞》等，是中国古代长篇叙事诗中的璀璨明珠。齐梁时代的"永明体"，为唐代近体诗的确立做了声律方面的准备。唐代是中国诗歌的黄金时代，产生了古体诗和近体诗，出现李白、杜甫等世界闻名的伟大诗人。中国诗歌的发展经历了"以乐从诗"、"采诗入乐"和"倚声填词"三个阶段。后来的词和散曲都是沿着"倚声填词"的途径发展过来的。词是一种音乐化的文学样式,起源于民间。《花间集》是中国第一部文人词总集。到了宋代,词的内容和形式达到了完美统一,故有唐诗宋词并称,同为我国古代文苑中的两株奇葩。元代散曲是"胡乐"结合北方民间的"俚曲",具有浓厚的市民通俗文学的色彩和诙谐幽默的格调。与诗词并列为文学正宗的散文在中国散文发展过程中,有广义的概念和狭义的概念。广义的散文相对于"韵文"和"骈文"而言,狭义的散文是单指"纯文学散文"。自战国时代散文得到较大发展,形成了以《左传》、《战国策》、《国语》等为代表的历史散文,以《庄子》、《孟子》、《荀子》等为代表的诸子散文。这时期的散文,篇章醋畅,词采绚丽,感情充沛,结构严谨,比喻层出,善于雄辩。在战国时代散文的基础上,汉代散文趋于辞赋化倾向。散文正处于危机之际,司马迁的《史记》问世。这部巨著,上自传说中的黄帝,下至汉武帝时代,总结了中华民族三千年发展的历史,既是中国史书的杰作,又是中国传记文学的典范。唐宋散文直承秦汉散文传统,杂记、游记散文更富有生气。明清的小品文汲取了唐代游记散文的精华,它是文学散文的样式,具有独特的艺术魅力。赋与骈文,是中国文学中介乎诗和散文之间的两种体裁。小说的产生约秦汉以前,在《山海经》和《穆天子传》这些神话传说里,夹杂着六朝不少寓言故事,这是小说的萌芽;汉魏六朝虽有发展,但构成小说的基本因素仍不成熟;到了唐代,中国小说才渐渐发育成形,具有了较为完备的艺术形式和较为广阔的社会生活内容。在中国的传统文学观念中,小说和戏曲,中国向来是看作邪宗的。戏曲不可登大雅之堂,小说是街谈巷议之言。因此直到元、明、清时代,戏曲和小说才得到发展,出现了关汉卿的《窦娥冤》、王实甫的《西厢记》、汤显祖的《牡丹亭》、孔尚任的《桃花扇》等不朽杂剧和戏曲作品;出现了罗贯中的《三国演义》、施耐庵的《水浒传》、吴承恩的《西游记》等艺术珍品;而蒲松龄的《聊斋志异》、吴敬梓的《儒林外史》、曹雪芹的《红楼梦》,则是清代文坛上的三颗明珠。

历史进入了近代,中国长期的封建社会发生了重大变化。中国古代文学的正宗诗文已经走向末路。鸦片战争之后,打破了清王朝闭关锁国政策,近代文学在孕育和发展的过程中,出现了以龚自珍、林则徐、魏源等开明的知识分子。作为人文主义的启蒙思想家龚自珍,在他的政治思想和文学创作中都表现了对于清王朝腐朽统治的不满和批评,对于官僚的庸碌而不思振作的厌恶,在近代中国思想史、文学史上开创了一代新风。戊戌变法前后,梁启超等人推行"新文体",提倡政治小说,倡导"诗界革命",曾经对"五四"的诗歌革命产生积极的影响。李宝嘉的《官场现形记》,吴沃尧的《二十年目睹之怪现状》,刘鹗的《老残游记》,曾朴的《孽海花》等"谴责小说"相继问世。与此同时,出现了柳亚子、秋瑾为代表的爱国诗人。随着维新运动和辛亥革命相继失败,曾经起过进步作用的一部分文学,受到"十里洋场"的近代都市中恶浊气氛的影响,"谴责小说"沦为"黑幕小说";民国初年出现的"才子佳人"的鸳鸯蝴蝶派作品,由最初具有进步倾向而演变为远离现实生活并有思想毒素的"言情小说"。近代文学这种发展状况,正如毛泽东在《新民主主义论》所论断的:"旧的资产阶级民主主义文化,在帝国主义时代,已经腐化,已经无力了,它的失败是必然的。"

中国近代文学是中国现代文学的先导。中国现代文学发端于五四运动时期。以革命现实生活为土壤,从中吸收了历史的营养。无论在内容、形式以及创作手法等方面,都有明显的变化和发展。其主要特征在创作上,不仅对白话的形式本身进行了全面的变革,促使文学与人民大众的接近,而且在作品内容上具有了不同于旧民主主义文学的崭新特点。"五四"以后,第一次国内革命战争时期的许多作品,抨击封建制度和封建道德,揭露军阀统治的社会黑暗,描写知识青年争取婚姻自由、探索新的生活道路。有的作品还正面描述人民的苦难,关心劳动者的命运。其中一些处于无产阶级领导下的革命民主主义作家的创作,获得了辉煌的成就,出现了以鲁迅为代表的一群世界性作家。鲁迅的《呐喊》《彷徨》,通过一系列典型形象的成功塑造,概括了异常深广的时代历史内容,真实地再现出中国人民尤其是中国农民获得无产阶级领导前的极度痛苦,并怀着对未来的信念探索了革命的前途,显示出深刻的革命现实主义特色,以他创作的业绩,成为中国新文学运动伟大旗手。郭沫若的《女神》,以宏大的气势,奇特的想象,瑰丽的语言,歌唱叛逆,热望新生,成为革命浪漫主义的杰作。"五卅"以后,部分作家开始走向实际斗争,毛泽东《在延安文艺座谈会上的讲话》的发表,给作家指出了为工农兵服务的方向。此后,历史在酝酿着未来的新曙光。

新中国的诞生,给中国文学的发展开辟了广阔的崭新道路,中国文学沿着社会主义方向开始繁荣。一方面发扬了"五四"以来的新文学传统,一方面又表现出新的历史时期的时代特色,坚持为人民服务,为社会主义服务的正确方向,产生了一批具有社会责任感的作家,出现了大批富有时代气息的优秀作品。杨沫的《青春之歌》、梁斌的《红旗谱》、曲波的《林海雪原》、欧阳山的《三家巷》、赵树理的《三里湾》、吴强的《红日》、杜鹏程的《保卫延安》以及民族文学作品《阿诗玛》《百鸟衣》等。但是,这期间,文学被"左"的政治所束缚、所役使,成为完全从属于政治的东西。文学创作无批判意识和超越意识,不渗透应有的人生理想,不体现对现实的某些"摒弃"。后来,"文化大革命"的十年动乱,文艺界被践踏成废墟,中国文学呈现一片荒原。从1978 年 12 月中国共产党十一届三中全会起,开始全面纠正"文化大革命"中及其以前的"左"倾错误,中国文学又出现了新的转机,发生了历史性的变化。从此,中国文学进入社会主义新时期,又一批新作家走向历史舞台,出现了揭露"文化大革命"创伤的"伤痕文学",伸延到远古深省的民族历史的"寻根文学",针砭现实、促进现代化的"改革文学",描写中越边界反击战和国防现代化建设的"军事文学",深切表现乡土韵调风味的"乡土文学",广阔开拓展现民族心理积淀的"市俗文学",体验整体意蕴朦胧的"朦胧诗"。

这时期的文艺理论研究也空前活跃,突破了对马克思主义文艺理论单纯的阐释和"捍卫"传统观念,广大文艺理论工作者重新确立了自主意识与创造意识,许多重要的文艺理论有了新的认识,取消了"文艺从属政治"、"文艺是阶级斗争工具"的口号。对马克思主义文艺理论的研究,开始注重正面的理论建树:一方面重视和尊重正面建树和探索社会主义文艺发展规律的理论;另一方面,批评错误的文学作品或错误的文艺理论,注重以理服人。在文艺理论批评中,除了运用传统的社会学批评方法研究文学外,出现了从美学、心理学、伦理学、人类学、传播学、管理学、生态学、地理学、修辞学、文体学、关系学、未来学等多种视角研究文学,运用系统论、控制论、信息学、结构主义、模糊主义、原型批评、比较文学、统计方法等来探讨文学的新现象。所有这些文学观念和文学思潮已成为"社会主义新时期文学"的主流。这时期文学的基本特征,从总体上说,"二为"方向和"双百"方针规定了文学的社会主义本质特征。具体表现为:(1)具有鲜明的时代感,显示出文学与生活、文学与人民的贴近和时代意识的浓化。(2)现实主义开放体系成为一种思潮;题材多样化、作家意识的自我强化,多种文艺思潮的兴起。(3)文学向人学的复归,表现出对人的命运的关注和价值的认定。(4)民族化特色的进一步深化,以中华民族特有的文学描写形式为主体,融合西方现代派各种文学表现于法。(5)引进国外文学新观念,借鉴国外文学新理论、新方法,了解世界当代文学发展势态,从中汲取一些积极因素。题材、主题、风格、流派等方面呈现出多样化的文学现象。此外,多民族文学的共同繁荣是社会主义新时期文学的一个显著特征。但是,由于对民族文化、民族历史、民族现实的合理性缺乏深刻的、全方位的认识和理解,当国外创作、理论流派介绍所剩无几,而中西历史文化背景的巨大差别充分暴露时,又重新面临中国文学向何处去的问题。1986 年开始的创作低落,反映了中国作家尚未真正找到"自我"的彷徨。也许实践告诉我们:探索和寻求具有中国特色的中国文学只有夹在"现代"和"传统"的胡同里行走才能真正找到。无疑,各种思潮流派都会在实践检验的长河中,此起彼伏地沉浮,进行着无情的浪淘和无穷的探索。

二

优秀的文学是世界性的。在世界文学的宝库里,文学大师们创造的典型人物和不朽作品放射着斑斓多姿、五光十色的异彩,是人类精神世界共有的宝贵财富。

在漫长的外国文学史长河里,原始公社制和奴隶制两个历史阶段是古代外国文学时期。神话传说、英雄史诗和戏剧是文学的主要体裁。有印度最早的神话诗集《吠陀》和希腊神话传说、欧洲的"荷马史诗"。在古希腊,产生了埃斯库罗斯、索福克勒斯、欧里庇得斯三大悲剧家和阿里斯托芬一大喜剧家。他们的作品真实地反映了希腊奴隶制形成和发展的历史,开创了悲剧的讽刺、喜剧的先河。中古封建社会是中世纪文学时期,著名的《天方夜谭》是阿拉伯民间故事汇集,它广泛地反映了中古阿拉伯国家的社会制度和风土人情,对封建统治者的无情鞭挞,对劳动者的深切同情,是真实生动的写照。但丁是中世纪最后一位诗人,他的代表作《神曲》,以梦幻的形式和意大利口语,深广而又真切地反映了欧洲从中世纪向"艺术复兴"过渡时期的社会生活。资本主义时期步入近代文学,14世纪到16世纪是文艺复兴时期。人文主义思想是文艺复兴时期文学的核心。薄伽丘的《十日谈》开创了欧洲短篇小说的先河。接着,赛万提斯的《堂吉诃德》和莎士比亚的《哈姆雷特》相继问世。他们的作品为欧洲和世界近代文学的发展奠定了基础,而莎士比亚是一代宗师,他的戏剧集中地体现了新兴资产阶级的思想愿望。英国诗人弥尔顿的《失乐园》,法国喜剧家莫里哀的《吝啬鬼》是17世纪欧洲文学的名著。18世纪的启蒙文学,有笛福的《鲁滨孙漂流记》,伏尔泰的《老实人》,席勒的《阴谋与爱情》,歌德的《浮士德》。启蒙文学在创作上的基本特征,大多以第三等级的平民为主人公,有鲜明的政治倾向。19世纪初叶,浪漫主义文学在欧洲风行,雪莱的诗剧,拜伦的长诗,雨果的《巴黎圣母院》,都以历史题材反映现实生活,洋溢着浪漫主义激情和反封建色彩。在19世纪中叶前后,批判现实主义成为欧洲文学的主要思潮,涌现了一批优秀作家和作品。在法国,司汤达的《红与黑》,巴尔扎克的《人间喜剧》,福楼拜的《包法利夫人》,莫泊桑的《俊友》(又译《漂亮朋友》),罗曼·罗兰的《约翰·克利斯朵夫》,他们的作品真实而具体地体现反映了法国社会特别是巴黎"上流社会"的卓越的现实历史。司汤达为欧洲批判现实主义文学开辟了道路,巴尔扎克是欧洲批判现实主义文学的杰出代表。在英国,狄更斯的《艰难时世》,夏洛蒂·勃朗特的《简·爱》,以及19世纪末叶哈代的《苔丝》,他们的作品深刻地揭露了资本主义社会劳资斗争的矛盾,描写了"小人物"的苦难和奋斗历程。19世纪的俄国是文学最繁荣的时期,作家辈出,作品琳琅满目。从普希金、莱蒙托夫、果戈理、屠格涅夫、冈察洛夫、陀思妥耶夫斯基到车尔尼雪夫斯基、涅克拉索夫、托尔斯泰、契诃夫;从《叶甫盖尼·奥涅金》、《当代英雄》、《死魂灵》、《父与子》、《奥勃洛摩夫》、《罪与罚》到《怎么办》、《在俄罗斯谁能快乐而自由》、《复活》、《套中人》。这些名作揭示和批

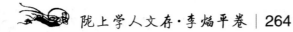

判了沙皇农奴制社会的黑暗腐朽,表现了下层人的悲苦生活,塑造了一系列贵族"多余人"和平民知识分子"新人"而富有时代特征的鲜明人物形象。同在这个时期,德国诗人海涅,丹麦童话作家安徒生,挪威作家易卜生,美国诗人惠特曼、作家马克·吐温、杰克·伦敦,也都是欧美文学中有影响的作家。20世纪初叶,高尔基的《母亲》在世界文学史上塑造了第一批无产阶级英雄形象。接着,出现了马雅可夫斯基的《列宁》,法捷耶夫的《毁灭》,奥斯特洛夫斯基的《钢铁是怎样炼成的》,肖洛霍夫的《静静的顿河》等一系列社会主义现实主义文学作品。在西方,表现主义、象征主义、意识流、存在主义、黑色幽默派等各种文学流派的作品,其中也有参考的借鉴价值。亚洲作家处在反帝、反殖,争取民族解放、民主自由的风暴斗争之中。日本作家小林多喜二、德永直、印度作家泰戈尔,也是世界现代文学中有影响的作家。

三

中国文学对外交流是从东方扩大到欧洲,然后扩大到美洲。随着唐代政治经济的繁荣,中外文化交流遍及东南亚、中亚40多个国家。中国诗歌开始传到国外,对日本及东亚各国产生深远影响。白居易的《琵琶行》和《长恨歌》在日本家喻户晓;日本的诗歌总集《万叶集》,无论在文艺思想和编选体例上都深受《昭明文选》的影响。随着《马可波罗游记》的问世,中国文学从18世纪开始对欧洲产生影响。马若瑟翻译的《诗经》、《书经》刊登在1735年巴黎出版的《中国通志》上;马若瑟翻译的元代杂剧《赵氏孤儿》法文节译本,1735年也刊登在《中国通志》上;先后又在英国、德国、俄国翻译出版;歌德的组诗《中德四季晨昏杂咏》的创作受到清代小说《花笺记》和《玉娇梨》的启发和影响。中国文学对美洲产生较大的影响是在20世纪初叶,中国诗作的翻译评价就在这个时期。庞德认为,在美国所受到的外来影响中,"中国是根本性的"。庞德的《诗篇》中有 12 章是以中国为题材的,并翻译出版了多种中国诗译本。"五四"新文化运动之后,由于现代科技的发展,中西政治、经济和文化展开了全面的交流,中国文学对外的传播进入一个新的历史阶段。中国古典名著《红楼梦》、《水浒》、《三国演义》、《西游记》翻译出国;鲁迅、郭沫若等名家的作品被世界各国广泛翻译。仅鲁迅著作译成 70 多种文字,传播 40 多个国家,《阿 Q 正传》在日本就有 10 种新译本。鲁迅逝世 50 周年之际,由日本学研究社编辑出版的《鲁迅全集》日译本 1992 年在日本问世。民主法国出版社出版《王蒙小说选》;女作家张洁的《沉重的翅膀》正由法国马朗·赛尔出版社译成法文出版。随着中国文学对外日益传播和广泛影响,世界文坛对中国文学的价值和地位给予了科学的评价和较高的肯定。

在中国文学对外影响的同时,中国文学同样不断接受世界文学的影响。这种影响是从东汉至唐宋佛教文化的影响开始。从梵文翻译过来的佛经不少就是文学作品,如《佛所行赞》、《美难陀传》即是两部叙事长诗。此外,魏晋南北朝的志怪小说、唐代的传奇和变文,不仅观念、意境受佛经的影响,而且在语法结构、遣词造句方法也因此发生了变化。汉语中的反切四声的确立,也是佛经影响的结果。鸦片战争之后,外国小说的引入和翻译达到了一个新的高潮。晚清时期外国小说的翻译约 400 多种。以 1907 年为例,翻译英国小说 32 种,美国 22 种,法国 9 种,日本 8 种,俄国 2 种,其他国家的 7 种,共计 80 种。五四运动前后,世界著名作家的著作几乎都有作品被介绍过来,中国现代文学不但从中得到借鉴,而且哺育了我国新文学的最初一代作家。鲁迅的《狂人日记》等作品,颇受俄国和东欧一些进步作家的影响。而且鲁迅的创作不断在世界文学中寻求新的观念,逐步确立了以人为本位,特别是以下层劳动人民为本位的文学思想,不断在世界文学中学习新的创作理论,不断调整自己的审美理想和创作方法,广泛采用现实主义、浪漫主义、现代主义的艺术手法,从而以思想深度和形式的新颖,创造了一批具有世界水平的短篇小说,开始使中国现代文学汇入世界文学的巨流。同样,郭沫若的《女神》,也很明显地受到外来的影响。总之,这种状况持续到"文化大革命"以前。十一届三中全会以后,又出现了新的高潮,世界文学出现的新观念、新理论、新作品,我们采取积极借鉴的态度,"洋为中用",使中国文学形成新的民族特色,创造出更宏伟的篇章。

古往今来,优秀的作家都珍视民族文化的优秀传统。任何一个作家总是生长在特定的民族环境中,民族的历史、传统和文化是作家扎根的土壤,也是作家创作的源泉,这决定了文学作品的民族性。世界文库灿烂夺目,恰恰是因为带有各自特点的不同民族文学交相辉映的结果。民族性鲜明的作品同样被外部世界所接受,登上世界文学大雅之堂。如果民族的文学都是一副面孔,哪里还有异彩纷呈的局面?巴尔扎克、莎士比亚、歌德、托尔斯泰、高尔基、鲁迅等,这些大师们的作品,他们所反映的都是本民族环境中的人物、事件,无论从文学语言到文学表现技巧,都有各自鲜明的民族特色,带着各自特有的民族丰姿和异彩走出世界,进入世界文学之林,被世界读者接受,世界文学评论也给予很高评价。如果世界各国的文学都失去各自的民族特色而进入"大同世界",那么,世界文化交流就没有什么必要。世界各国文学交流的生命正是同中之"异"。无疑,民族文学也要借鉴和吸收世界各国或其他民族文学的创作方法和创作风格。

我们的时代正在致力于物质文明与精神文明建设的时代,学好用好祖国语言,丰富感性知识,提高文学鉴赏能力,是当代中国人必备的素质。当今中国文化是历史的中国文化的延伸,中国悠久的文化传统,是以各种方式沉淀于当代中国人的灵魂之中的。从深刻的意义上说,文学史,是研究人的灵魂,是灵魂的历史。无论从中华民族与国际各种竞争,还是从振奋民族精神、重铸民族灵魂出发,学习、借鉴和汲取与我们有益的语言文学知识和文化遗产,不仅是提高民族文化素质的需要,而且是建设有中国特色的社会主义的需要,也是中华民族永远屹立于世界之林的需要。

（原载《干部文史百科辞典》文学篇,浙江教育出版社,1992年4月）

论抒情

当前,对于抒情的研究,流行一种观点:认为只要运用比喻、拟人,夸张、排比、双关、反语等多种修辞方法,作者就能创造抒情。这种观点,实质上抽出文学材料的具体内容,把剩下的形式误为抒情的灵魂,忽视了作者创作个性的作用,忽视了抒情风格的本质特征。本文试就抒情的含义范围、抒情的风格、抒情的产生和表达方式谈些浅见。

一

抒情,是抒发作者的感情。作者内在的个性、气质、情趣、感受同外在的客观事物高度契合,互相渗透,水乳交融,引起共鸣,产生抒情。"感人心者,莫先乎情"。(《白氏长庆集·与元九书》)"情者文之经,辞者理之纬,经正而纬成,理定而后辞畅"。(《文心雕龙·情采》)"夫缀文者情动而辞发,观文者披文以入情"。(《文心雕龙·知音》)"诗人感物,发为歌吟,吟已感漓,其事随讫"。(《汉文学史纲要》,《鲁迅全集》第十卷第 520 页)在我国古代近代文论中,对抒情的论述迭出不已,但大都文论只限于文学作品,诸如诗歌、散文、小说、戏剧之类,涉及其他艺术门类的不多。我们研究抒情,先对抒情含义范围加以略述。

抒情含义的范围具有广泛性。它不仅流入到文学领域,而且渗透到艺术的各个门类。一般所说的"抒情"指的是文学作品的抒情,这是狭义范围的含义,广义范围的含义包括音乐、绘画、雕刻、舞蹈、摄影、书法等多艺术门类。有抒情的音乐,古今中外许多著名的抒情歌曲不乏其例;有抒情的绘画,像传统的山水画,岁寒三友的松、竹、梅;有抒情的雕刻,如组雕《收租院》;有抒情的舞蹈,像著名的芭蕾舞《天鹅湖》,以及我国别有风采的民族舞蹈;有抒情的摄影,不仅是各类山山水水的风景照,而且拍摄的人物肖像,沸腾生活,火热斗争;书法的抒情却是别具一格了。我国古代艺术理论也曾论述过表现艺术和造型艺术的抒情关系。《毛诗序》说:"诗者,志之所之也。在心为志,发言为诗。情动于中而形于言,言之不足,故嗟叹之;嗟叹之不足,故咏歌之;咏歌之不足,不知手之舞之,足之蹈之也。""情发于声,声成文谓之言"。就是说,诗歌的感情必须借助于语言,音乐中的感情必须借助于声音和旋律,舞蹈中的感情必须借助于形体动作的姿态。无疑绘画、书法借助于造型,这是各种艺术门类抒情的表达方式。对于音乐中的抒情,我国古代音乐文献《乐记》有过阐述:"乐者,音之所由生也,其本在人心之感于物也。是故其哀心感者,其声噍以杀……其乐心感者,其声直以廉;其爱心感者,其声和以柔。"(《中国历代文论选》第一册第 61 页)这段文字,不仅表述了音乐产生的客观根源,而且阐明了人的哀、乐、喜、怒、敬、爱等各种不同情感的抒发与音乐形象之间的关系。足见,音乐同任何艺术一样,也是通过形象反映生活,表达思想感情的,所不同的只是抒情方式罢了。音乐主要是以声音作物质手段,通过声调和旋律,唤起人们生活的和艺术的联想,创造一种性格化感情化的想象形象,从而引起感情的共鸣。绘画、书法、雕刻、摄影等具有可视性,其感情的表达是通过色彩、线条、造型构成一定的形象。色彩、线条、造型是内在真实的标志。如书法这种线条艺术,其抒情很是抽象,但仍能透过表面潜入内心,用内涵的精神丰富字架结构表现抒情。明代书法家祝允明说得好:"情之喜怒哀乐,各有分数;喜则气和而字舒,怒则气粗而字险;哀则气郁而字敛,乐则气平而字丽。

情有轻重,则字之敛舒险丽,亦有浅深,变化无穷。"(《现代书法论文选》第176页)这种"舒"、"险"、"敛"、"丽"的感情色彩潜移在书法的字里行间,因人因时而异,也因品因势而异。

我国文学可以说是典型的抒情文学了。抒情诗是诗歌的主体,即使是叙事诗,也带有浓厚的抒情。戏剧本来也是由诗歌发展形成的,台词、道白无不打上抒情的印记。即便是小说,也无不带上抒情的色彩,甚至记事的史书《史记》,也被鲁迅誉为"无韵之《离骚》",可见抒情遍及我国文学领域。好的抒情文学仿佛是一幅画,那画面的灼热可以引起读者心中感情的火花,尤其是抒情诗。"没有情感就没有诗人,也没有诗"。(《别林斯基论文学》第4页)读者对于诗中情趣的感受,往往难以言传,常以化虚为实,借助眼耳鼻舌身的感受来表达,以物感通于情感,这是抒情文学的本质特征。

抒情是一切文学艺术所必具的基本特征。所有的美学理论都不会绝对排斥它。它不仅表现在文学领域,而且表现在各种艺术门类。现实主义者主张真实地、具体地反映社会现实,它要求作家、艺术家要把自己的主观感情丝毫不露形迹地消融在客观的现实生活的真实描绘之中。抒情是从属于真实性的。只有浪漫主义美学才真正地以抒情为权舆,并由此而判定文学艺术诸要素在美学和创作中的地位和作用。

二

风格,就是作风,是各种本质特征的全面总和。

在文学、绘画、音乐、舞蹈、雕刻、摄影、书法、建筑等领域中,风格也是指这些艺术门类的各种特征的总和。文学风格,就是一个时代、一个流派或者一个作家的作品所表现出来的思想特征和艺术特征的总和。抒情风格就是作家运用语言材料和修辞方法所表达出来的思想感情和个性特征的总和。抒情同人的风格一样,具有作家、艺术家各自的性格特征。我国有句成语:文如其人。说明文学作品的风格反映作家的人格,作家的人格也影响作品的风格。同理,抒情的风格也反映作家的人格,作家的人格也影响抒情的风格。马克思曾经借用法国评论家布封的话,论断"风格即人格",(《评普鲁士最近的书报检查令》,见《马克思恩格斯全集》第一卷第 7 页)刘熙载在《艺概》里也论述"诗品出于人品"的观点。

　　刘邦的《大风歌》和项羽的《垓下歌》,就鲜明地表现了人品和诗品的一致性。清人评述:"高祖为人气象近于雄浑,故其诗亦雄浑;项王为人则雄肆矣,而《垓下歌》亦适肖之。语无有不肖其人者。观刘、项初见始皇语,一浑一肆,则知楚汉兴亡已决于此"。(孙联奎《诗品臆说》)就是说,作品的风格,特别是抒情的风格,同作家的人格、气质、情趣是相一致的。王昌龄的"洛阳亲友如相问,一片冰心在玉壶",写出了自己的品格、情操。李商隐的"夕阳无限好,只是近黄昏",感慨人生,含意深广。同为送别,王维的"劝君更尽一杯酒,西出阳关无故人",显得真挚热忱,情谊深长;而高适的"莫愁前路无知己,天下谁人不识君",和王勃的"海内存知己,天涯若比邻",则开朗豪迈,慷慨激越。在现代作家中,抒情的风格最能反映人格,并取得一致性的,首先是鲁迅。他"骨头最硬","没有丝毫的奴颜和媚骨"。一九二五年一月十八日,鲁迅写了一篇《雪》的散文诗,当时反动的北洋军阀统治着北方。鲁迅写江南的雪时,说它"滋润美艳之至","是还在隐约着的青春的消息";写朔方的雪时,说它"蓬勃地奋飞","如包藏火焰的大雾,旋转而且升腾,"又说它"是孤独的雪,是死掉的雨,是雨的精魂"。同样写"雪",描写江南的雪景,生机盎然,充满活力;描写朔方的雪景,天宇凛冽,严寒肃杀,寄寓着作者对生活中美好事物的憧憬,对冷酷现实的鞭笞的两种不同的思想感情。从作家的创作个性来说,什么样的作家抒发什么样的感情。诚然,感情有真实的,有虚假的;有高尚的,有鄙俗的;有激昂的;有低沉的;有壮烈的,有颓废的;有抒人民之情的,有抒"自我表现"的。在不同时代不同作家的笔下,描绘不同的"形状"和"色彩",抒发出不同的感情。同是春雨,"农夫喜其润泽,行者恨其泥泞"。范仲淹的《岳阳楼记》,情景结合,情理迸发,令人折服。写"淫雨霏霏,连月不开"的秋景,写"上下天光,一碧万顷"的春夜,"不以物喜,不以己悲",抒发了作者"先天下之忧而忧,后天下之乐而乐"的政治抱负和高尚情操。

在阶级社会里,人们是属于一定的阶级的。世上绝没有无缘无故的爱,也没有无缘无故的恨。所谓真情实感,无不打上阶级的烙印。一个具有无产阶级革命胸怀和品格的人,和一个封建士大夫对客观事物的看法肯定是不相同的。峻青的《秋色赋》与欧阳修的《秋声赋》相比较,思想境界,感情色彩显然不同。峻青的《秋色赋》,浓妆淡抹,色彩斑斓:"秋天,比春天更富有欣欣向荣的景象,秋天,比春天更富有灿烂绚丽的色彩。"欧阳修的《秋声赋》,秋天肃杀,景色凄凉:"其声惨淡,烟霏云敛……其意萧条,山川寂寥。"请看,相同的景物,涂上作者不同的主观感情色彩,就可看出作者的思想境界和精神世界。古往今来,描写日出景象的诗文美不胜收。巴金的《海上日出》,通过"光亮"特征的描绘,抒发作者向往光明的豪情,"刹那间,这深红的东西,忽然发出夺目的光亮,射得人眼睛发痛,同时附近的云也添了光彩"。"这时候光亮的不仅是太阳,云和海水连我自己也成了光亮的了"。作者描绘"光亮"的景致,达到了"情景交融,物我双会"的境地,淋漓尽致地表达了作者憧憬美好生活的纯情真愫。

峻青的《沧海日出》所描写的景致,又是另一番情景:日出前,"这广阔无垠的天空和这广阔无垠的大海完全被粉红色的霞光溶合在一起了,分不清它们的界限,也看不见它们的轮廓",接着,"粉红的颜色,渐渐变成为橘红,而后又变成为鲜红了",到后来,太阳"猛地一跳,蹦出了海面。刹那间,那辽阔无垠的天空和大海,一下子就布满了耀眼的金光"。在这瞬息万变的日出壮观的景色里,作者洋溢着一派生机勃勃,欢腾奔放的抒情,令人振奋,催人奋发。同一景物,感情不一,取景角度不一,作者笔下的景物也随之而异,情采也就不同了。即使在同一个作家的笔下,由于作者选择角度不同,表情达意的需要不同,而对同一景物也抒怀各异。我们从毛泽东同志几首咏"雪"的诗词中可以得到印证:

　　"漫天皆白,雪里行军情更迫。此行何去?赣江风雪迷漫处"。(《减字木兰花·广昌路上》)

　　一九三○年,正当中国革命处于艰难岁月,诗人以"雪里行军情更迫"的乐观主义抒发对革命充满胜利信心之情。

　　"更喜岷山千里雪,三军过后尽开颜"。(《七律·长征》)

　　一九三五年十月,红军胜利完成二万五千里长征,诗人以"更喜岷山千里雪"的喜悦豪情,讴歌中国革命举世闻名的长征。

　　"飞起玉龙三百万,搅得周天寒彻……而今我谓昆仑,不要这高,不要这多雪"……(《念奴娇·昆仑》)

　　"看红装素裹,分外妖娆"。(《沁园春·雪》)

　　在这两首词中,借雪咏志,抒发了共产主义者的博大胸怀。

　　一九六二年,毛泽东同志针对赫鲁晓夫掀起的反华逆流进行了猛烈回击。在《七律·冬云》中,借梅自况,用托义手法,向全世界畅怀:"梅花欢喜漫天雪,冻死苍蝇未足奇。"革命气质,何等豪迈! 无私无畏地颂扬了马列主义战士不畏强暴的高尚品质。

　　可见,抒情风格不仅是人格的反映,而且抒情风格具有一定的社会内容、时代特点和阶级倾向。

三

抒情的产生和表现是主观与客观的融合。感情是客观世界在人们思想上引起的一种极其复杂的心理活动。感情不是表面的一时冲动，而是一种发自内心深处的思想、感觉和情绪；感情不是抽象的，也不是零碎的，而是把最具体的体验集中起来，使之成为一种强烈的冲击波。诚然，感情的冲击波发源于思想，而"语言是思想的直接现实"。（《马克思恩格斯全集》第三卷第 525 页）思想离不开语言，任何一个思想的产生和形成都要借助于语言，任何一个思想的表达要借助于语言。斯大林说："不论人的头脑中会产生什么样的思想，以及这些思想什么时候产生，它们只有在语言材料的基础上，在语言的词和句的基础上才能产生和存在。没有语言材料，没有语言的自然物质的赤裸裸的思想是不存在的。"（《马克思主义与语言学问题》，人民文学出版社 1971 年版，第 30 页）李卜克内西回忆马克思时也写道："语言的明确是由于思想明确，而明确的思想必然决定明确的表达方式。"（《回忆马克思恩格斯》第 39 页，人民出版社）因此，文学作品的抒情总是通过艺术性的表达方式才能表现出来，这是毋庸置疑的。然而，这些表达方式只有赋予作家的鲜明个性和主观的浓厚色彩才有血肉，才有灵魂，才富有生命力，才能创造出色彩斑斓、激情迸发的抒情来。仅以下述几种表达方式为例：

1. 博喻。博喻是抒发感情的一种惯用表达方式。但使用这种修辞方法如果离开了真情实感，也是起不到好的表达效果的。宋代诗人苏东坡《百步洪》一诗就是例证：

"长虹(洪)斗(陡)落生跳波，轻舟南下如投梭。水师绝叫凫雁起，乱石一线争磋磨。有如兔走鹰隼落，骏马下注千丈坡。断弦离柱箭脱手，飞电过隙珠翻荷……"

清人赵翼在《瓯北诗话》中有过评论,苏诗"形容水流迅疾,连用七喻,实古所未有"。但是,苏诗的连用七喻,其喻体与水船之间并不是有机的联系,缺乏真情实感,给人以"散"和"繁"的感觉,严格说来,此诗并非佳作。与此相比,宋人贺铸的《青玉案》一词,同是运用"博喻",则情真意会:

"……试问闲愁都几许?一川烟草,满城风絮,梅子黄时雨"。

三种形象浑然一体,情词如画,气氛灰暗,一片阴沉,抒发了愁闷忧苦之情。

还有,流沙河的《理想》,连用四喻,每句回环,豪情奔放:

"理想是石,敲出星星之火,理想是火,点燃熄灭的灯,理想是灯,照亮夜行人的路;理想是路,引你走到黎明"。

作者反复设喻,通过喻体说明本体,抓住事物本质特征,点燃感情的火花,展开想象的彩翼。显而易见,博喻能否产生感情完全看具体内容,如果离开了所表达的具体内容,"比喻"也不过是一副没有血肉的骨架,一具没有灵魂的尸体。

2. 外观描写。外观描写是抒情的一种最为形象的表达方式。历来许多名家名著,对人物外观描写,无论是肖像描写还是性格描写,作家的思想感情深深地注入在人物外观上。《水浒》第三回《鲁提辖拳打镇关西》就有一段精彩的描述:

"郑屠右手拿刀,左手便来要揪鲁达,被这鲁提辖就势按住左手,赶将入去,望小腹上只一脚,腾地踢倒在当街上,鲁达再入一步,踏住胸脯,提着那醋钵儿大小拳头,看看这郑屠道:'……你是个卖肉的操刀屠夫,狗一般的人,也叫做镇关西……'朴的只一举,正打在鼻子上,打得鲜血迸流,鼻子歪在半边,却便似开了油酱铺,咸的、酸的、辣的一发都滚出来。……提起拳头来，就眼眶际眉梢只一拳，打得眼棱缝裂，乌珠迸出，也似开了个彩帛铺的，红的、黑的、绛的，都绽将出来……又只一举，太阳上正着，却似做了一个全堂水陆的道场，磬儿、钹儿、饶儿、一齐响，鲁达看时，只见郑屠挺在地下，口里只有出的气，没入了的气，动弹不得"。

这段三拳打死郑屠的描绘，用了"歪"、"迸"、"挺"三个有感触的动词，配合三个精彩的比喻，构成一幅生动、具体的图像，把人物变化着的外观事件的情态绘声绘色、活灵活现地展示给读者，叫人觉得揍得痛快，打得解恨！

赵树理在《李有才板话》里对阎家祥的外观描写，倾注的感情集中在一个形象的比喻上：

"这人的相貌长得不太好看，脸像个葫芦瓢子"。

创造这种抒情，有画龙点睛之妙，使读者从笑声里产生厌恶之情。像这种抒情效果，有果戈理描绘泼里希金的外观："下巴凸出些，并且常掩着手帕，免得被唾沫所沾湿"，"小小的眼睛还没呆滞，恰如两匹小鼠子，把它的尖嘴钻出来"，"颈子上围着莫名其妙的东西，是袜子，是腰带，还是绷带呢，不能断定"。

朱自清的《背影》，通篇渲染着浓厚的抒情色彩。全文四次叙写了父亲的背影。首尾两次虚写，中间两次实写。无论虚写或实写，都是在"背影"之中，第一次在文章的开头，这是点题。第二次是描写父亲去买橘子，爬上那边月台的情景。这时的外观描写不仅写了父亲的衣着、穿戴、形体等外貌，而且写了他两手的"攀"，两脚的"缩"，身子的"倾"等动作。这个"背影"含蕴着父亲对儿子的片片深情。第三次是父亲下车去进入人群的时候。这次写得简洁，只说"他的背影混入来来往往的人里"。这个父亲尽管如此关怀儿子，也不得不融入人群匆匆而别，给人以悲酸惆怅之感。第四次是结尾提到的记忆中的"背影"，这是幻觉,也是实情,通篇的感情由此又一次推向高峰。至此,四叙背影连成一线,事系于情,情融于事,真切地反映出父子之间的骨肉深情。

3. 直呼景物。作者根据表达的需要,借景抒情,不作客观描写,而直呼景物。袁鹰的《井冈翠竹》,其中一段抒情就是直呼景物:

"你看,你看,这不是又一批新砍的毛竹滑下山来了吗?这些青翠的竹子,沿着细长的滑道,穿云钻雾,呼啸而来,它们滑下溪水,转入大河,流进赣江,挤上火车,走上迢迢的征途。井冈山的翠竹啊! 去吧,去吧,快快地去吧! 多少工地,多少工厂矿山,多少高楼大厦,多少城市和农村,都在殷切地等待着你们! 快快地去吧,带去井冈山人的心愿,带去井冈山人的干劲,也带去井冈山人的风格吧"!

作者写竹子像写人一样,用"穿云钻雾,呼啸而来","走上迢迢征途"的拟人修辞手法,写出了竹子的生命力和战斗姿态,表达了作者为竹子的"成长"而欣喜赞美的感情,表达了渴望竹子为社会主义建设贡献力量的殷切心情。

穆青在记述雁翎队出征的散文中,一开头也是直呼景物:

"鱼儿,游开吧,我们的船要去作战了。雁儿,飞去吧,我们的枪要射杀敌人了"。

真是激情满怀,诗情浓郁! 一方面揭示了坚持敌后抗日军民美好的内心世界,一方面抒发了战士们对日寇的无比仇恨,对祖国山河的挚爱感情。

这种直呼景物的表达方式,是抒情中形象、气势、情感的高度融合。

4. 伏采潜发。刘勰说:"文之英豪,有秀有隐。""隐"是"含蓄",含蓄的感情不直抒,而是从旁伏发,"言有尽而意无穷"。《语文报》刊登的一篇散文《我常这样想》就是一例：

> "践履着时间的脚步也已十七载……于是我常这样想：'假如人们是时间的石人，忘却世间悲、难，那必是满页的美'"。

> "岁月催人老，在妈妈的脸上，时间已划下了痕迹，思念令人老，那一堆烦人的琐事，已将那本是丰盈的脸颊，绘上了苍悴，谁之过？为了自己的前程，负笈他乡，远离了母亲，让她整日为我忧心，那斑白的发丝也无情地出现在母亲的发际，是我错了？时间错了？"

人皆有母亲，母亲恩情哪能说尽。作者以藏形、藏意的笔法歌颂母亲，抒发对母亲的爱。不写母亲的事，不绘母亲的形，只写母亲脸颊的"苍悴"和"斑白的发丝"；不直抒对母亲的爱，却用"假如人们是时间的石……"来寄寓稚子之情，其间蕴含了作者对于社会的思考和希冀。

5. 细节描写。真实的细节描写最能表达真实的思想感情。感情是抽象的，抽象的感情不能用抽象的语言去抒发，它必须渗入到所写的事物里，蕴含在具体而生动的细节中。例如，孙犁在《荷花淀》里，把紧张的战斗情景和日常生活细节糅合起来，一言一语，一举一动，细致入微，亲切动人，充满生活气息。像茹志鹃在《百合花》中写那个年轻通讯员"肩上的步枪筒里稀疏地插着几根树枝"的细节，伏契克在《二六七号牢房》写"老爸爸"约瑟夫·贝舍克"给我带来了一小朵雏菊和一根青草"的细节，都展示着作品人物美好的心灵世界，抒发了作者火热的情怀，对生活的酷爱。

6. 称谓。人物的相互称谓也是一种抒情的表达方式。在《白毛女》中，恶霸地主黄世仁因为怀着卑鄙龌龊之心，开始对佃户杨白劳声声称"老杨"，后来一翻脸，连声大喝"杨白劳"。这个称谓变化的过程，恰是黄世仁从玩弄连逼带骗到暴露出狰狞面目的过程。这条恶棍终于在一声大喝"杨白劳"，"告诉你说，今儿行也得行，不行也得行"中，赤裸裸地暴露了他那地主阶级的本性。《白毛女》第一幕第一场，狗腿子穆仁智强行带走了杨白劳，在将走未走之际，喜儿目睹惨状，并不诉说什么，只是两次喊"爹"，当杨白劳被穆仁智推走之后，喜儿再次哭道："我爹……"这三声简单的"爹"是喜儿内心的惨痛，抒发了跟爹难分难舍，父女相依为命的思想感情，这种称谓的抒情，作者对人物的爱憎感情是何等的鲜明。

7. 贬词褒用。贬词褒用是抒情的一种特殊表达方式。在《柏林之围》一文中，有三处连用三个贬义变易为褒义。一是："他是儒弗上校，一个拿破仑帝国时代的军人，在荣誉和爱国观念上是个老顽固。""顽固"本是贬义词，原意指反动立场死不改变。在这里贬词褒用，指儒弗上校有强烈的荣誉感和执着深沉的爱国观念。二是："不幸的是，尽管我们攻克了不少城市，打了不少胜仗，但总是跟不上他的胃口。这老头简直是贪得无厌……每天我到他家，准会听到一个新的军事胜利。"这里的"贪得无厌"，指儒弗上校对法军不断取胜的热切渴望和期待。三是："您很难想象还有什么比这位老祖父就餐的情景更使人感动的了。自私自利地享受着而又蒙在鼓里。"这里的"自私自利"指儒弗上校已完全陶醉在法国即将胜利的虚假氛围之中而达到了如醉如痴的状态。

所举三例，从修辞格来说，是一种"易色"的手法，而这种手法的运用，与其说有助于反映儒弗上校真挚的爱国热情，不如说别具心裁地抒发了作者真挚的感情。

综上所述，抒情的创造，是主观感情同客观现实的统一和结合，不是作家内在的主观感情同外在的客观现实中某些相似景物的机械相加。作家只有把客观事物中足以表达内在感情的景物，"一一抽出来,融合混合,依情感的波澜起伏,组成一件新的东西,"(叶圣陶:《写作论坛》第218页)才能使客观景物变得更典型,并富有生命,也只有把自己的志趣情思移注到被改造和加工过的对象上去,才能给景物赋予思想感情和性格特征。运用任何修辞方法,都不是作者的目的,只是作为语言表达的工具。其目的,是突出形象,使作品更富有形象性;增强气势,使作品富有感染力;渲染感情,使作品以强烈的爱憎打动读者的心扉。然而,修辞方法的本身是不能创造感情的,也不是每个作家运用修辞方法都能得心应手地创造出抒情的。足见,各种修辞方法不是抒情的生命源泉,不是抒情的本质特征。

(原载《社会科学》1985年第4期)

韩愈与柳宗元之比较

　　一千一百多年以前,在我国唐代文学史上,同时出现了两位瞩目的大家,一个是"文起八代之衰"的韩愈,一个是"辅时及物为道"的柳宗元。对于这两位文学大家,自唐代以来,评论者大都是扬韩抑柳。茅坤选《唐宋八大家文钞》,以韩愈冠首。南宋苏轼称韩愈为"文起八代之衰"(《潮州韩文公庙碑》),而柳宗元为"小人之无忌惮者"。金人王若虚却说世称韩柳,而柳不如韩(《滹南遗集》)。清人方苞认为韩愈是儒家正统,"能得六经之旨以成文,而非前后文之所能比并也"(《答申谦居书》),对柳宗元则认为"自谓取源于经,而掇拾于文字间者尚或不详"(同上)。姚鼐也认为,韩愈"学之至者,神合焉",而柳宗元是"善之不至者,貌存焉"(《古文辞类纂序目》)。清人何焯更是贬柳,他对柳的"为民之役而非役民"(《送薛存义序》)的观点斥之为"此序词稍偏激"(《义门读书记》)。上述诸评,一千多年间,扬韩抑柳已成定论,这是很偏颇的。唯有范仲淹以"非常之士"称道柳宗元的人品,为其昭雪。到了近代章士钊对柳宗元的政治思想作出较为正确的评述,指出"子厚《送薛存义序》,乃《封建论》之铁板注脚也"(《柳文指要》)。直至现代,任访秋教授在《论韩愈和柳宗元的散文》(《中国古典散文研究论集》1959年人民文学出版社出版)一文中,对韩柳散文创作的得失作了较为客观的评论,但在学术界褒韩贬柳的观点至今还在韩柳研究中颇有影响。本文拟就韩柳的家世与生平、思想品格、文学主张、创作风格诸方面作一比较。

一、韩柳的家世与生平

韩愈比柳宗元早出生五年（韩生于公元 768 年，柳生于公元 773 年），韩愈活了 57 岁，柳宗元活了 47 岁，是同时代人。他们都经历了贞元、元和时期和藩镇之乱。韩愈先世，曾封侯、王，通显于世，尔后没落。祖父叡素，做过桂州都督长史，韩父仲卿做过潞州铜鞮尉，韩愈家族到了中唐已是庶族。韩愈三岁丧父，少时随长兄韩会居官京师。由于社会的动荡，家世的变故，"愈自以孤子，幼刻苦学儒，不俟奖励"（引旧唐书·本传》）。同时，关心政治，留意古今之兴亡得失，潜心古道。贞元八年（792 年）登进士第后，仕途波折，怀着"不遇时之叹"（《感二鸟赋》），离开长安。此后，他在诗文中时有流露不遇之叹，不平之鸣。贞元十八年，授四门博士，旋即迁监察御史，因如实上奏灾情恳求停征赋税被贬阳山县令。自元和元年至元和十二年（817 年），官职屡经迁调，或降或升。元和十四年正月，为谏佛骨，贬为潮州刺史。长庆元年，转兵部侍郎。晚年历任显职，生活优裕，在长安城南有园宅。长庆四年十二月，病逝于长安靖安里第，死后赠礼部尚书。

唐代宗大历八年（773 年），柳宗元诞生在长安，并在长安长大。祖父察躬，做过湖州德清令，其父柳镇，官职调动频繁，做过太常博士，官至殿中侍御史。柳母卢氏，祖上四代做官。儿时柳宗元，文化素养的育化，主要是柳母的教诲。因时局动荡，家庭多故，柳曾随父去过许多地方。韩柳少年时代的经历颇有相似之处。柳父"守正为心，疾恶不俱"的精神，对柳宗元的心理素质和行为导向很有影响，这是韩愈不可得的。柳宗元早年，主要做诗赋，写文章；韩愈则潜心习研儒家经籍。21 岁，柳宗元考中进士，调为集贤殿书院。到职第一年，支持京里大学请愿。第二年，淮西节度使吴少诚叛乱，他征募义士征讨淮西。贞元十九年，调回长安任监察御史里行，与韩愈同官。此间，他结识了王叔文、韦执谊等人。由于顺宗的信任,王叔文取得大权。贞元二十一年,王、柳积极推行革新,直接触犯了朝廷宦官和豪族大官僚们的利益,他们联合诋毁王叔文革新派,逼赶顺宗李诵让位宪宗李纯,革新失败,宪宗即位。永贞元年九月,柳宗元被贬为邵州(今湖南邵阳市)刺史。接着,又被贬为永州(今湖南零陵)司马。永州司马是个闲官,有职无权,在重巽和尚的帮助下,柳宗元才安身住在龙兴寺。就在柳宗元贬至永州后不久,韩愈自江陵召回京师任国子博士。而柳宗元,从永贞元年(805 年),被贬永州整整十年。十年之后,又改贬为柳州刺史,元和十四年(819 年),困死在柳州。

尽管韩柳一生遭遇有所相同,但最终结局却是两样。

二、韩柳思想品格之比较

韩柳政治观点和思想品格的不同,决定了他们一生不同的结局。唐代郑覃和李德裕之所以不经举科而得官,并升至宰相是父荫之故,因而造成了庶族士大夫和士族大夫之间的长期冲突和矛盾。出身寒族的韩愈对此愤慨不平。韩父"擢进士第",官卑职微,仕途坎坷,屡遭贬官。韩愈因此身世和经历,自然同情庶族之士,为自己所受不公正待遇鸣不平,敢于对统治者亲佞远贤的现象作斗争。韩愈的毕生精力本来就是用儒家之道统一全国思想,重振封建纪纲,整顿社会风尚,促使唐王朝走向"中兴",用儒学调整统治阶级内部两部分(庶族和士族)成员之间越来越恶化的关系,抱负很大。但是,这种矛盾的调和,韩愈无能为力,他的谪贬也因此有关。韩愈是个天命论和神鬼论者,他把早年的逆境归于天命,"其哀之,命也;其不哀之,命也;知其在命而自鸣号者,亦命也"(《应科目时与人书》)。他认为,人的命运掌握在天的手里,"命则悬乎天,故吾道其命于天者以解之"(《送孟东野序》)。他对鬼神深信不疑。他认为,假如违背了封建伦常,鬼就"有形

于形,有凭于声以应之,而下殃祸"(《原鬼》)。他贬至潮州时,写下了祭神之作。在政治上,韩愈一方面坚决反对藩镇割据,亲自参加平定淮西潘镇吴元济战役;元和二年(807)又写了《元和圣德诗》,赞颂宪宗的统一事业;同年又写了《张中丞传后叙》,肯定了张巡、许远抗击安史叛军的功绩;因反对官市,谏诤皇帝,贬为阳山令;为谏佛骨,差点丧命,由于裴度等人求情,免于一死,被贬潮州刺史。另一方面,他对王叔文集团的政治革新,一直持反对态度。对王叔文和柳宗元,曾公开发表指责性的言论,斥责他们是"小人乘时偷国柄"(《永贞行》),骂二王、韦执谊是"三奸"(《忆昨行和张十一》),抱怨柳宗元参加了王叔文集团,认为"不自贵重顾籍"(《柳子厚墓志铭》),坚持大一统的尊王思想。因此,被贬后,悔罪乞宥,思慕利禄,日盼朝廷召回京师;得志后,追求荣华富贵,贪图仕途利禄。诸如这些利禄意识,在《三上宰相书》、《符读书城南》、《送李愿归盘谷序》等篇章中都有表露。在思想观点上,尊儒术,排佛老,主张儒家道统传诸后世,坚持唯心主义的世界观,做到"处心有道,行己有方用"(《答李翊书》),要求今人行为符合儒家道德规范。据《旧唐书·韩愈传》载:韩愈以儒家道统的继承者,只不过是董仲舒的"尊儒术"罢了。他反对暴虐苛政,对人民,有时也同情他们的疾苦,但所持立场和出发点仍是维护封建大地主的统治地位,主张对人民加强统治。他的"性三品说",是露骨地为剥削阶级服务的理论。他认为,人性有三品,人情也有三品。上品的情,对于七情能克制,使其符合道德;中品的情,基本符合道德标准;下品的情,违反了道德标准。这完全是封建地主阶级的人性论。他提出,君生来是统治者;臣生来为君服务,接受君的支配,为统治人民效力;人民生来是被统治的,应该用自己的血汗来供养统治者(《原道》)。这同柳宗元的民之役,非以役民的观点是何等的不同! 在《拘幽操》里,韩愈也有表述:"臣罪当诛今王圣明。"把无道的纣王称为"天王圣明",认为周文王被纣王拘幽时应该自称"臣罪当诛",这跟"闻诛一夫纣矣,未闻弑君也"(《孟子·梁惠王下》)的民本思想是相悖的,背离了孟子的"民贵君轻"之说。足见,韩愈的儒道并非正统的儒家之说,故王安石批评韩愈不识"道真"是有道理的。

　　柳宗元早年参加二王的政治革新集团,因遭腐朽势力打击,变革失败,政治思想破灭,这使柳宗元益发认识到现实的政治黑暗,更贴近人民,用自己的笔,揭露和打击社会的黑暗,反对统治者的横征暴敛,提出"人民是主人",官吏不过是"人民的长工"的观点。他在《送薛存义序》中鲜明地提出:"凡吏于土者,若知其职乎? 盖民之役,非以役民而已也。凡民之食于土者,出其十一,佣乎吏,使司平于我也。今我受其值,怠其事者,天下皆然。岂唯怠之,又从而盗之。"章士钊对柳宗元"为民之役而非役民"的观点,在《柳文指要》中评述道:"子厚《送薛存义序》,乃《封建论》之铁板注脚也。两文相辅而行,如鸟双翼。洞悉其义,可得于子厚所构政治系统之全部面貌,一览无余。"《封建论》的中心论点是"封建非圣人意也,势也"。指出封建制的形成是历史发展的必然,驳斥了维护封建的错误理论。批评封建制产生的原因,是"私其力于己,私其卫于子孙",批判郡邑制产生,"莫为制,公之大者也,其情私也,私其一己之威也,私其尽臣畜于我也"。可以感觉到他对历史的思考是如此的清醒。柳宗元提出官吏应"为民之役"的观点,其目的是黜罪吏,赏贤能,以"理"逆"势",还人民役官之权,以实现"讼者平,赋者均"的政治局面,使社会由家天下走向公天下。同时,他还从另一个角度,认为"官为民役",由于情势和地位的不同,只不过理之所在,势却未必相符,即在人民无权的情况下,往往是行不通的。由此反映了柳宗元对人民的立场。这同韩愈所说君是出令的,佛是行君之令而致之民,民是出粟米麻丝、作器皿、通财货以事其上的观点是对立的。柳宗元贬至柳州之后,对"官为民役"更是身体力行,他在柳州做过许多有益于人民的好事。柳州百姓吃水困难，他到柳州后的第二年，组织人力挖掘水井；柳州荒地很多，他组织闲散劳力开垦；柳州百姓迷信鬼神，他严禁巫医、卦者骗人，发展文化卫生事业；柳州"府学"废弃，他重新修复，兴办学堂；柳州交通闭塞，他发展同外地的经济文化交流，造船修路。因此，柳宗元死后，柳州人民为他兴建庙宇，供后人瞻仰纪念。作为一个封建官吏，柳宗元确实是一位真正"不虚取值"的贤吏。

韩柳在世界观方面从青年时代起就同柳宗元有了分歧，他们思想观点的不同，对比也是非常鲜明的。韩愈始终崇奉官方的神学天命论；柳宗元则坚决反对这种唯心主义的无稽之谈。韩愈认为，天是一个有意志的主宰，能够赏功而罚恶；柳宗元则在《天说》中用唯物主义观点驳斥了韩愈这种唯心的世俗之见。柳宗元认为，天是自然物，没有什么意志不意志，也不存在赏罚的问题，人类的行为活动，乃是"功者自功，祸者自祸"。他批评韩愈："欲望其赏罚者大谬，呼而怒，欲望其哀且仁者，愈大谬矣。"他认为，天是物质的，也是无限的，"东南西北，其极无方，夫何鸿洞，而课校修长"！"本始之茫，诞者传焉"（《天对》）。批判了宇宙开端说，超出了前人的思想。柳之《天说》也影响了刘禹锡的《天论》，而刘的《天论》补充和发展了《天说》中唯物主义哲学思想，这显然是刘禹锡在韩柳哲学论战中对柳宗元唯物观点的支持。韩愈在编《顺宗实录》时，触及顺宗与宪宗之间最敏感的政治问题，韩愈推说当史官"不有人祸，则有天刑"，不敢直书。而柳宗元竭力鼓励韩愈应尽史官之职责，大胆批判了"不有人祸，则有天刑"的谬说。柳宗元以唯物主义的元气论为武器，较为全面地批判了各种迷信思想和迷信活动。他批判了"大电"、"玄鸟"、"白狼"等荒谬传说，批判了"天光"、"封禅"、"符命"等迷信活动。他指出："力足者取乎力，力不足者取乎神"（《答吴武陵论非国语》），从理论和实践上批判了有神论,实是一位不可多见的无神论者。足见,韩柳的政治思想和哲学观点始终是不同的,在哲学观点上,韩愈不可与柳宗元相提并论。

三、韩柳文学主张之比较

韩愈对古文运动的贡献是巨大的,而柳宗元鼎力相助之功也是不可磨灭的。第一个提出"古文"这一概念是韩愈,但是,反对骈文、提倡古文这一文学主张并非始于韩愈。古文运动的起点早在南北朝时期,如北魏皇帝为了摈斥骈文,令苏绰作《大诰》,之后柳虬作《文质论》,李谔上书正文体,王通写《正道篇》,这类文章就是反对骈文、提倡古文的萌芽。到了初唐,复古运动潮流逐渐扩大,陈子昂是当时文坛上复古的首倡者,后来有萧颖士、李华、元结、独孤及、梁肃、柳晃等人继起。他们提出文章内容与形式的关系,为韩柳倡导古文运动奠定了思想基础。韩愈对古文运动的倡导始于唐德宗贞元(785—805)年间,柳宗元则从唐宪宗元和(806—820)以后积极支持。这场声势浩大的古文运动一直延续到唐穆宗长庆(821—824)年间,最终取得了胜利,确立了古文运动在文坛上的统治地位,开拓了散文内容,革新了散文形式,突破了文坛上的旧窠,开创了作家自由抒写的新文风,在我国散文发展史上树立了一块重要的里程碑。这正是韩愈一生中最主要也是最重要的贡献。

韩柳的文学主张,特别是古文运动的理论,在继承古代散文优良传统的基础上,在创作理论方面,他们有着许多相似的观点。

贞元八年,韩愈在《争臣论》中提出"修其辞以明其道"。他说:"愈之所志于古者,不唯其辞之好,好其道焉耳"(《答李秀才书》)。元和四年,柳宗元在《答吴武陵论非国语书》中以"辅时及物为道",因改革失败才以此道陈之于文章,提出"文者以明道"(《答韦中立论师道书》)。柳宗元比韩提出要晚,但比韩的仁义之说广泛得多。柳认为"道之及,及乎物而已耳"(《报崔黯秀才论为文书》),"以生人(民)为己任","以伯(霸)济天下"(《与杨诲之第二书》)。所指之"道"应使国家强盛,对人民生活有利。韩柳古文运动理论的基本点,就是主张"文道合一",而且以道为主,反对形式主义。韩愈说:"读书以为学,缵言以为文,非为夸多而斗靡也。盖学所以为道,文所以为理耳"(《送陈秀才彤序》)。柳宗元对那些徒务文采、歪曲事理的加以斥之:"犹用文锦复陷阱也,不明而出之,则颠者众矣"(《答吴武陵论非国语书》)。

韩愈主张"不平则鸣"(《送孟东野序》),柳宗元主张"文之用,辞令褒贬,导扬讽喻而已"(《杨评事文集后序》),强调了作品对现实所起的作用。韩柳这一理论的内涵,说明文章不但是传"道"的工具,而且应是反映现实、鞭挞丑恶、揭露社会黑暗的工具。他们的作品,以各种不同的表现形式深深介入当时现实,把现实中十分敏感的动人心魄的思想泄于文章之中。韩愈以"传道、受业、解惑"(《师说》)为己任,就是对当时士族堵塞贤路、禁锢思想的不满;针对士大夫中"责人也详,待己也廉"(《原毁》)的毁谤他人的颓风作了无情的揭露;以"千里马常有,而伯乐不常有"(《杂说四》)来为贤才不遇而鸣不平,借毛笔"始而见用"、"以老见疏"(《毛颖传》)的经历,抒发了自己的遭贬的愤懑,充满了愤世嫉俗的批判精神;借李愿之口,鞭笞官场的丑恶和腐败现象(《送李愿归盘谷序》)。柳宗元的作品,更富有现实性,突破了"取道之原"的框子,许多篇章充满着战斗精神,闪烁着真理之光。他对士大夫围攻《师说》之言视为"邑犬群吠"(《答韦中立论师道书》);借捕蛇者自述,揭露苛政毒于蛇,替人民申诉剥削之苦,以寓言形式,将贪得无厌的官吏讽喻为蝜蝂(《蝜蝂传》);借郭橐驼种树的道理,讽刺统治者政令烦苛给人民带来的祸患(《种树郭橐驼传》);特别是借送友上任,提出"民之役,非以役民"的观点,谴责封建官吏役民之罪。看来,我们今天所说的"人民是主人,'官'是人民的公仆"这一观点早在柳宗元就提出了。

韩愈主张文章要"因事陈词"、"辞事相称"(《进韩平淮西碑文表》),"夫所谓文者,必有诸其中,是故君子慎其实,实之美恶其发也不掩"(《答尉迟生书》)。柳宗元也提出,"始吾幼且少,为文章以辞为工"(《答韦中立论师道书》),反对"务富文采,不顾事实"(《答吴武陵论非国语书》)。韩柳这些文学主张,已近乎我们今天所说的"内容决定形式"、"内容与形式相统一"的写作原则。韩愈在《进学解》中,柳宗元在《答韦中立论师道书》中,对集众家之长、兼收并蓄都有完备的论述。韩柳主张兼收并蓄,意在创新。韩愈主张:"若圣人之道不用文则已,用则必尚其能者,能者非他,能自树立,不能违事也"(《答刘正夫书》)。柳宗元说:"抑之欲其奥,扬之欲其明;疏之欲其通,廉之欲其节;激而发之欲其清,故而存之欲其重"(《答韦中立论师道书》),他从"命意",即有些作品或文章须抑制汹涌而来的文思,虽言尽而意未尽;有些文意须表现得淋漓尽致,明快而不晦涩;所谓"布势",即疏导文意,要使作品的气势通达畅顺,删削繁冗,波澜曲折;所谓"炼格",即风格既要俊洁清晰,又要凝重深厚。

韩柳上述文学主张,有些理论,至今仍有借鉴作用。

四、韩柳创作风格之比较

韩柳在文学理论上虽有许多相似观点,但由于政治思想和哲学观点的不同,品格和气质的不同,因而在创作上有着各自独特的风格。

从总体上看,韩愈的作品雄奇奔放,"如长江大河,浑浩流转"(苏洵《上欧阳内翰书》),而且"猖狂恣睢,肆意有所作"(柳宗元《答韦珩示韩愈相推以文墨事书》)。苏柳的评价,概括了韩愈作品气势的充沛,纵横捭阖的艺术风格。《师说》、《原毁》、《进学解》等篇章,即是这一艺术风格的代表作。

寓庄于谐,这是韩愈杂文的艺术风格。韩愈杂文的总主题是嘲讽社会现实,在《杂说》一中,以龙云相依喻社会人事的关系;在《杂说》二中,以善医察病喻治国的道理;在《杂说》三中,取"鬼神之事"喻人形神(表里)不一;在《杂说》四中,以伯乐和千里马为喻,为贤才难遇知音而鸣不平;在《送穷文》中,通过人鬼对话,抒写愤世嫉俗之慨。

破俗创新,这是韩愈散文构思的奇特风格。《毛颖传》即是韩愈做文篇章中托意深远、精心覃思之作。在写作题材上,突破当时社会习俗之见;在构思上,新颖别致,波澜起伏;在表现手法上,寓深沉愤慨于幽默诙谐之中,趣味横生;在思想内容上,委婉曲折,带着韩愈身世的感叹。当时社会庸人,斥为"驳杂无实"的虚幻构想,"大笑以为怪",而柳宗元独以为奇,给以高度评价和赞赏(见柳宗元《答韩愈所著〈毛颖传〉后题》)。

典雅高古,风貌全新,这是韩愈不同于他人学古的独特风格。在抒事上,仿效《尧典》《舜典》的句法,既有庄子的想象变幻,又有楚骚之情怀激越;在说理上,既有儒家说理的循循善诱,又有法家韩非之雄辩,融叙事、写景、抒情、议论于一炉,正如姚鼐所评,"退之为文,学人必变其貌,而取其神"(《与张翰宣书》)。如写《平淮西碑》,运用《尚书》体裁,记叙唐王朝平定藩镇叛乱的业绩;写《张中丞传后序》,抓住人物性格特征,通过人物语言、行动,不着议论,生动传神地表现人物性格,通篇锋芒透露。

推陈出新,这是韩愈语言运用的独特风格。韩愈主张词语"必出于己"(《南阳樊绍述墓志铭》)。他善于学习前人语言,并在前人语言中推陈出新,也善于学习群众语言,在群众口语中提炼精粹,创造新颖词汇。在他的作品中,许多词汇成为我国语言中的成语,不少沿用至今。如"语言无味"、"蝇营狗苟"、"垂头丧气"(《送穷文》),"同工异曲"(《进学解》),"不塞不流,不止不行"(《原道》)等,丰富了我国汉语词汇的宝库,在散文史上,韩文的语言表现力是空前的。

柳宗元的一生主要活动,是在贞元、元和时期。他从少年时期到21岁考中进士,从参加二王革新集团直至被贬,一生大致经历了这三个历史阶段。被贬永州、柳州是柳宗元一生生活道路上的转折。在贬谪生活中,经常接触社会下层,了解民间疾苦。通过贬谪生活的磨炼,增强了他的悲愤抑郁的忧患意识,进一步坚定了他的政治立场,认清了封建统治集团的腐败,深切同情人民的苦难,这些思想和生活基础,深化了柳宗元作品的思想。他的作品具有强烈的战斗性和现实性,处处反映着他对现实生活、对政治和人生的种种见解,可以说是用血和泪写出来的。因此,他的创作风格具有别树一帜的独特风格。

沉郁悲愤,明秀冷峻是柳宗元创作的总体风格。他的寓言小品是讽喻社会病态、鞭挞封建统治者丑恶灵魂的利剑;他的人物传记,是抗议迫害忠良、控诉人间不平的檄文;他的山水游记,是沉寂的一泓碧水,冷寞的万林绿洲;他的抒情诗赋,是抒发穷愁中思念良友的悲歌,表达了自己正直清廉、高洁旷达的胸怀。以《三戒》为例,这组寓言,运用曲折隐晦的笔调,讽刺那些恃宠骄横、得时作恶的宦官、贵族官僚。《临江之麋》寓写"依势以干非其类"的小麋(实为政治小丑)被狗吃掉的下场;《黔之驴》寓写"出技以怒强"的蠢驴被老虎吃掉的悲剧;《永某氏之鼠》寓写"窃时以肆暴"的恶鼠终被捕杀的恶果。这些根植于生活的寓言小品,蕴含着愤慨、冷峻的艺术格调。在他的寓言散文里,所写的人物都是虚构的,言在意外,具有"天地有大美而不言,四时有明法而不议,万物有成理而不说"(《庄子》外篇《知北游》)的境界,让读者回味思考。因此,柳宗元散文内容在风格上与他的作品所表现的思想感情是完全一致的。寓言在我国虽然产生很早,无论《诗经》,还是诸子百家的著作就出现了,将寓言穿插在作品之中,而以完全独立的文学形式出现,则是柳氏的寓言了。可以说,这是柳宗元对我国寓言文学的一个重大贡献。

用传记散文暴露和批判社会现实,也是柳宗元散文创作的特色。元和九年写的《段太尉逸事状》就是这一风格的代表作,其表现技巧,正如柳宗元自许的"比画工传容貌尚差胜"(《与史官韩愈致〈段太尉逸事〉书》)。他的挚友刘禹锡准确地提示了柳宗元散文的部分特色:"余吟而绎之,顾其词甚约,而味渊以长。气为干,文为支,跨跞古今,鼓行乘空。附离不以蓬柄,咀嚼不有文字,端而曼,苦而腴。佶然以生,瘭然以清。余之衡诚悬于心,其揣也如是"(《答柳子厚书》)。但是,柳宗元传记散文中的珍品也遭到不公正的贬斥。近代林纾认为《捕蛇者说》"发露无遗,读之无意味矣"(《春觉斋论文流别论》)。深刻揭露封建社会的黑暗和腐败,反映人民生活的悲惨,"发露无遗"正是柳宗元传记散文的独特风格。"柳州之文如山"(刘熙载《艺概》)就是对此而言。

登临山水写游记,抒发内心的郁愤,傲物高怀的感情,是柳宗元游记散文又一特色。在"永州八记"中,抒写了作者遭受迫害、远谪荒州,不能施民政治才能而对人生的执着之情,在山水描写的意境里寄托了个人身世之感。在表现手法上,肖其貌,传其神;静物动写,以物拟人。这些游记是柳宗元贬谪永州漫游山水,搜奇探胜的意蕴,无不表现出他不可排遣的愤慨与悲哀。"嘻笑之怒,甚乎裂眦。长歌之哀,过乎恸哭"(柳宗元《对贺者》)。这才是真谛。

五、结语

韩柳同处一个时代,同是出身仕禄世家,都受过严格系统的儒学教育,他们走的都是求学求仕的道路,这是一条中国封建社会一般士子的正统道路。他们都用封建的那套伦理纲常来规范自己的行动,陶冶自己的情操,用儒家经典武装自己的思想,充实自己的知识;用修身齐家治国平天下的抱负来约束自己,激奋自己,在科举仕途上历经坎坷,几经沧桑。因为当时社会时势的嬗变,皇位的更迭;韩柳各自不同的政治观点,不同的品格气质,不同的境况遭遇,不同的忧患意识,造成他们一生的不同的结局。韩愈被贬后,放弃自己的主张,改变自己的政治态度,悔罪乞宥,不久返朝进京,屡屡升迁,最终高官厚禄,死后赠礼部尚书。这是非柳宗元所能为的。当然,韩愈首创的古文运动,进步的文学主张,开拓散文内容,革新散文形式,雄奇奔放的创作风格,破俗创新的语言表现力,成为唐以后古文作者的典范,这些不仅应该肯定而且值得我们继承并发扬。韩柳相比,各有所长,各具特色。柳宗元被贬后,直道不回,坚持实践自己的革新主张。在贬谪生活中,他走向民间,得到接近柳州人民贫困的机会。他在柳州发展生产,兴办学校,修筑城市,植树掘井,释放奴婢,在力所能及的范围内,为柳州百姓办了一件又一件好事。应该肯定柳宗元贬谪后在柳州的革新实践活动,在中国历史上是进步的,代表了中国社会历史前进的方向。在某种意义上说,柳宗元为官为人的品格和气质,对后世具有一定的借鉴作用。正因为如此,柳宗元不能被宪宗和保守派所容是必然的,他的最后归宿只能是贬到边远地区 14 年,最终贫困交加,中年死在柳州。诚然,柳宗元这些作为理应受到后人推赞。然而,自唐以来,评论者大都抹煞了柳宗元一生为人的峻洁清正的品格,这正是韩不如柳的本质所在。在哲学上,柳宗元继承了荀子"天人相分说"的思想,反对有神论,批判韩愈"天人感应说"、"君权神授"等唯心谬说。他的朴素的唯物主义思想,富于战斗精神的《天说》、《贞符》、《非国语》等著作,在我国思想史上占有重要地位。

在文学上,他同韩愈是齐名的古文家,共同领导了中唐古文运动。在"辅时及物为道"和"文以明道"的思想指导下,他反对淫靡骈俪文风,创作了许多优秀的传记、山水游记和寓言小品。在诗歌中,也有不少揭露残酷剥削、同情人民疾苦的作品。这些作品都鲜明地表现了他的精神风貌和格调峻洁的艺术特色,后来韩愈在《柳子厚墓志铭》中对柳宗元也作了充分的肯定。说他"俊洁廉悍,议论证据今古,出入经史百子,踔厉风发,率常屈其座人",并认为柳宗元的文章"必传于后"。在我国古典文学宝库中是一串闪光的璀璨珍珠。

综上所述,我们今天评价韩柳,只要从历史事实出发,根据他们一生各自的政见、人品和文学成就以及在历史上给人民留下的业绩加以透视,进行全面比较,我们就可以从唐以来评论家"扬韩抑柳"的偏见中跳出来,还历史的本来面目。虽说政治的、历史的评价不能代替道德的、美学的评价,然而,道德的、美学的评价也不能完全代替政治的、历史的评价,对韩愈如此,对柳宗元也是如此。韩愈,综观他的一生,是个复杂人物,政治上忠实地为封建统治阶级服务。作为一个古文家是杰出的,对古文运动的贡献也是巨大的;作为一个哲学家、思想家却是平庸的。柳宗元,作为上承荀子、王充、范缜,下开张载、王船山的一个唯物主义哲学家、思想家是伟大的,起了继往开来的历史作用;作为一个文学家是杰出的,在唐代所有作家群里,他可堪称是一位颇有政治头脑的作家,因而也是一位执着追求政治思想而悲剧色彩最浓的作家。

(原载《全国党校系统语文教学暨学术讨论专刊》1990 年 8 月,1991 年 5 月收入《中外文化新视野》丛书第三卷)

评论跋序

写景状物　刻意求新
——《老残游记·明湖居听书》赏析

晚清著名文学家刘鹗的《老残游记》自问世以来,拥有相当广泛的读者,其主要成就正在于较高的艺术价值。"叙景状物,时有可观"①,这是《老残游记》的主要艺术特色。而《明湖居听书》则是《老残游记》艺术表现中最精彩篇章。作者写明湖居听鼓书,叙述和描写,并未因袭前贤,重走捷径。如果说,白居易描绘"大珠小珠落玉盘"的琵琶演奏是一颗璀璨的艺术珍品,那么,绘声绘色地描写说鼓书给读者以审美的立体通感,则仅有刘鹗这位文学家了。

《明湖居听书》的主要艺术特色,是真情融注,烘云托月。这种新颖独创的艺术手法,达到了情影绰约的艺术效果。

创作上的艺术烘托手法应包括两个含义,第一个含义即是映衬和对照。映衬和对照是生活辩证法对立统一规律在文学艺术实践上的生动运用。在文学创作中,映衬,是描写事物或塑造人物形象避开直观描写,追求多角度、多层次的侧面描写。通过写其他人物和事件对它的印象、感受,或者描写在周围事物中所产生的反响,借以从侧面间接表现它的情态和特征为目的,其特点是以虚写实,务虚求实,"不著一字尽得风流"。对照,有"正对"和"反对"两种。"正对"是把被描述的主体与其相类似的人物或事件放在同一情况下加以对照描

①鲁迅《中国小说史略》。

写,交相辉映,突出主体;"反对"是把彼此之间相互对立的人物、事件的两个截然相反的方面对照描写,突出人物性格,渲染作品气氛。第二个含义即是审美通感。通感,是人体五官即感觉、视觉、听觉、触觉、味觉和想象的联结,是作家、艺术家创造思维在创作上的连续活动,其艺术效果给人以立体的美感享受。

《明湖居听书》烘云托月,写景状物,时有创新的艺术手法,是从《诗经》汉乐府民歌等前代文学作品汲取了艺术养料而有所借鉴的。

> 日居月诸! 胡迭而微? 心之忧矣,
>
> 如匪浣衣! 静言思之,不能奋飞!

这是《邶风·柏舟》中的第五章,写的是"莫知我忧,无容身之所"的忧苦之心,通过问日月烘染"心之忧"。

又如,汉乐府民歌《陌上桑》,描绘罗敷的形象:

> 行者见罗敷,下担捋髭须。
>
> 少年见罗敷,脱帽著帩头。
>
> 耕者忘其犁,锄者忘其锄。

对罗敷的美貌不作直观描写,而是抓住"行者"、"少年"、"耕者"、"锄者"看得入迷发呆的瞬间的永恒,烘托出罗敷"美"到吸引人的程度。这种虚写侧面,实写形象,无论是直观描写或是写实,都不能收到如此特殊的艺术效果。这种用以塑造人物形象的艺术烘托手法,有意避开直接描写,而翻空出奇地追求更为高妙的艺术效果,在《明湖居听书》这一回里,既继承、吸收了前人的艺术成果,又别具一格地进行了创新。

1. 巧借。所谓"巧借",它既指一种委婉蕴藉,用语清省简约的写法,又指蕴意丰厚,发人深省,余味无穷的艺术风格。

《老残游记》第二回一开头,作者对白妞的说书作了"柳枝西出叶向东,此非画柳实画风"的巧借:

> 老残从鹊华桥往南,缓缓向小布政司街走去,一抬头,

见那墙上贴了一张黄纸；有一尺长七八寸宽的光景,居中写着"说鼓书"三个大字;旁边一行小字是"二十四日明湖居"。那纸还未十分干,心知是方才贴的,只不知道是什么事情,别处也没有见过这样的招子,一路走着,一路盘算。只听得耳边有两个挑担子的说道:"明儿白妞说书,我们可以不必做生意,来听书罢"。又走到街上,听铺子里柜台上有人说道:"前次白妞说书是你告假的,明儿的书,应该我告假了。"一路行来,街谈巷议,大半都是这话,心里诧异道:"白妞是何许人?说的是何等样书?为甚一纸招贴,便举国若犯如此?

在这里,作者明明要写白妞,却不直写,也不实写,偏偏写老残"一路行来"的"街谈巷议"和一路观感,这不但让读者对白妞说书的绝技有了感性的认识,而且对白妞的形象有了非常直观的印象。随着人们想象的展开,作者笔锋自然一转,用"诧异"一词铺垫,连连巧设三问,给读者造成不断之弦的悬念,可算"巧"得出奇!

2. 对照。对照是寻找统一和对立的艺术简笔。从生活的对立和统一中显示人物,寄托思想。《明湖居听书》运用对照手法的特征是多角度、多层次的多侧面,通篇有机地形成一幅有声有色、有感有触的立体"拍照"。

试以篇章里的几处描绘为例:

描写戏园里的场面,一方面写听众:从"挑担子"的到做生意的,从"读书人"到许多官员,"南北上下的人"都有;另一方面写台上台下:台上,"只摆了一张半桌,桌子上放了一面板鼓,鼓上放了两个铁片儿……旁边放了一个三弦子,半桌后面放了两张椅子……偌大的个戏台,空空洞洞……。"台下,一百多张桌子,"园子里面已经坐得满满的",人们"高谈阔论,谈笑自如","叽叽喳喳"。说着闲话,夹杂着卖烧饼油条的长声短声的叫卖声。展示在读者面前的:戏台上,布置简单,空空荡荡;戏台下,热闹、拥挤、嘈杂。台上台下形成鲜明的对照。

写白妞上台出场的前后,也是在"闹哄哄","静悄悄"的对照中展现的。白妞没有出场之前,"满园子里的人,谈心的谈心,说笑的说笑。卖瓜子、落花生、山里红、核桃仁的,高声喊叫着卖,满园子里听来都是人声"。然而,"正在热闹哄哄的时节",白妞出场了!当白妞那双眼睛"左右一顾一看"时,"满园子里便鸦雀无声,比皇帝出来还要静悄得多呢,连一根针掉在地下都听得见响"。又是一个何等鲜明的对照。

鲁迅先生说得好:"优良的人物,有时候要靠别种人来比较、衬托的。例如上等与下等、好与坏、雅与俗、小器与大度之类。没有别人,即无以显出这一面之优。"①恩格斯在谈到文学创作时,要求作家既要写好"这一个",也应写好"这一个"相对的"那一个"。使作品中的人物在相互映衬中,充分显出独特的个性,即使描写同一类型的人物,也同中见异。《明湖居听书》的黑妞和白妞,这是一对姐妹,都有一套非凡的说书技艺,甚至相貌、衣着也都相似,这是他们的共同之处,但二者的说唱技艺有"高"与"更高"之别。作者就在"更高"这点上,通过戏园里旁坐两人的对话,在相互辉映中描写黑妞技艺的"高"和白妞技艺的"更高":

> 这人叫黑妞,是白妞的妹子。她的调门儿都是白妞教的,若比白妞,还不晓得差得多远呢!她的好处人说得出,白妞的好处人说不出。她的好处人学得到,白妞的好处人学不到。……这几年来,好顽耍的谁不学他们的调儿呢?就是窑子里的姑娘,也人人都学,只是顶多有一两句到黑妞的地方,若白妞的好处,从没有几个人能及她十分里的一分的。

作者运用的烘托映衬,不是单一的比较,也不是平面的对照,而是侧面、多层次的纵横交错地烘托:"这几年来,好顽耍的谁不学他们

---

① 《且介亭杂文·论俗人应避雅人》。

（黑妞和白妞）的调"，这是横向烘托的第一层；"窑子里的姑娘，也人人都学"——"顶多有一两句到黑妞的地步"，这是横向烘托的第二层。这两层的描写，都是为了映衬黑妞和白妞说书技艺的高超。而黑妞与白妞相比：黑妞的好处人人说得出、学得到；白妞的好处人人说不出、学不到。这是纵向烘托，妙用"正对"，通过黑妞与白妞的对照，突出白妞技艺的"更高"。此种表现手法，"虽离方而遁员（"员"通"圆"），期穷形而尽相"①。其意是方的无须直言说圆，要离方去说方；而圆的地方不要直说为圆，应遁圆来说圆，借以达到"穷形以尽相"的目的，起到以少胜多的艺术效果。

3. 通感。所谓通感指的是审美通感。好的文学艺术作品为读者带来的审美享受都是一种全身心的运动感，开动了五官感觉，去看、去听、去品、去嗅、去触摸。通感的作用是巨大的，"假如一个人没有听、触、香味诸感觉，只有视觉感觉，图画对于他的意义何在呢？"②离开了通感，艺术创作和艺术欣赏都无法进行。

白妞登台表演这个片断，是《明湖居听书》的重心。作者调动了多种艺术表现技法，留给读者的是特写的立体彩色画廊，是五官感觉的全身心通感。诸如细腻的描绘，生动的形象，贴切的比喻，鲜明的对照，各种修辞格的综合连用。

写白妞"把梨花简丁当了几声，两片顽铁到她手里，便有了五音十二律"（五音，即宫、商、角、徵、羽五个古音阶。十二律，古代以长短不一的竹管十二根来定声音的清浊、高低，作为乐器的标，叫做律吕，阴阳各六，各称十二律。这里用来称赞乐声的变化多端和高度和谐）。"顽铁"出"五音"，"顽铁"出"十二律"，似有神奇通感。当写白妞那双

①陆机《文赋》。
②克罗齐《美学原理》。

眼睛时,连用四喻:"如秋水",描出了眼睛的柔媚;"如寒星",绘出眼神的深邃;"如宝珠",写出了眼睛的光亮;"如白水银里头养着两丸黑水银",画出了眼眸和眼珠之间的黑白分明。

写白妞的唱段,先写白妞用不甚大的声音唱,唱了十数句之后,渐渐地越唱越高,忽然拔了个尖儿,在极高的地方,回环转折,几转之后,又高了一层,接连有三四迭,节节高起。这个由低而高的演唱过程,作者接连用了几个新颖而奇特的比喻,让聪明的读者品味、感受:"五脏六腑里,像熨斗熨过,无一处不伏贴,三万六千个毛孔,像吃了人参果,无一个毛孔不畅快"。"五脏六腑"、"三万六千个毛孔",代表了人的整体,听了白妞说书,声声音律钻进了人体的每个细胞,浑身获得了美的享受,每个细胞,无一不感觉到畅快!

写白妞越唱越高时,作者用"一线钢丝抛入天际"作比,并把说书声音之细(一线),富有弹性(钢丝),传神写真,一个"抛"字,形象地写出"忽然拔"的时间短促。整个说唱过程,作者又用傲来峰西攀登泰山的景象来比喻,初看傲来峰峭壁千仞,以为上与天通,及至翻到扇子崖,又见南天门更在扇子崖上:愈翻愈险,愈险愈奇。作者用攀登泰山的体验来比拟白妞的说唱过程,真是独出心裁,自成一格。读者即使没有登过泰山,而登山的体验几乎人人都有。那么,人们就可以凭借自己的体验,来想象白妞说出过程的险和奇。险,在拔尖儿的极高峰尚能回环转折;奇,几转之后,又高一层;愈险,接连三四迭(反复);愈奇,节节高起。

写白妞说唱由高到低时,又是"陡然一落",变化速度极快,变化的花样又多,千回百折,如"一条飞蛇在黄山三十六峰半中腰里盘旋穿插,顷刻之间,周迎数遍",真是想象如流云。

写白妞愈唱愈低、愈唱愈细时,直到听不见。这时的观众,"屏气凝神,不敢少动",台上台下,浑然一体,演出进入一个新的高潮。停顿一会,声音又开始极细极低,仿佛有一声音从地底下发出。当它忽然扬起的时候，"像放那东洋烟火，一个弹子上天，随化着千百道五色火光，纵横散乱"。这比喻描摹白妞唱书的音调，把本来是抽象的听觉转换可见的视觉、可感的知觉、可嗅的味觉、可摸的触觉，造成鲜明的形象。由形似入，却不从形似出，而是求其神似，得其神理，达到传神入微的艺术目的，给读者以充分想象和回味的余地，实在含蕴无穷！

写白妞说唱到极精处时，写了弹弦子的演奏指法、技巧、声调多变，确如"花坞春晓，好鸟乱鸣"，使得观众耳朵忙不过来，不晓得听哪一个为是。演出到高潮，霍然一声，人弦俱寂，结束干脆利落，台下叫好声轰然雷动。

写罢白妞的精艺绝技，接着写观众的评议：

> 每次听她说书之后，总有好几天耳朵里无非都是她的书，无论做什么事，总不入神，反觉得"三日不绝"，这"三日"二字下得太少，还是孔子"三月不知肉味"，"三月"二字形容得透彻些！

这位潇湘才子的评议恰到好处。

总而言之，《明湖居听书》，无论在对生活的观察上，在情节的发展上，在摹景状物的描绘上，在语言的运用上，都有作者自己的特色。从篇章开头，如抽茧丝，愈抽愈多；如剥蕉心，愈剥愈出。各种表现手法的综合运用，几乎贯穿整个篇章，看得出作者不愿因袭，刻意创新的匠心。

文学，贵在创新。为读者赞赏的作品之所以能够吸引读者，感染读者，给读者以美的享受，就在于作品蕴含着作家对于社会生活独特的感受和发现，在于作品不雷同于其他任何作品的独特表现。创新，永远是一部作品成功的重要方面，永远是凝聚读者的内应力。

（原载《祁连学刊》1989 年第 1 期）

月牙泉的建筑艺术

古老的丝绸之路上有座文化古城,名叫敦煌城;敦煌城南五公里有座山,名叫鸣沙山;鸣沙山的怀抱中有潭水,名叫月牙泉;月牙泉东西坐落两处庙院,这就是月牙泉庙宇群。丝绸之路上的月牙泉庙宇群,曾是沙漠绿洲里一颗璀璨的明珠。

鸣沙山是敦煌古城八景之一。东起莫高窟,西至党河口,东西长四十公里,南北宽二十公里。沙山奇特,连绵起伏,山脊如刃,流沙如绵。沙有五色,红、黄、绿、白、黑,晶莹光泽,闪闪发亮。游人喜登沙山。爬山时,绵绵细沙埋到脚脖;行进中,进两步,退一步,似乎行而无进;下山时,坐沙而滑,发出隆隆轰鸣声,仿佛锣鼓声、铙钹声、雷声齐鸣,"鸣沙山"因此而得名。鸣沙山怀抱的一潭泉水,形如月牙,称之月牙泉,古名"沙井"、"牛轭泉"。沙山常年流动不定,而泉水累月清明如镜。古文献记载:"鸣沙山有一泉水,名曰沙井,绵历古今,沙填不满,水极甘美。"泉水明净,铁背鱼嬉戏,七星草丛生。因七星草可以入药,月牙泉又有"药泉"之称。每逢狂风发作,便出现景观奇迹:风卷沙粒,一股脑儿向月牙泉倾洒,而月牙泉里不落流沙,泉水依样碧波澄澈,景观如故。

自古以来,鸣沙山与月牙泉就是丝绸之路上自然天成的两大奇观。

早在汉代,月牙泉已是游览名胜。据史料记载:每当金秋季节,官宦门客、文人墨客,云集于此。历史进入唐代,月牙泉边始建庙宇,尚未形成格局。清代雍正年间(1723—1736),月牙泉重新开发修建。道光十一年（1831 年），敦煌县令苏履吉，主持编纂了四卷本的《敦煌县志》，县志详记名胜古迹有八景，并绘制成图，附于县志扉页。"月牙晓澈"是敦煌八景之一，月牙泉庙宇群就坐落在"晓澈"之中。这幅县志绘图，是至今保存的记载月牙泉景观最原始的资料。

从敦煌县志图上，我们可以清晰地领略月牙泉庙宇群建筑的历史风貌：在月牙泉的东西坐落两处庙院。东以菩萨殿、龙神祠为主，建于乾隆五十四年（1789 年）；西以官厅为一院，建于道光十年（1830 年）。此后，代有增修。1941 年创修达摩殿。至此，经多年艰苦营造终于集成一组古朴典雅、错落有致的庙宇群落。

月牙泉庙宇群的寺庙、道观百余间，建筑特点、艺术风格各异。沿东西方向布局，有娘娘殿、七真观、道院、龙神祠、菩萨殿、玉皇楼、天神殿、达摩殿、药王殿、雷台阁。如今，月牙泉庙宇群已不存在，但昔日月牙泉庙宇群的整体布局却令游人向往。现择其规模较大、具有民族建筑特点的娘娘庙、龙神祠、菩萨殿、玉皇楼、天神殿、药王殿、官厅及雷台阁等作一简介。

娘娘庙为歇山式建筑。山门五间，门楼彩绘，庙内东西两侧有简朴通道走廊，正中为五间穿堂式过厅。通过穿堂便是正殿，正殿为五间歇山式超廊建筑。殿东西两侧为关煞洞，殿门为彩绘隔扇门。殿内敬台塑有九天玄女碧霞元君及娘娘五尊，个个秀雅丰润，正坐其上。西侧，是送子娘娘及护婴使者；东侧，是偷生奶奶和钱仲阳；正中后墙，高悬百子游嬉浮雕，游嬉百子烂漫天真，栩栩如生。殿堂四壁为五彩粉画，工笔精细、怡美、和谐。

龙神祠为高台歇山式。正门三间，西侧小角门，山门为砖砌甬道，甬道两侧古榆各一。甬道正中为五间大殿，殿内壁画辉煌，塑像醒目。敬台正中塑龙王一尊，左侧塑牛王与山神各一尊，右侧塑马王与土地各一尊。台下两侧，左立鬼卒，右立鬼判。全殿塑像古朴峥嵘，神态各异；壁画线条流畅，色彩绚丽。

菩萨殿为歇山卷篷式。全殿五间，殿内敬台为三座小阁楼式璎珞供合龛，台前正中左右立蟠龙玉柱各一根，柱上浮雕两条金龙，攀腾飘逸，嬉斗宝珠。楼阁里的塑像，正中为观音菩萨，端坐莲台，左侧为骑青狮的普贤菩萨，右侧为坐白象的文殊菩萨。诸菩萨两侧均站立一对童子。三尊菩萨个个手捧佛印，慈善安详。殿顶大梁横悬两幅匾额："恒河宝筏"、"慈航普度"；楹联为"座拥青莲风扫银沙鸣法鼓，波澜碧玉泉开纤月泛慈航"。

玉皇楼为两层攒顶式木楼。此楼高为月牙泉庙宇群之最。阁回超廊木柱十二，宝顶丽日，飞檐插天，斗拱高耸，金瓜结顶。楼顶翘角系挂风铃，风起铃响，悦耳怡人。楼阁底层殿内，塑北斗司命神，神坐牵轮椅上。沿殿东侧拾级而上，高台正中塑玉皇尊像，头戴冕旒平天冠，身披衮服，手执玉圭，神圣庄严。殿内两侧壁画为十八宿、功曹、太岁等神像。

天神殿为歇山式五间堂殿。殿前门额横悬一匾："昊天金阙"。殿内无壁画，陈设无华。殿正中彩塑昊天巨神，其状狰狞魁岸，头面三十有六，神态各异，其臂错落有致，动态自然，其手或掐印掐诀，或摇铃举幡，或握弓掌天，或指天画地，各呈姿势。昊天神两足皆不着履，呈跨式坐姿，右腿微收，左腿蹬出足下踩一天魔，天魔面目狰恶。

药王殿为卷棚龛式。正殿正中为凹凸的圆洞神龛，圆洞四壁浮雕山山水水，奇峰耸翠，流水潺潺。高台上塑孙真人坐虎像，真人慈颜圣知，猛虎附耳听音。两侧伫立历代名医塑像岐伯、雷公、扁鹊、华佗、张机、李杲、刘完素、张元素、朱丹溪、钱乙。塑像身后浮雕山水，贴其名讳牌位，上书名号。诸位前贤，或戴冠，或束发，或飘逸，或古典，神情各异，具有整体美。

官厅及雷台阁。这是以组建筑结构形成的官厅及雷台阁。这组建筑处于牙泉整个建筑群的最西端。官厅为轩亭式游廊,东西两侧为风墙,墙开月窗,宽面木棚绕廊而立,供游人憩坐。小憩此厅,观鱼品茶,吟诗作文不畏风雨,并可收月牙泉晓澈之美景于眼底。官厅之内,匾额甚多,如"半规泉"、"雷起沙鸣"、"窥泉见佛"、"别有天地"等。正门两侧壁龛之内,竖立着两米高的木碑,上书楷书"汉渥洼地"四字,笔力雄浑遒劲。穿过官厅即是雷台阁。官厅与雷台阁由一通道相连。雷台阁为八卦攒顶式,正面大殿建筑在高六、七米的砖砌高台之上,东西两侧各有配殿五间。前廊横悬"掌握乾坤"匾额。入内,正中立雷震子塑像一尊;其后,莲花坛内塑太师闻仲金身;再其后,高台上塑无量佛一尊,两旁侍东皇太乙和太阴星君各一。在东西两侧,分别排列雷部正神五尊。雷台阁设计严谨,风格奇特,阁顶与玉皇楼遥遥相望。这一争奇斗巧的建筑风格和气势,是月牙泉建筑群的佼佼者。在这一庙宇群中还需提到的是群落庙宇中央有一座泰山压顶式的泥塑香炉。香炉以八个瘦骨伶仃的小鬼为支架,平托立在地上,被泰山般的香炉压得龇牙咧嘴,困苦不堪,几乎力不能支的八个小鬼的形象刻画得十分逼真。

月牙泉庙宇群的建筑外观奇巧,风格幽雅,依山傍水,在山之北,在水之南。借助月牙泉新月般下凹上凸的天然弧线地形,因地制宜,借景筑建,填补月牙的"月之缺",是天然景观与人造建筑巧妙结合、浑然一体的文化历史景观。

可惜,60年代后期,月牙泉庙宇群被夷为平地,泉水水位有所下降,水面缩小,月牙似有变形。1984年,敦煌市政府作出复修月牙泉的决定,翌年,国家拨款四百万元,并多方筹资。现在,月牙泉庙宇群的复建工作已全面展开,按照原样在重建亭台楼阁,已具规模,不久的将来,可望再现月牙泉庙宇群昔日的辉煌盛况。

(原载《丝绸之路》1993年第5期)

《命运的奥秘》序言

随着人类社会的产生，人类凭借自己的内部因素和外部环境条件，在悠久连绵的历史长河中，韧而不绝，坚持不懈，向命运抗争，不断寻求人类自身的生存和发展。从这个指义上说，人类文明史是一部寻求人类自己前途和命运的历史。

一般概念上的命运，是指人的生死、贫富、吉凶、祸福和一生中的种种遭遇。这种遭遇，既是必然的，也是偶然的，它是必然性和偶然性相互作用、相互结合的产物。在人生漫长而又短暂的征途中，由于命运的原因不同，或是幸运的，或是不幸的；或是比较幸运的，或是比较不幸的；或是一半是幸运，一半是不幸。诚然，人的命运是人生道路发展的某种趋势，决不是迷信者认为生来是命里注定的、不可捉摸的神秘物。人们在改造客观世界和主观世界的同时，是能够自觉地改变和掌握自己的命运的。但是，命运之神，千百年来，长期困惑着人类社会的每个成员，包括各个阶级、各个阶层、各种不同地位、不同层次、不同职业的人们。从帝王将相到平民百姓，从老人青年到妇女儿童，无不如此。譬如说，有人一帆风顺，太太平平；有人一生坎坷，风风雨雨；有人一生奋斗，清贫如洗；有人一生享乐，富禄有余。诸如这些人生命运，确是一个难解之谜。为解人生命运之谜，任志明同志多年苦心思索，潜心研究，撰写了一部别开生面的专著《命运的奥秘》，我很赞成他的这一学术研究，也乐意为他的这部著作作序。

研究人类的命运、民族的命运、国家的命运、家庭的命运、个人的命运,是一个复杂的、多元的综合系统工程。无论是群体的命运,还是个体的命运,决定其吉凶祸福,发展趋向,取决于主观和客观两个方面的诸多基因,及内部自身条件和外部环境条件(包括自然的、社会的、历史的、现实的),而且,它是主观和客观诸多因素相互作用的结果。

志明同志的《命运的奥秘》,是一部综合性系统地论述命运的专著,可以说,在当前是国内首创。这部新著不仅有着独特的见地和鲜明的特色,而且全书富有理论开拓的勇气和求实的精神。这种勇气和求实的精神,正是志明长期以来自身在人生道路上的疾驰奋发的辛勤劳动的结晶。志明是老三届毕业生,与他的同龄人一样,上山下乡,风雨坎坷中历经了"文化大革命"的十年,八十年代中期,毕业于西北师大政治系。他以惊人的毅力,火热的真诚,在工作环境相当艰难、家庭条件十分艰苦的条件下,不畏辛劳,五年多来,孜孜以求,探讨命运之"秘",求索命运之"谜",这种治学精神实在令人可敬。

一部具有价值的著作,是一个完美的有机整体。《命运的奥秘》分为上、中、下三篇。共 30 编、91 节,在这三编 121 个章节中构成了一个完整、严密而创新的科学理论体系。全书以辩证唯物主义的世界观方法论作为写作的理论指导,从宏观把握到微观论证,从纵向联系到横向比较,系统考察了内部自身条件与人的命运,外部环境条件与人的命运,内部自身条件和外部环境条件相互作用与人的命运等三个方面的内容,诸如人的身体、欲望、情感、兴趣、志向、信心、理想、毅力、气质、品质、习惯、性格、个性、才能、知识、认识、环境、家庭、金钱、爱情、友谊、伯乐、权力、舆论、机遇、人际关系、祖国命运、人生观、必然性、偶然性、命运价值。观点鲜明,材料翔实,令人耳目一新。阐述的哲理,言人所未言,评人所未评;古今中外,涉及上千名人。有明智的言论,有辉煌的业绩,有沉痛的遭遇。从而科学地揭开了人生命运之谜。

其次,作者合理地吸取了自然科学、工程技术科学和其他有关社会科学方面的思想方法和某些理论观点。涉及的有科技、医学、生理学、生物学、心理学、社会学、人才学、哲学、法学、文学、艺术、宗教、历史等多门学科;同时,也从系统论、信息论、控制论的理论体系中合理吸收了真理的颗粒,借外鉴中,为我所用,推导出具有民族特色的理论、新观点。

再次,全书深入浅出,文风朴实明快,亲切可读。在阐述理论原则和基本观点时,不强加于读者。时而阐明事理,以理服人;时而列举事实,以情感人;时而事理融为一体,情理交融;让读者从中领略、体味。体现着作者的质朴文风和求实精神。

亲爱的读者,当你因蒙冤受屈而一蹶不振,或因屡遭挫折而自暴自弃,或因身处逆境而丧失斗志,或因病魔缠身而悲观失望,或因失恋失业而心灰意懒,或因环境恶劣而怨天尤人……凡此种种不幸命运将要来临时,不妨读读《命运的奥秘》吧,也许会对你的命运之路有一个启迪性的导向。

(原载《命运的奥秘》香港中国和平世界出版公司,1993 年 9 月)

学好文史知识　当称职干部
——《干部文史百科辞典》前言

泰勒说:"具有丰富知识的人,比只有一种知识和经验的人,更容易产生新的思想和独创的见解。"社会主义建设时期的干部,特别是各级领导干部,就应该是这种"具有丰富知识的人"。他们不仅应精通马克思主义理论和专业知识,而且应具有现代思维能力,信息接收处理能力,战略决策能力,丰富深远的想象能力、清晰明快的写作表达能力,娴熟广博的借鉴历史能力。要达到这些要求,学习和借鉴文史知识是必要的。

学习和借鉴文史知识,不仅有着辅助马克思主义、毛泽东思想基本理论学习的作用,有着培养提高干部必需的阅读写作能力的作用,而且有着对干部进行爱国主义、共产主义道德情操教育的作用,有着对领导干部在四化建设中借鉴历史经验的作用,特别是给当代干部打好适应信息社会、胜任领导工作的基础,使之成为各条战线合格的领导干部。

马克思列宁主义、毛泽东思想理论的学习,对精神文明建设、对党性教育具有决定性作用,这是毋庸置疑的。但是,学习文史知识,从人类优秀的传统文化中汲取营养,对陶冶身心,加强修养,树立爱国为民的思想,同样是很重要的。中国古代的优秀文化是中华民族的宝贵遗产。其内容包括社会经济和政治制度,以及社会生活、价值观念、文化观念、道德准则、行为规范、风尚习俗等。在社会主义建设时期,继承和发扬民族文化自然成为社会主义精神文明建设的一个重要内容。学习和继承民族文化和历史传统,鉴往知今,古为今用,洋为中用,更好地了解国情,了解世界,为现实服务,对各级领导干部尤为重要。历史发展的规律表明:马克思主义没有诞生以前,我们的先辈就是以文史结合的好文章教育人的。古人的好文章不仅教育了许多古人,而且对今人仍有很好的教育意义。在文史知识的宝库中,我们的先辈留下的至理名言和笃实躬行,都使后人受益无穷。"富贵不能淫,贫贱不能移,威武不能屈"的尚节美德,"历览前贤国与家,成由勤俭败由奢"的历史教训,"清风两袖朝天去,免得闾阎话短长"的清廉作风,"千磨万击还坚劲,任尔东西南北风"的刚劲品格,"先天下之忧而忧,后天下之乐而乐"的高尚襟怀,勾践卧薪尝胆,苏武持节牧羊,以及祁黄羊荐举的公正,周亚夫治军的严明,魏徵的敢言直谏,王安石改革的执着……文史画廊中众多中华民族优秀人物的形象,无不令人感奋,给人留下铭心刻骨的印象。文学、历史的化人是"润物细无声"的。毛泽东以五代梁将的事迹教育广大干部就是很好的范例。《南史·韦睿传》有段记载:韦睿这个人,豁达大度,古来所无,其在职位,必有政绩,对部下十分爱护,与将士同甘共苦,自身非常艰苦朴素。毛泽东在旁写了一句批语:"我党干部应学习韦睿作风。"像这样的史实,对我们的干部是有启迪的。

马克思、恩格斯、列宁、毛泽东等经典作家深厚广博的文化素养使他们的著作充满民族气息。在他们的论著中,引述文史典籍、文学人物、历史故事层出不穷。或说明一个政治思想原则,或阐述一个深邃哲理,或论证一个军事策略,或借鉴一个历史经验,运用自如,妙笔生花,给人以新颖而形象的感受,具有极强的感染力和说服力。如果没有相应的文史知识,全面系统、深入准确地理解和掌握马克思列宁主义、毛泽东思想是困难的。

干部学习科技知识,除了需要一定的数理化基础知识外,首先需要有一定的汉语阅读能力。我国老一辈科学家钱学森、华罗庚、苏步青、茅以升、竺可桢等,他们不仅有高深的学术造诣,而且能写一手好文章。数学家苏步青教授说:"我小时候爱好文学,阅读了不少古诗古文,懂得一点古文的语法,这不仅提高了阅读古文的能力,而且在行文中也能做到语言简练。"长期以来,重理轻文的偏向,使许多人知识不全面,理工科人才掌握和运用祖国语言的能力较差,熟悉中外历史知识不多。各级领导班子经过几次调整以后,不少科技专业人员走上了领导岗位,使这种现象更为突出。而即使已具有一定文史知识的干部,其知识也是需要不断更新的。

已故中央党校第一副校长蒋南翔,曾在第二次全国党校工作会议上总结时说过:"没有一定的语文知识和写作能力,没有正确的逻辑思维,没有一定的历史知识,是不能胜任领导工作的,也是不能学好马克思主义的科学的。"足见在干部,特别是党政领导干部的知识结构中,文史知识是重要的实用知识,是获得一切知识的基础知识,是领导干部必备的素质,也是必须具有的能力。这种素质和能力,将为学习、宣传马克思主义理论,从事领导工作创造重要条件,为继续深造、逐渐成为通才奠定牢固的基础。

鉴于上述认识,全国二十八所省、市党校的文史教学工作者,利用自己熟悉了解干部特点的优势,编撰了这部《干部文史百科辞典》,对各级各类干部,在知识性、实用性、借鉴性等方面力求有一定的针对性。辞书分为"语言文学"和"中外历史"两编。"语言文学编"又分为相互联系的四个板块。以"思维能力与语言表达"为板块,组合成语言学、现代汉语、修辞、逻辑、古代汉语、基础写作、应用写作、文章体裁等八个专目;以"文学知识与文学鉴赏"为板块,组合成中国古代作家与作品、中国现、当代作家与作品、新时期文学十年、外国作家与作品、文学人物剪辑等五个专目,以"文以明道与政治素质"为板块,组合成明鉴得失、掌故·轶事、名人名言录等三个专目;以"文艺规律与文艺政策"为板块,组合成文艺理论及其论著简介、文艺美学、文学社团、文艺流派、文艺运动、文艺政策等六个专目。"中外历史"编也分为按历史顺序、中外贯通的七个板块。以"历史总览"为板块,组合成历史与历史科学、历史简索与要况、社会形态与政权形式等三个专目;以"文明古国与古代中华"为板块,组合成人类始初、古国沧桑、重大事件、战争战例等十一个专目;以"人类文明与华夏文化"为板块,组合成古迹名城、宗教源流、民族民俗、中外交往等七个专目;以"列强并起与近代中国"为板块,组合成西方巨变、殖民争夺、列强侵华、不平等条约等九个专目;以"国际共运与中国革命"为板块,组合成马克思主义的产生与发展、中国共产党的创立等八个专目;以"当代世界与中华振兴"为板块,组合成国际政治与经济、现代科学与技术等六个专目;以"中外历史人物"为板块,组合成外国上古中古人物、中国古代名君、名臣、名将等二十个专目。此外,附录"古籍和工具书",设有文化古籍要介、工具书举要、工具书查检法等三个专目。辞书的总体构架和辞条的整体组合,从形式到内容,力图不落窠臼,能有一点新意。其特点,一是将文史合编,融为一体;古今中外,纵横捭阖;左右勾连,文史照应。从纵向比较中看横向,从横向比较中更深层地阐述纵向,纵横交错,相辅相成。或是以纵的线索为主,阐述其源流、发展、消长与承启等逻辑联系,或是以横的线索为主,阐述其制约、因果、关联与影响等逻辑联系,并在交错中,注意上述两方面内容的双重关系。通过纵横比较、古今比较、中外比较、条块组合、廓清语言文学和中外历史的脉络和画面,构成一个多元的整体。二是突出辞书的针对性、实用性和借鉴性,但也注意知识的相对完整。三是便于读者从总体上把握文与史、板块与专目、专目与条目之间的内在联系,全辞书综合性辞条较多,而且,一般冠于专目条之首。

辞书的编撰,历经两年多时间。由甘肃省委党校和上海市委党校发起,全国二十八所省、市党校文史教研室负责同志组成编委会。参加的省、市党校有(依笔画为序):大庆市委党校、上海市委党校、山东省委党校、山西省委党校、广东省委党校、广西壮族自治区委党校、甘肃省委党校、北京市委党校、四川省委二党校、宁夏回族自治区委党校、兰州市委党校、辽宁省委党校、安徽省委党校、吉林省委党校、江西省委党校、齐齐哈尔市委党校、河北省委党校、河南省委党校、贵州省委党校、哈尔滨市委党校、浙江省委党校、铁道部党校、深圳市委党校、湖南省委党校、福建省委党校、新疆维吾尔自治区委党校、新疆生产建设兵团党校、鞍钢市委党校。辞书的总体框架内容、条块组合的提纲由主编拟稿,经编委会讨论修订,编委约定撰稿人。全部书稿分别由主编、副主编进行初审和复审,对某些辞条作了适当调整和修改,最后由主编定稿,交付出版社。

在编撰过程中,得到学术界享有崇高声望的老前辈专家和二十八所党校领导的大力支持。全国人大常委会副委员长、著名文史专家周谷城教授为本书题写书名,全国政协副主席、著名数学家苏步青教授,原中央党校副校长陈维仁同志为本书题词;浙江教育出版社许乃征、王德坤、张丽琴等同志为本书认真审阅,提出不少宝贵意见;责任编辑郑广宣同志,自始至终参加了本书拟定编写大纲、条目和书稿的审阅、加工全过程,提出许多建议,协助主编做了大量的具体工作;张学舒、黄柏青、李宁、金健人等同志编辑加工了部分稿件;徐丽华、张晓宝查核了全书资料,在此一并致谢。由于编者水平有限,文史合编难度很大,涉及面又广,不足之处一定不少,敬请广大读者和专家指正。

(原载《干部文史百科辞典》浙江教育出版社,1992年4月)

报告文学

丝绸之路上的"都江堰"

——甘肃引大入秦工程纪实

　　披一身阳光,沐一路风尘,从永登段溯流而上,到渠头天堂寺大通河,全程八十多公里。西水大通河东调秦王川的百年夙愿就从这里开始实现。这清朗朗、哗啦啦的大通河水,在20世纪末叶陇上人民焦灼而喜悦的心里激荡、流淌,滋润着充满芬芳的绿色生命。

一、西水东调入秦梦

　　公元1871年,前清大员左宗棠摇头悲叹:"陇中苦瘠,甲于天下"。

　　敦厚质朴的陇原人民代代沉思叹息:"有水无地,有地无水!"是的,位于兰州以北的永登县的秦川、古山、西槽、皋兰县的西岔和景泰县的正路等22个乡157个村,就是茫茫一片"有地无水"的秦王川。漫漫一千多平方公里,散住人口28万,饲养牲畜20多万头。海拔2100米,常年平均气温5.9℃。地势平坦,土地肥沃,土层厚度浅层1米,深层2.5米,是集中连片发展灌溉农林牧前景较好的盆地。因为是个山间盆地,北部和东部祁连山延续的褶皱带,东面、西面和南面系黄土丘陵区。年平均降雨量只有285毫米,而蒸发量1888毫米。雨量稀少,蒸发量大;干旱异常,人畜缺水;"只宜粗放,不宜耕耘",俗有"三年两头旱"之说。从封建王朝统治时期到民国时代,都有"继上年续大旱,颗粒未收,灾情十分严重"的记载。新中国成立后,1957年到

1974年的17年中,轻旱4年,重旱7年。近年来,从1986年至1992年,长达21个月末下过透雨,人畜饮水十分困难。新中国成立45年了,至今尚有5万人、7万口牲畜的饮水成为问题。

秦王川位于兰州市西北,离市区只有60公里。正南远处有滚滚黄河,咆哮东去,鞭长莫及;西南近处的庄浪河,呜咽抽泣,入不敷出;而奔流于甘青交界的大通河,水流湍急,流入青海境内的湟水,又默默地汇入黄河。天然的障碍困扰住秦王川的水利资源和农林牧发展。一头是大通河无端地白白流淌,一头是秦王川无奈地凄凄哀鸣。无可辩说,无论是左宗棠的悲叹,还是黄土地人民的叹息,严酷的自然环境向当今时代提出了新的挑战:只有大通河水才能圆成秦王川脱贫致富的美梦。

这条年均径流量27.94亿立方米的大通河,古名浩门水,亦称乌兰木伦河。它发源于青海沙里林那穆吉木岭,全长520公里,流域面积1.5万平方公里,由青海省门源县向南流经永登县的连城、河桥镇54公里,至红古区窑街出享堂峡,经湟水汇入黄河东去。

公元1908年3月,晚清陕甘总督升允,委任皋兰籍原安徽省泰和县知县县府王树中率员前往大通河查勘。经过实地考察,拟定引大通河水入秦王川的修渠初步方案,呈报升允,结论是:"川原深一重,形势殊悬隔,有如斧门山,神禹凿不得。"只好望大通河长叹而去。

半个世纪之后,历史迈进了1956年。甘肃省水电设计院抽调一批工程技术人员,迎风冒雪,野餐露宿,历时月余,进行踏勘;1970年,又会同兰州市水电勘测设计院勘测、设计规划;1973年完成工程规划的初步报告。经过多次勘测设计,论证技术方案,经过比较,1975年又经原水电部现场考察,1976年甘肃省根据水电部意见,由省建委主持、水电部黄河治理委员会参加,对工程修改的初步设计方案进一步作了审查,并同时审批。从此,引大作为甘肃的主项工程正式开工建设。工程开始兴建后，兰州市成立了引大工程建设指挥部，因人力、财力和技术等难题力所不及移交省上。省上也因资金短缺，技术难关不能突破，于1981年缓建。这两上两下，除了巨融资金的投入无能为力之外，工程的浩大及技术难题难以攻关：

——渠头从甘肃省天祝县天堂寺跨入永登的庄浪河东调秦王川，工程全长884公里。其中总干渠86.94公里，东一渠52.66公里，东二干渠53.62公里。全灌渠45条支渠，全长675公里；东一干渠支渠15条，长261公里；东二干渠支渠25条，长330公里；另有5条支渠，长84公里。

——全部工程总量2740万立方米，涉及喷砼106万立方米。

——全部工程开凿隧洞68座。总干渠33座，东一干渠8座，东二干渠27座。最长的盘道岭隧洞长达15.7公里，30A隧洞全长11.64公里，隧洞总长54公里。

——全部工程渡槽9座，倒虹吸3座，全长24公里，其中庄浪河渡槽22公里，高42米。

——工程其他建筑物包括总渠、支渠分水闸4314座。

可以自豪地说，引大工程总体上是由隧洞群连接的，国内外罕见的人工开凿的"地下运河"。

不言而喻，这样浩大、雄伟而又艰巨的水利工程仅凭省内外的资金和技术力量是困难的。

春风送暖，改革开放带来了勃勃生机。陇原儿女在改革开放大潮的冲击下沸腾起来。于是，沉寂了五年之久的引大工程于1986年9月13日第三次开工建设。接着，1987年初，国家批准引大入秦工程向世界银行贷款的可行性报告，同年9月14日签字生效，确定工程投资总概算为人民币10.653亿元，世界银行贷款1.23亿美元。内引资金人民币5.56亿元。

根据世界银行的要求,全部工程面向国内外公开招标。经过23家承包商的激烈角逐,日本(株)熊谷组,意大利EMC公司,中国华水公司,铁道部第十五、十六、十八、二十工程局,水电部第四工程局及甘肃省内几家相继中标。国内外的投资和国内外的承包商中标,为引大工程第三次上马插上了金色的翅膀,引大入秦工程在蜿蜒百里的崇山岭峻的峡谷中开始腾飞了,在机器轰鸣的开山炮声中几代人的美梦即将成真了。

然而,美梦要成真,不是像睡梦中那样潇洒自如,闲庭信步。

二、凌云壮志决策胆

1976年春初,黄土高原的山坳里,虽然严冬已过,厚雪还没有融尽,但春天的气息迎面而来。万物复苏,大地孕育着绿色的生命。

此时此刻,西部人满腔热情地扛起引大入秦工程的大旗,在几十公里的大通河畔安营扎寨,开始了土法上马,人海战术。铁锨、钢钎、炸药、雷管,打眼放炮,人工运土。其阵势,民工群群,驴声阵阵,车流滚滚,烟尘蒙蒙……

然而,三年艰辛只掘进隧洞一公里!

照这样的干法,凭这样的速度,要打通16.7公里的盘道岭隧洞就需要50年,要建成引大工程,得何年何月?

柳暗花明又一村。

1987年,利用世界银行贷款,实行国内外公开竞争性的招标承建方式,引大入秦工程全面复工了,这是英明的决策。

春节刚过,1989年正月初八,省政府会议室里,会议紧张地进行着。有关部门领导各抒己见,专门研究引大工程问题。

1989年7月26日至28日,这三天,风和天晴,蓝天犹如染洗过的一般纯净、明亮。苍穹下,庄浪河两岸金色的麦浪如海潮翻滚,在这片水浇的庄稼地,丰收在望。

坐落在永登县城中的县委会议室里,省委书记和省长亲自主持省委、省政府召开的引大工程专题会议,又一次作出重大决策:"骑虎不下,背水一战"!

——加强领导机构,成立了由14人组成的引大入秦工程领导小组,省长亲自任组长,协调解决工程建设中的重大问题,将原"引大入秦工程管理局"改为"甘肃省引大入秦工程建设指挥部"。省委常委韩正卿任指挥,由省委、省政府直接领导。

——省上对引大入秦工程计划单列、资金直拨、物资直供、人员自行管理。

——总指挥部对工程进度、质量、资金向省政府实行总承包。

——同时,组建兰州分部,要求水到渠成地平、渠道林田村相配套。

这是实质性的攻坚战的决策!

专题会议之后,为了快速、高效地落实决策提出的指标和任务,引大工程总指挥部充实和加强了领导班子,先后从基层调进了六名县委书记、县长和一批工程技术骨干。

工程中的先明峡和水磨沟两个倒虹吸,原设计方案使用直径为2米的钢筋混凝土管,施工后,国内最粗的只有1.4米的钢筋混凝土管,如果按2米的规格制作,一是要搞试验,投资大;二是试制时间长,而且,还不能保证试制成功;如果改用钢管,国内没合适尺寸的钢板,怎么办?作为总指挥的韩正卿,一方面请来省内外老专家论证;一方面在领导班子里反复讨论,研究专家们的意见。在集思广益的基础上拍板决策:"改为钢管,从德国进口"。于是,3100多吨钢板按时从德国运到引大工地。1992年,两座倒虹吸提前一年建成。落差107米的先明峡倒虹吸,那气势,那宏伟,堪称亚洲之最。仅此一项决策,既保质保量地提前建成难度最大的两座倒虹吸工程，又为国家节约资金 3600 多万元。无论引大入秦工程的外国专家，还是中国的总工程师，都感慨地说："韩指挥搞水利是大大的内行"。

引大指挥部，从工程实际出发，借鉴国内先进管理办法。制定《甘肃省引大入秦工程建设总指挥部管理大纲》。这 10 章 70 条大纲，是引大工程整个系统的行为规范。有了这套科学管理制度，保证工程有条不紊地健康进展，使工程从过去的 13 年干了 13 公里提高到每年 15 公里的速度。

1990 年，正当工程进入艰苦卓绝的关键时刻，全工程开展献计献策"三个一"活动。指挥部发动每个职工提一条建议，献一条计策，办一件实事，解决一个问题，解决一个难题，把一个关口。大战 120 天，打一场引大入秦工程的攻坚战，指挥部的领导深入工地，每月不少于 20 天。这一年，一批关键性的工程项目一举建成。

1991 年—1992 年，各承包单位所在工地，又掀起了一场"真学实干攻坚战，齐心协力保总干"的高潮。使工程建设取得突破性进展。

1993 年，总指挥部发出了"百日攻坚战"的动员令，全体职工发扬"动感情、动脑筋、动真的，做贡献"的"三动一奉献"精神，作为"引大精神"。

1994 年，为了确保总干渠和东一干渠在十月通水，提出苦战 100 天的战斗口号。铁道部十八局的铁军们，冲刺拼搏，改道完成 26 号隧洞的艰巨任务，贯通了总干渠的最后工程。

骑虎总是要下的。背水一战凯旋之时，即是骑虎下来之日。

三、开凿地下长河魂

穿行于叠峦翠峰之间，蜿蜒于漠漠沙漠之上的雄奇壮观的引大入秦工程，堪称陇上的"都江堰"。

都江堰式的引大入秦工程，总体上是由隧洞群连接起来的地下长河。盘道岭隧洞和 30A 隧洞是 33 座隧洞中长度最长，难度最大的两个隧洞。

1992 年 1 月 12 日，全长 15.72 公里的盘道岭隧洞全线贯通了！这是目前亚洲水工程洞最长的隧洞，历时开凿五年零四个月。

突破盘道岭隧洞难关实在不易。

这里的地质结构十分复杂。权威专家曾经结论：这里施工最大埋深不得越过 205 米，而盘道岭隧洞却达到了 404 米，遇到软岩，轻轻一蹭就掉渣，渗漏严重时，每分钟高达 800~1080 升，水质腐蚀性也强，并要通过十多条断层带。中外专家一致认为：在这里"遇到了世界性的难题"。是个"地下地质博物馆"，地下的未知数之多，简直难以想象。因而在施工中塌方、涌水、流沙、岩石破碎、泥石流、冒顶……意想不到的种种难关都集中在这里受阻。

无疑，盘道岭隧洞的贯通为世界隧洞史上留下了辉煌的一页。

接着，1 月 20 日，全长 11.649 公里的 30A 隧洞也全线贯通了。这是工程中的第二条长隧洞，历时开凿一年零一个月。

掘进中，那直径五米的刀盘像铅笔刀削铅笔一样削掉的土石，通过传带运送到运料车箱里。一边掘好隧洞壁，一边将那每片重达 2.5 吨的弓形预制钢筋混凝土管片，稳稳当当地衬砌在洞壁上。四块一圈，严严实实，开掘、衬砌，一道工序一次完成。

在盘道岭隧洞与 30A 隧洞之间有一连结段，这个连结段叫大沙沟渡槽。这座渡槽恰好由甘肃平凉地区水电工程局中标承建。中、日、意三家承包单位正好工程连在一起，由此形象而又风趣地把沙沟渡槽称作"欧亚大陆桥"。每当参观者站立在渡槽上朝两头隧洞凝视时，把这种工程的巧合立即联想起来，发出惊奇的赞叹："在这里架起又一座'欧亚大陆桥'"！

当盘道岭隧洞、30A 隧洞相继贯通之后,1993 年 7 月, 铁道部甘局承建 14.32 公里的 6 座隧洞全线贯通,铁道部十五局承建 10.34 公里的 6 座隧洞也全线贯通。这是中华铮铮铁血男儿用汗水和心血一寸一寸贯通的。

四、世纪丰碑千秋业

如果说,都江堰孕育了中国古代西蜀的灿烂文化,使成都平原成为千里沃野的"天府之国",那么,引大入秦工程融合了当今中外科技进步的优秀成果,使陇上的秦王川盆地变成兰州未来的绿色卫星城;如果说,都江堰是古代水利建筑史上的一颗璀璨明珠,那么,引大入秦工程则是新世纪水利建设上的一块丰碑。这是一块时代的丰碑。它篆刻着中国共产党和人民政府为人民谋福利的一大功德。陇原大地父老乡亲们几代人的"盼水梦"的翻身工程,如同一盏闪烁的明灯,将照耀着甘肃黄土高原下个世纪农业发展的光辉前景。

引大入秦工程的建成,不仅缓解了陇中干旱地区缺水的困难,更为重要的为全面开发秦王川提供了可靠的用水保证,其经济效益、社会效益和生态效益将得到全面发挥。据工程论证预测,工程全部建成后,每年可从大通河引水 4.43 亿立方米,保灌 86 万亩农田,将从根本上改变秦王川盆地的干旱面貌,使昔日黄土荒原变成万顷良田,使荒凉村落变成繁华都市,前景的辉煌令人迷恋、向往:

——安置贫困地区 8 万移民,稳定解决 30 万农民的温饱,减少国家对该地区返销粮、倒挂款、社会救济金,人畜用水运输等费用。

——对我省本世纪末、下世纪初农业发展目标,实施"22274"工程具有举足轻重的地位。如果将引大工程与景泰电灌、西岔电灌工程连成一片,就能在黄河上游建成一个稳定高产的粮食基地,对实现甘肃粮食自给和中央提出的开发黄河上游多民族经济发展具有重要的战略意义。

——以中川机场为轴心,将与第二座"欧亚大陆桥"一起,把省会兰州市建设成一座卫星城,带动黄河上游地区的经济开发。一方面,以农促工,一方面,以工导农,形成工农互补,开发成为兰州市的农业和副食品的牢固基地。按照较优的农林牧生产结构预测,灌区生产粮食将达到44亿公斤,经济作物及蔬菜1.93亿公斤,果品0.36万公斤,肉类1300万公斤,牛奶630万公斤,鸡蛋546万公斤,牧草1.09亿公斤,农林牧总产值3.84亿元.年净增效益2.8亿元,是前灌区的五倍多。

——随着秦王川的全面开发,在兰州市北部可以形成一条绿色葱郁的林带,绵绵连成天然的屏障,抑制住腾格里沙漠向东南的肆虐,控制南北两山水土的流失,对改善兰州市的小气候和环境污染将受到良好的生态效益。

历史前进的脚步走进了世纪之末的黄昏,人类在这世纪之末里的许多梦想,有些已经实现,同时又不断延续着新的伟大梦想,并创造神奇,走向新世纪的辉煌。引大入秦的宏伟工程就是走向新世纪的一块壮丽的绿色丰碑。

中国的太阳同西方的太阳一样灿烂。黄土高原的西部人,在春寒炎夏、秋雨冬雪中送走了三千多个日日夜夜,用自己的双手凿出了一条都江堰式的地下长河,使陇原儿女一个世纪的夙愿终于梦想成真。不久,又一个现代文明在这片黄土地上出现。

(原载新华通讯《经济参考》报社《敲响新世纪的鼓点》报告文学卷,1997年9月获新华通讯社《经济参考》报社一等奖)

附录

李焰平先生学术成果题录

一、专著、编著

1.《现代汉语简明教程》中共甘肃省委党校 1985 年 6 月

2.《写作规律与论文写作》李焰平、吕发成，中央党校出版社 1992 年 6 月

3.《写作规律论》甘肃人民出版社 2001 年 7 月

4.《定格的记忆》中国文史出版社 2008 年 3 月

5.《中共甘肃省委党校学者文库·李焰平集》，甘肃人民出版社 2014 年 12 月

6.《全国党校〈干部写作〉教学大纲》孙乃沅、李焰平主编，中央党校求实出版社 1987 年 3 月

7.《干部文史百科辞典》李焰平、宋国栋主编，浙江教育出版社 1992 年 4 月

8.《马克思主义文艺思想研究》李焰平主编，成都科技大学出版社 1992 年 6 月

9.《中华文化与民族精神》李焰平、赵颂尧、关连吉、肖安鹿主编，甘肃人民出版社 1992 年 12 月

10.《甘肃窟塔寺庙》李焰平、赵颂尧、关连吉主编，甘肃教育出版社 1999 年 9 月

二、论文

1.《认真学习〈反对自由主义〉正确开展批评与自我批评》《理论学习》1983 年第 6 期

2.《党校语文教学几个问题探讨》《理论学习》1984 年第 6 期

3.《党校语文教学与党校教育正规化、现代化》全国党校首届语文年会《论文集》1985 年 10 月

4.《论抒情》《社会科学》1985 年第 4 期

5.《党校教育正规化与现代化》《探索》1986 年第 4 期

6.《关于理论思维中的形象思维》《理论学习》1986 年第 3 期

7.《怎样写演讲稿》《秘书之友》1987 年第 5 期

8.《怎样写人物传记》《秘书之友》1988 年第 5 期

9.《论写作规律与思维行程、信息传递相互的联结性》《电大学报》1988 年第 3 期

10.《论写作规律与抽象思维和形象思维的相关性》《祁连学刊》1989 年第 2 期

11.《坚持和发展毛泽东文艺思想实践观》《甘肃理论学刊》1989 年增刊

12.《韩愈与柳宗元之比较》1990 年《全国党校系统语文教学暨学术研讨会》专刊。

13.《讲话》和《祝辞》是马克思主义文艺思想与党建理论的融和——纪念《在延安文艺座谈会上的讲话》发表 50 周年《甘肃理论学刊》1992 年第 3 期

14.《马克思主义文艺思想历史考察》《甘肃社会科学》1992 年第 3 期

15.《走向世界的汉语言文字》《干部文史百科辞典》浙江教育出

版社 1992 年 4 月

16.《中外文学发展述略》《干部文史百科辞典》,浙江教育出版社 1992 年 4 月

17.《弘扬中华文化振奋民族精神》《中华文化与民族精神》甘肃人民出版社 1992 年 12 月

18.《马克思主义文艺批评的理论原则》《马克思主义文艺思想研究》成都科技大学出版社 1993 年 8 月

19.《毛泽东文艺思想是中国化的马克思主义文艺思想》《天水学刊》1993 年第 3 期

20.《弘扬民族文化与爱国主义教育》《时代学刊》1995 年第 4 期

21.《学习邓小平社会主义同爱国主义相统一的科学理论》《邓小平建设有特色社会主义理论研究》甘肃文化出版社 1995 年 5 月

22.《模糊语言论纲》《兰州大学学报》1998 年语言文学专辑

23.《教育者的素质与素质教育》《时代学刊》1998 年第 1 期

24.《反腐倡廉的历史借鉴》《时代学刊》1999 年第 1 期

25.《什么是有中国特色的社会主义文化》《文艺报》1999 年 1 月

26.《领导干部要有文史素养》《光明日报》1999 年 3 月 8 日

27.《邓小平(祝辞)是当代马克思主义文艺思想的伟大文献》中国艺术研究院 1999 年 4 月

28.《21 世纪是人力资源开发的世纪》《时代学刊》1999 年 12 月

29.《教师的素质教育》——关于 1999 年高考作文命题与评卷的话题《中国素质教育理论与实践》改革出版社 2000 年 4 月

30.《素质教育呼唤人文素质》《点燃智慧》——专家学者谈青少年素质教育,中央党校出版社,2000 年 9 月

31.《开发西部的原动力:知识资本,人力资源》《唱响新世纪之歌》大地出版社 2001 年 3 月

32. 《什么是中国先进文化前进的方向》《时代学刊》2001 年第 5 期

33. 《论和谐文化的本质特征》《甘肃理论学刊》2012 年第 1 期

三、报告文学

《丝绸之路上的"都江堰"》——甘肃引大入秦工程纪实,新华社《经济参考》报社 1997 年 9 月

四、评论跋序

1. 《学好文史知识　当称职干部》——《干部文史百科辞典》前言,1992 年 4 月

2. 《月牙泉的建筑艺术》《丝绸之路》1993 年第 5 期

3. 《扭曲了的时代、扭曲了的灵魂》——评《男人的一半是女人》《黄土》季刊 1994 年秋

4. 《写景状物》刻意求新——《老残游记·明湖居听书》赏析《祁连学刊》1989 年第 1 期

5. 《美感的失落》——评《黑氏》兼与韩石山同志商榷《祁连学刊》1989 年第 2 期

6. 《命运的奥秘》序言,香港中国和平世界出版社 1993 年 9 月

7. 《风雨雪霜中的历史灾难》——《风雪夹边沟》序,作家出版社 2002 年 7 月

《陇上学人文存》 已出版书目

● 第一辑 ●

《马　通卷》马亚萍编选　　《支克坚卷》刘春生编选

《王沂暖卷》张广裕编选　　《刘文英卷》孔　敏编选

《吴文翰卷》杨文德编选　　《段文杰卷》杜琪　赵声良编选

《赵俪生卷》王玉祥编选　　《赵逵夫卷》韩高年编选

《洪毅然卷》李　骅编选　　《颜廷亮卷》巨　虹编选

● 第二辑 ●

《史苇湘卷》马　德编选　　《齐陈骏卷》买小英编选

《李秉德卷》李瑾瑜编选　　《杨建新卷》杨文炯编选

《金宝祥卷》杨秀清编选　　《郑　文卷》尹占华编选

《黄伯荣卷》马小萍编选　　《郭晋稀卷》赵逵夫编选

《喻博文卷》颜华东编选　　《穆纪光卷》孔　敏编选

● 第三辑 ●

《刘让言卷》王尚寿编选　　《刘家声卷》何　苑编选

《刘瑞明卷》马步升编选　　《匡　扶卷》张　堡编选

《李鼎文卷》伏俊琏编选　　《林径一卷》颜华东编选

《胡德海卷》张永祥编选　　《彭　铎卷》韩高年编选

《樊锦诗卷》赵声良编选　　《郝苏民卷》马东平编选

第四辑

《刘天怡卷》赵　伟编选　　《韩学本卷》孔　敏编选
《吴小美卷》魏韶华编选　　《初世宾卷》李勇锋编选
《张鸿勋卷》伏俊琏编选　　《陈　涌卷》郭国昌编选
《柯　杨卷》马步升编选　　《赵荫棠卷》周玉秀编选
《多识·洛桑图丹琼排卷》杨士宏编选
《才旦夏茸卷》杨士宏编选

第五辑

《丁汉儒卷》虎有泽编选　　《王步贵卷》孔　敏编选
《杨子明卷》史玉成编选　　《尤炳圻卷》李晓卫编选
《张文熊卷》李敬国编选　　《李　恭卷》莫　超编选
《郑汝中卷》马　德编选　　《陶景侃卷》颜华东　闫晓勇编选
《张学军卷》李朝东编选　　《刘光华卷》郝树声　侯宗辉编选

第六辑

《胡大浚卷》王志鹏编选　　《李国香卷》艾买提编选
《孙克恒卷》孙　强编选　　《范汉森卷》李君才　刘银军编选
《唐　祈卷》郭国昌编选　　《林家英卷》杨许波　庆振轩编选
《霍旭东卷》丁宏武编选　　《张孟伦卷》汪受宽　赵梅春编选
《李定仁卷》李瑾瑜编选　　《赛仓·罗桑华丹卷》丹　曲编选

· 第七辑 ·

《常书鸿卷》杜　琪编选　　《李焰平卷》杨光祖编选

《华　侃卷》看本加编选　　《刘延寿卷》郝　军编选

《南国农卷》俞树煜编选　　《王尚寿卷》杨小兰编选

《叶　萌卷》李敬国编选　　《侯丕勋卷》黄正林　周　松编选

《周述实卷》常红军编选　　《毕可生卷》沈冯娟　易　林编选